HOW
SCIENCE
WORKS

"万物的运转"百科丛书
精品书目

DK 企业运营百科 — 企业运营百科 HOW BUSINESS WORKS

DK 人体科学百科 — 人体科学百科 HOW THE BODY WORKS

DK 人类食物百科 — 人类食物百科 HOW FOOD WORKS

DK 科学知识百科 — 科学知识百科 HOW SCIENCE WORKS

DK 心理生活百科 — 心理生活百科 HOW PSYCHOLOGY WORKS

DK 货币金融百科 — 货币金融百科 HOW MONEY WORKS

DK 哲学思想百科 — 哲学思想百科 HOW PHILOSOPHY WORKS

DK 大脑探索百科 — 大脑探索百科 HOW THE BRAIN WORKS

DK 科学技术百科 — DK科学技术百科 HOW TECHNOLOGY WORKS

DK 企业管理百科 — DK企业管理百科 HOW MANAGEMENT WORKS

DK 创业经营百科 — DK创业经营百科 HOW TO START YOUR OWN BUSINESS

DK 宇宙发现百科 — DK宇宙发现百科 HOW SPACE WORKS

更多精品图书陆续出版，
敬请期待！

"万物的运转"百科丛书

科学知识百科
HOW SCIENCE WORKS

英国DK出版社　著

何小月　译

于天君　审校

电子工业出版社
Publishing House of Electronics Industry
北京·BEIJING

版权贸易合同登记号　图字：01-2019-1081

图书在版编目（CIP）数据

科学知识百科 / 英国DK出版社著；何小月译.—北京：电子工业出版社，2020.5

（"万物的运转"百科丛书）

ISBN 978-7-121-38431-8

Ⅰ.①科… Ⅱ.①英… ②何… Ⅲ.①科学知识—普及读物 Ⅳ.①Z228

中国版本图书馆CIP数据核字（2020）第016833号

策划编辑：郭景瑶
责任编辑：郭景瑶
印　　刷：鸿博昊天科技有限公司
装　　订：鸿博昊天科技有限公司
出版发行：电子工业出版社
　　　　　北京市海淀区万寿路173信箱　邮编：100036
开　　本：850×1168　1/16　印张：16　字数：512千字
版　　次：2020年5月第1版
印　　次：2023年7月第3次印刷
定　　价：128.00元

凡所购买电子工业出版社图书有缺损问题，请向购买书店调换。若书店售缺，请与本社发行部联系，联系及邮购电话：（010）88254888，88258888。

质量投诉请发邮件至zlts@phei.com.cn，盗版侵权举报请发邮件至dbqq@phei.com.cn。

本书咨询联系方式：（010）88254210，influence@phei.com.cn，微信号：yingxianglibook。

FOR THE CURIOUS
www.dk.com

能量和力

生命

太空

地球

什么使科学如此特别？

科学不仅是事实的集合，更是基于证据和逻辑的系统性思维方式。尽管它可能并不完美，却是我们认识宇宙万物的最佳方法。

科学是什么？

科学是一种发现和理解自然及社会的方式，是对已获得知识的利用过程。科学持续更新着我们的信息，并改变我们对世界的认知。

科学方法

科学方法的规则多种多样，通常包含以下几方面：产生并测试一个假设；通过实验收集数据，从而更新和修正假设；最终，希望能形成一个普适的理论用于解释这个假设为什么是对的。为了保证数据的正确性，重复实验是非常重要的，尤其要在不同的实验室重复实验。如果两次实验结果不同，则这一结果可能并不如预期的那么可靠或具有普适性。

持续进行的过程
科学永远没有结束。新的数据会不断产生，而理论也必须不断修正以包含这些新的信息。科学家们都明白，他们的成果可能会被未来的研究推翻。

研究

3 研究的主旨是了解别人是否提出或回答了类似的问题。相关的工作可能会擦出灵感的火花。例如，研究桃子成熟问题时可以参考别人已研究过的很多其他水果的成熟过程。

问题

2 这些观察可转化为问题。例如，一个科学家可能想要发现，为什么某种细菌在一种培养基中比在另一种培养基中长得更好，或者为什么放在果篮中的桃子总是坏得比较快等问题。

观察

1 科学常常始于对这个世界的观察。这种观察既包含仅在实验室环境下才可观测到的非常规现象，也包含日常现象，例如果篮中的桃子比冰箱中的桃子腐烂得更快这一现象。

同行评议及发表

10 科学家把他们的发现写成文章。文章由其他专家进行评议，并审查实验方法中存在的问题和从中得出的结论。如果被接受，则该文章可以发表，并可被他人阅读。

4 制定假设

下一阶段是提出一个可被测试的假设，即出现这一结果的原因预测。假设可以是这样的：冰箱里较低的温度可以减缓桃子的腐烂速度。

5 验证预测

预测是通过假设进行逻辑推理而来的，需要很具体，且可通过实验验证。例如，如果温度会影响桃子的成熟过程，那么保存在22℃下的桃子将会比保存在8℃下的腐烂得快。

6 收集实验数据

收集实验数据，看看是否和假设一致。实验必须经过仔细设计，以确保实验结果没有你感兴趣的解释之外的其他合理解释。

完善、修改或否定

9

如果实验初步结果和预测不完全一致，则要考虑为何会有这样的结果，据此，你可以完善、修改或否定你的假设，并做出新的假设。

7 分析数据

实验发现必须经过系统分析来确保它们不是随机形成的。为了减少随机性，实验的取样数要足够多。

假设是否被支持？

8

如果结果支持预测，则假设的可信度就会增加。假设不能被完全证明，且将来的实验也许会否定它，但是被越多的实验结果支持，我们就对它越有信心。

重要术语

假设 假设是基于现有知识对观测结果的一种可能的解释。基于科学性，它必须是可被检验的。

理论 理论是解释已知事实的方式。它们是从很多相关假设发展而来的，且有证据支持。

定律 定律不能解释所有事物，它只是对我们观察到并且每次测试都为真的事件的简单描述。

假设的特点

范围 广义的假设能解释一类现象。相对而言，狭义的假设只能解释某些特例。

可测试性 假设必须经过测试。除非有证据支持，否则假设不成立。

可检验性 假设是可被证伪的。例如，"鬼魂存在论"就不科学，因为它不可以被证伪。

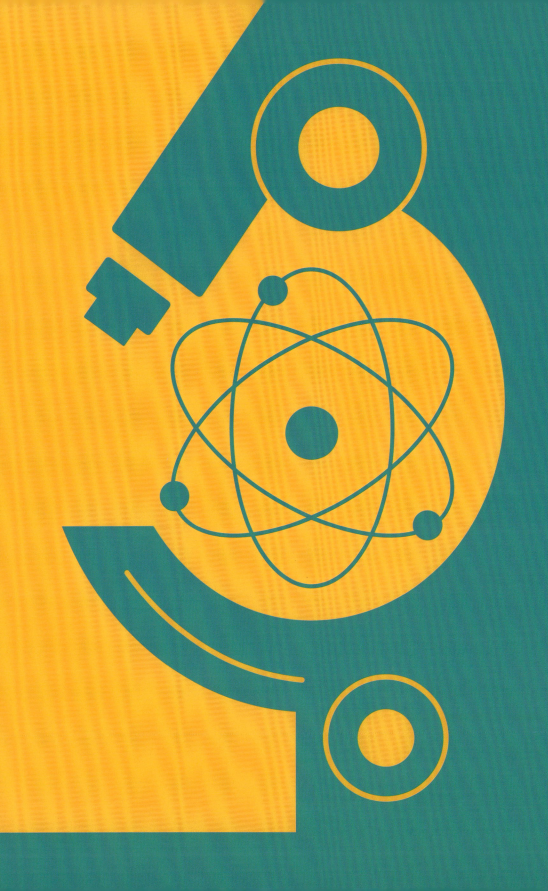

物　　质

物质是什么?

通常而言，物质是占据空间且有质量的一切事物。也就是说，物质和能量、光、声是有明显区别的，因为后三者不具备上述两种性质。

物质的结构

在最基本的层面上，物质是由基本粒子组成的，例如夸克和电子。基本粒子组成原子，原子在某些情况下可以键合成分子。物质的性质由组成它们的原子种类决定。如果原子或分子间的键足够强，则这种物质在室温下就可形成固体；反之，如果键比较弱，则形成液体或气体。

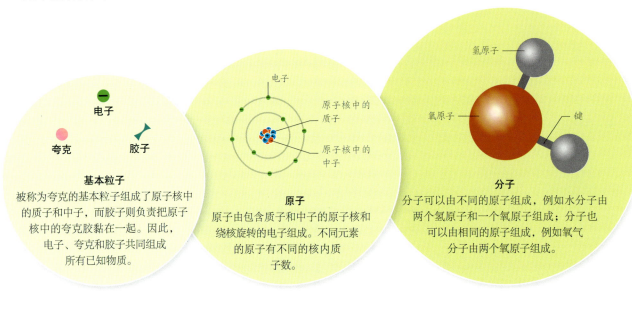

基本粒子
被称为夸克的基本粒子组成了原子核中的质子和中子，而胶子则负责把原子核中的夸克胶黏在一起。因此，电子、夸克和胶子共同组成所有已知物质。

原子
原子由包含质子和中子的原子核和绕核旋转的电子组成。不同元素的原子有不同的核内质子数。

分子
分子可以由不同的原子组成，例如水分子由两个氢原子和一个氧原子组成；分子也可以由相同的原子组成，例如氧气分子由两个氧原子组成。

物质的状态

日常生活中遇到的物质状态主要有固体、液体和气体。此外，当物质处于极冷或极热环境时，也存在一些非常规的物质状态。物质可以在不同的状态之间互相转换，这取决于它们能获得多少能量以及构成它们的原子或分子间的键有多强。例如，铝的熔点比铜低，这是由于铝原子间的键较弱。

强键使粒子的位置保持固定

固体
固体中的原子或分子被较强的键固定住，形成一种牢固的结构。粒子不能随意移动，因此固体触感坚硬，并且可以保持它们的形状。

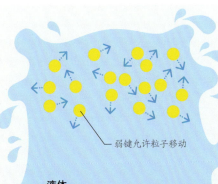

弱键允许粒子移动

液体
液体中的原子或分子间的键较弱，因此，粒子可以在周围移动。这意味着液体可以流动，但同时粒子又紧密堆积，不能被压缩。

混合物和化合物

原子有成千上万种不同的结合方式，从而构成不同的物质。当原子以化学方式键合在一起时构成化合物。例如，水就是由氧原子和氢原子构成的化合物。然而，很多原子和分子不容易与其他原子和分子成键，因此它们之间的结合并不产生化学变化，我们将这种结合的产物称为混合物。典型的混合物有沙子和盐等。空气是一种气体混合物。

宇宙中，约99%的物质都以等离子体的形式存在。

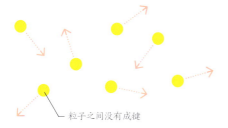

混合物
一种物质颗粒
另一种不同的物质颗粒

化合物
一种元素的原子
另一种不同元素的原子
化学键

混合物
在混合物中，原有物质的化学性质不发生改变，因此混合物可以通过物理的方式进行分离，例如分筛、过滤或蒸馏。

化合物
当原子或分子发生反应时，它们形成新的化合物。化合物不能通过物理性分离回到原来的形式，分离它们需要破坏化学键。

质量守恒

通常，在大部分化学反应和物理变化过程中（例如蜡烛燃烧），产物的质量和反应物的质量相等，物质不增不减。然而，在某些极端条件下，这一质量守恒定律可以被打破，例如核聚变反应（参见第37页）中质量就转变成了能量。

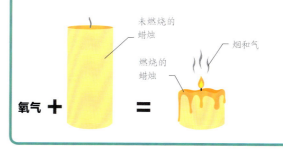

未燃烧的蜡烛

烟和气

燃烧的蜡烛

氧气　＋　＝

气体中的原子或分子间没有成键
粒子之间没有成键

气体
气体中的原子或分子间没有成键，因此，它们可以扩散并充满整个容器。粒子间距也比较远，所以气体可以被压缩，同时压强增加。

高温状态和低温状态

高温状态时，气体原子可以分裂为离子（参见第40页）和电子，从而形成导电的等离子体。低温状态时，物质的性质可以发生剧烈改变，形成玻色-爱因斯坦凝聚体（参见第22页），在该状态下，原子变得很奇异，它们的集体行为就像一个单原子一样。

玻色-爱因斯坦凝聚体　　　等离子体

固　　体

固体是物质最有序的形态。固体中所有的原子或分子都相互连接，形成具有固定形状和体积的物体（尽管形状可以通过施加外力来改变）。然而，固体包含不同的物质种类，并且它们的性质差异很大，这取决于形成固体时原子或分子的排列方式。

固体有一定的三维形状

绝大部分固体触摸起来是坚硬的

原子或分子的位置可以改变但不能自由移动

什么是固体?

固体触摸起来是坚硬的，且有一定的形状，而不像液体或气体那样取决于容器的形状。固体中的原子紧紧地堆积在一起，因此它们不能被压缩到更小的体积。一些固体，如海绵，可以被挤压，但这是因为物质孔洞中的空气被挤出来了，而非固体自身体积的改变。

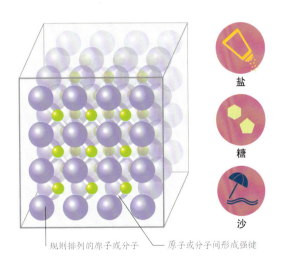

盐

糖

沙

规则排列的原子或分子　　　原子或分子间形成强键

结晶固体

结晶固体中的原子或分子按规则形状排列。一些物质，如钻石（一种碳原子形成的晶体），可以形成一个大的晶体。然而，大部分物质是由很多较小的晶体组成的。

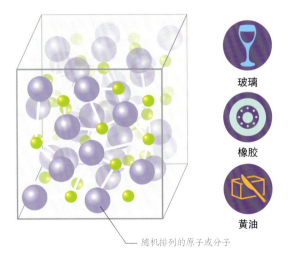

玻璃

橡胶

黄油

随机排列的原子或分子

无定型固体

和结晶固体不同，组成无定型固体的原子或分子没有按规则的形式排列。相反，它们的排列方式更像液体，尽管它们不能在周围移动。

固体的性质

　　固体有很多性质。例如，它们或坚固或脆弱，或坚硬或柔软，在遭受外力之后可以恢复到初始形状或发生永久性形变。固体物质无论是结晶态还是无定型态，无论物体内是否有缺陷，它的性质都取决于组成它的原子或分子。

六方碳，为钻石的一种**稀有形式**，是目前已知**最硬的物质**，几乎比普通钻石硬**60%**。

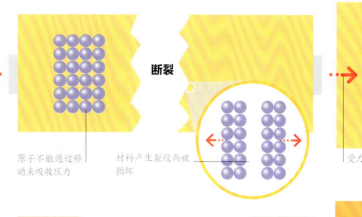

易碎的

在压力作用下，易碎固体如陶瓷，形状不能改变太多。这类材料很容易产生裂纹，因为组成它们的原子不能通过移动来吸收压力。如果这类材料能形变，它们就不那么脆，也不那么硬了。

断裂

受力方向

原子不能通过移动来吸收压力

材料产生裂纹而被损坏

受力方向

易延展的

易延展材料在被拉伸时会改变形状，因此，它们可以被拉成一条线。形变的一种形式是塑性形变，这是一种永久性的形变。很多金属都具有延展性，因为它们原子间的键允许固体里的原子从一端移动到另一端。

受力方向

拉伸

受力方向

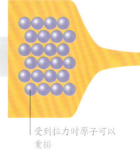

受到拉力时原子可以重排

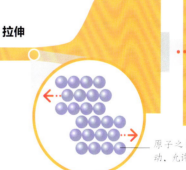

原子之间可以相对滑动，允许材料拉伸

受力方向

滚压

通过原子重排，材料可以被展平

可塑的

可塑固体在受到挤压时可以发生塑性形变。所以，它们可以通过滚压或敲打被展平成薄片。很多可塑材料也是易延展材料，但这二者并不总能共存，例如，铅就具有较好的可塑性和较差的延展性。

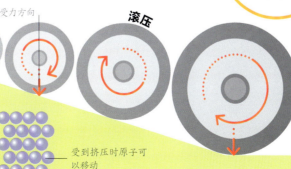

受到挤压时原子可以移动

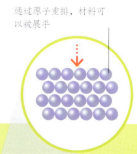

浸润

浸润是指一种液体会润湿某种固体并附着在固体表面的现象。液体是否浸润固体表面取决于液体内部分子间的吸引力和液体分子与固体表面间吸引力的相对强度。

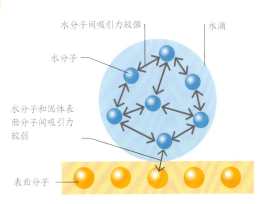

水分子间吸引力较强

水滴

水分子

水分子和固体表面分子间吸引力较弱

表面分子

不浸润

在防水材料表面，水分子会形成水滴，这是因为水分子和防水材料表面分子间的吸引力比水分子之间的吸引力弱。

什么是最有黏性的液体？

沥青，常被用于铺设道路表面，是目前已知的最有黏性的液体。在相同温度下，沥青的黏性是水的二百亿倍。

水分子和表面分子间吸引力较强

水分子间吸引力弱于水分子和固体表面分子间吸引力

水膜

表面分子

浸润

当水分子和固体表面分子间的吸引力强于水分子间的吸引力时，水浸润固体表面，形成一层水膜。

液　　体

液体中，原子和分子紧密堆积，它们间的键强于气体但弱于固体，粒子可以自由移动。

粒子紧密堆积，但可以自由移动

自由流动

液体可以自由流动并保持其容器的形状。液体中的原子和分子紧密堆积，这意味着液体不能被压缩。液体的密度一般比气体大，通常和固体类似或略小于固体，但水例外。

液体中的分子

与固体不同，液体中的原子和分子是无序排列的。粒子间成键，但是这种键较弱，并在粒子相对移动的过程中持续地进行着断裂和重组的过程。

水

橄榄油

蜂蜜

黏度的测量单位是厘泊。21℃时，水的黏度是1厘泊

21℃时，橄榄油的黏度约为85厘泊

21℃时，蜂蜜的黏度约为10000厘泊

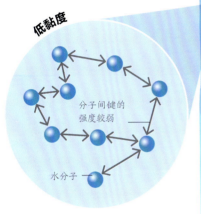

低黏度

分子间键的强度较弱

水分子

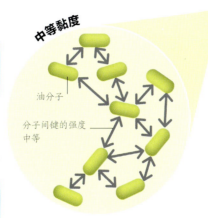

中等黏度

油分子

分子间键的强度中等

高黏度

果糖分子

分子间键的强度很强

葡萄糖分子

水分子

液体流动

液体的黏度越低，就越容易流动，例如水，这是因为低黏度液体中分子间键的强度较弱。反之，由于分子间键的强度较强，在相同温度下，蜂蜜的流动性就差很多。

黏度

　　黏度是用来衡量液体流动难易程度的量。如果某种液体黏度较小，则该液体就容易流动，通常形容为"稀的"；反之，如果某种液体黏度较大，则不易于流动，通常被形容为"稠的"。黏度是由液体分子间键的强度决定的，键的强度越强，黏度越大。液体黏度随温度升高而减小，这是因为高温使分子有更多的能量克服分子间的相互作用而发生移动。

非牛顿液体

　　不同于水一类的牛顿液体，非牛顿液体的黏度随所受外力的改变而改变。一个典型的例子是淀粉和水的混合液会随外力增加而变浓稠。因此，当一个小球从较高的地方坠落到该混合液中时将被表面弹起，而如果从较低的地方坠落则会沉没其中。

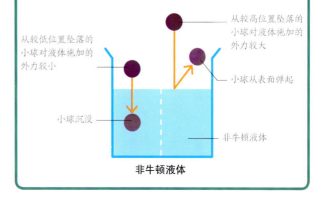

从较低位置坠落的小球对液体施加的外力较小

从较高位置坠落的小球对液体施加的外力较大

小球从表面弹起

小球沉没

非牛顿液体

非牛顿液体

气　　体

气体就在我们周围，但是大多数时候我们都不会注意到它。然而，除了固体和液体，气体也是物质的主要状态之一，且气体的存在对于地球上的生命至关重要。当我们吸气时，肺部的体积扩张，肺部压力减小，从而吸入气体。

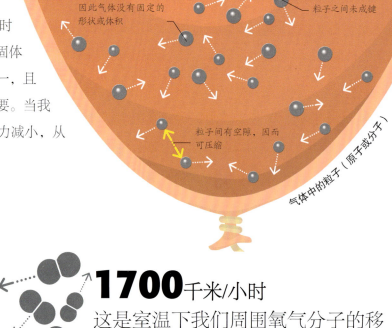

粒子可以自由移动，因此气体没有固定的形状或体积

粒子之间未成键

粒子间有空隙，因而可压缩

气体中的粒子（原子或分子）

什么是气体？

气体可由单一原子构成，也可以由包含两个或两个以上原子的分子构成。这些粒子非常活跃，一直在快速移动，能够充满整个容器并形成容器的形状。粒子间有很大的空间，因而气体是可压缩的。

1700千米/小时
这是室温下我们周围氧气分子的移动速度。

如何描述气体行为？

气体行为可以通过一条包含三个气体参量的定律来描述。三个气体参量分别是气体体积、压强和温度，当其中一个参量改变时，另外两个参量也随之改变。该定律成立的前提是所有的气体都是"理想"气体。在这样一种气体中，气体分子间没有相互作用，可以随机移动，并且它们不占据空间。尽管实际上并不存在这样的"理想"气体，但是，这条定律描述了常温常压下大部分气体的行为。

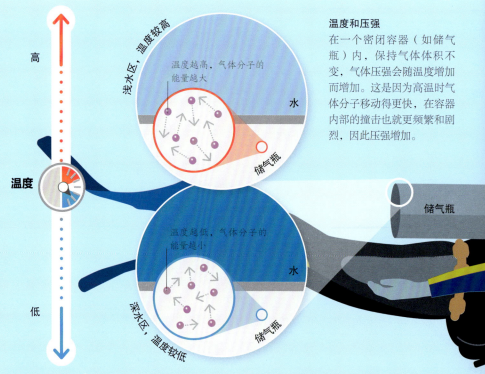

高

温度

低

浅水区，温度较高

温度越高，气体分子的能量越大

水

储气瓶

深水区，温度较低

温度越低，气体分子的能量越小

水

储气瓶

温度和压强
在一个密闭容器（如储气瓶）内，保持气体体积不变，气体压强会随温度增加而增加。这是因为高温时气体分子移动得更快，在容器内部的撞击也就更频繁和剧烈，因此压强增加。

储气瓶

阿伏伽德罗定律

阿伏伽德罗定律规定：在相同的温度和压强下，体积相同的所有气体，所包含的分子数目也相同。例如，尽管氯气分子的质量几乎是氧气分子质量的两倍，但是在同温同压下，相同体积容器内两种气体的分子数目是相同的。

氯气分子几乎是氧气分子的两倍重

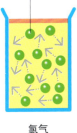

两个罐子的体积相同，因而所包含的气体分子数目相同

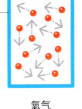

氯气　　　　　　　氧气

温度和体积

如果气体的体积没有被限制（例如，没有被装在一个体积固定的容器中），则加热时，气体分子获得额外的能量，会发生膨胀。温度越高，体积越大。例如，如果充气艇中的空气被太阳加热，将会更加膨胀。

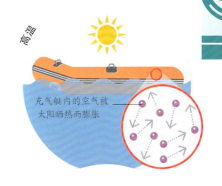

高温

充气艇内的空气被太阳晒热而膨胀

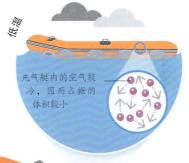

低温

充气艇内的空气较冷，因而占据的体积较小

充气艇

压强和体积

在一个密闭容器内，如果气体温度保持不变，压强增大则气体体积减小；反之，压强减小则气体体积增加。这就是液体中的气泡浮到液体表面时体积增大的原因。

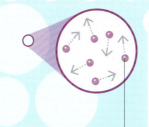

低

压强减小时，气体膨胀，气泡变大

压强

高

压强增大时，气体分子被挤在一起，体积变小

为什么我们看不见空气？

物体之所以可见，是因为它们对光产生了影响，例如反射光线。空气对光的影响比较小，因而通常不可见。但是，大量的空气可以对蓝光形成散射，因此，天空看起来是蓝色的。

奇异态

固态、液态、气态是我们最熟悉的物质状态，但物质状态绝非只有这几种。超热气体会变成等离子体，包含高能的带电粒子，可以导电。在极低温条件下，一些物质会变成超导体或超流体，它们有很多奇异的性质，如零电阻和零黏度。

等离子体在哪里?

太阳中就有大量的等离子体。在地球上，自然的等离子体是很少的，它们通常存在于闪电和南北极的极光中。等离子体可以通过给气体通电而人工产生，例如电焊产生的电弧或氖灯中就有等离子体。

恒星
像太阳一样的恒星是非常热的，因此组成它们的主要物质氢和氦都变成了离子态，从而形成等离子体。

闪电
闪电是电荷从雷雨云射向地面时留下的等离子体的可见痕迹。

极光
当来自太阳的等离子体进入地球，并和大气层发生相互作用时，就会在地球的极地地区形成极光。

氖灯
电流将灯管内的氖气加热，形成等离子体。等离子体受电流激发而发光。

电焊时的电弧等离子体
电焊时，通过施加电流，我们可以创造出温度高达28000℃的等离子体流，这一温度足以熔化金属，从而实现焊接。

等离子体

常温常压下，气体以原子（由包含质子和中子的原子核及绕核旋转的电子组成）或分子状态存在。当原子或分子被破坏（参见第40页）而形成带负电的电子和带正电的核或离子时，就形成了等离子体。这可以通过把气体加热到很高的温度或给气体通电来实现。

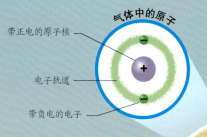
气体中的原子
带正电的原子核
电子轨道
带负电的电子

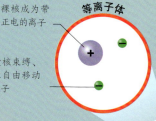
等离子体
裸核成为带正电的离子
不受核束缚、可以自由移动的电子

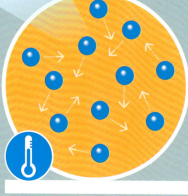

1 **室温气体**
当气体处于室温时，每个原子中的电子围绕着原子核运动，电子的负电与原子核的正电相抵消，因此原子为电中性。

2 **带电的等离子体**
等离子体中，电子从原子轨道逃逸出来，分别形成带负电的电子和带正电的核（离子）。这些电子和离子是可以自由移动的，因此，等离子体可以导电。

超导体和超流体

当温度低于130开尔文时，某些材料会转变为超导体，它们具有零电阻的特性。当温度更低时，最普通的氦同位素——氦-4将转变为超流体。超流体的黏度为零，它们可以无阻力流动。当温度接近绝对零度时，某些物质转变成被称为玻色-爱因斯坦凝聚体的奇异态。通常状态下，物质中的每个原子都保持各自独立的运动行为，但是在玻色-爱因斯坦凝聚体中，所有原子的行为就如同一个巨型原子。

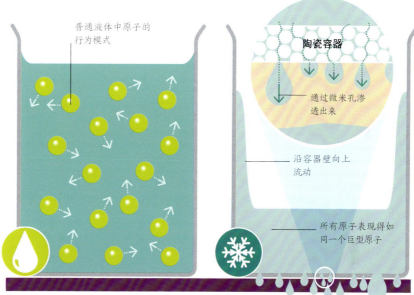

普通液体中原子的行为模式

陶瓷容器

通过微米孔渗透出来

沿容器壁向上流动

所有原子表现得如同一个巨型原子

1 液氦
在普通大气压下，氦-4在4开尔文时液化。在这个温度下，液氦如同其他液体一样可以流动，充满整个容器并待在容器中。

2 液氦超流体
当温度低至约2开尔文时，氦-4将转变为超流体。在这个温度下，它的行为变得很奇异，比如可以流过固体中的微米孔，可以沿容器壁向上流动等。

超导体应用

超导体主要用于产生极强的电磁体，这种电磁体对某些应用至关重要，比如核磁共振成像（MRI）扫描仪、磁悬浮列车和用于研究物质结构的粒子加速器等。

核磁共振成像扫描仪
在核磁共振成像扫描仪中，超导体用于身体的细节成像，比如脑部成像。

粒子加速器
某些粒子加速器是通过超导体的强大能量来引导粒子在加速器中的运动方向的。

电子炸弹
电子炸弹中的超导体可以产生一个很强的电磁脉冲，这种电磁脉冲能够使附近的电子设备无法工作。

磁悬浮列车
在高速运行的磁悬浮列车中，超导体可以使列车悬浮并提供前进的动力。

超流液氦如果被搅动，可以实现永久旋转。

迈斯纳效应

超导体是不允许磁场通过的。事实上，它们排斥磁场，该现象被称为迈斯纳效应。如果把一个磁铁放置于超导体上方，并将超导体降温到超导转变温度（在该温度时，材料将发生超导转变）之下，则超导体将排斥磁铁，从而使磁铁悬浮。

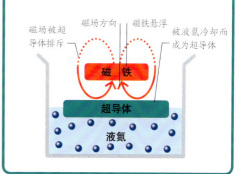

磁场被超导体排斥

磁场方向

磁铁悬浮

被液氮冷却而成为超导体

磁 铁

超导体

液氮

物态变化

　　固体、液体、气体和等离子体是最常见的物质形态，但是，物质还有其他的奇异形态，比如玻色-爱因斯坦凝聚体。物质可以从一种态转化到另一种态，并伴随着能量的增减。

获得能量

　　当物质获得能量时，其粒子（原子或分子）会振动或更加自由地移动。如果能量增加足够多，固体或液体中粒子间的键可能会断裂，从而转化成其他物质形态。气体状态时，能量增加可能会使电子从粒子中分离出来，形成等离子体。

0.01℃是水的三相温度，此时，水的固态、液态、气态三相共存。

升华

物质从固态直接转变为气态的过程被称为升华。一些固体，例如冷冻的二氧化碳（即"干冰"），可以从固态直接转变为气态。任何物质在适当的温度和压强下，都可以升华，但通常情形下，升华是很少见的。

熔化

物质由固态转变为液态的过程被称为熔化。当固体物质的能量增加时，粒子间键的振动也随之增强。最终，键会断裂，固体转变为液体。它们的粒子依旧相互吸引，但是可以更自由地移动。

液体

在液体中，原子或分子间的键能比固体中稍弱，并且原子或分子能够自由流动。

固体

在固体中，原子或分子是紧密键合在一起的，形成坚固的形状。

能量等级

能量降低

凝固

液体转变为固体的过程被称为凝固。当液体损失能量时，它们的原子或分子移动变慢，彼此间的吸引力使粒子相互结合得更加紧密。这些粒子可能以一种有序的方式排列，形成晶体，或以较为无序的方式排列而形成无定型固体。

玻色-爱因斯坦凝聚体

这是物质的一种奇异态，此时，原子的能量较小，原子可以在同一时刻行为一致，它们就像单个原子一样。大部分物质不能形成玻色-爱因斯坦凝聚体。

过冷却（超冷冻）

过冷却是一种物理现象，指将某种气态物质在数毫秒内冷却至绝对零度之上的某一温度，此时，原子的能量急剧下降，原子几乎没有移动便凝聚在一起。

离子化

能量较高时，电子可以从它们所属的原子或分子中分离出来，形成等离子体，它包含带负电的电子和带正电的离子（即失去电子的原子或分子）。等离子体常存在于恒星、氖灯和等离子体显示屏中。

蒸发

物质从液态转变为气态的过程被称为蒸发。即使在低温下，液体表面的某些粒子还是能够获得足够的能量变成气体，从而与液体分离。能量越多，蒸发也越多。在物质的沸点，即便液体内部的粒子也能获得足够的能量蒸发成气体。

等离子体

有时候，等离子体也被称为物质的第四态，它是由自由电子和带正电荷的离子组成的集合。

能量升高

气体

在气体中，原子或分子可以自由移动，因为它们之间没有成键。

重组发生在等离子体转变回气体时。当等离子体的能量下降，带正电的离子就会捕获自由电子，此时物质转变为气态，例如，当关闭氖灯时就会发生这样的转变。

重组

与蒸发过程相反，液化是气体转变为液体的过程，发生在温度降低以及气体原子或分子向周围环境释放能量时。气体粒子移动变慢，气体液化成液体。

液化

损失能量

当物质损失能量时，它们的原子或分子移动变慢。当损失大量能量时，物质可能会转变为其他物质形态，例如由等离子体转变为气体，再到液体，最后是固体。然而，在某些条件下，特定的物质在转变过程中可能会跳过某些物质形态，比如，水蒸气凝华为霜。

与升华过程相反，凝华是气体未经液体状态而直接转变为固体的过程。霜就是一个最常见的例子，它是空气中的水蒸气在极冷环境中固化的结果。

凝华

潜热

潜热是物质状态改变时从周围环境吸收或释放的能量。出汗使我们感觉凉爽，这是因为汗液蒸发会从皮肤吸收热量。

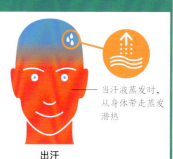

—— 当汗液蒸发时，从身体带走蒸发潜热

出汗

原子内部结构

在很长一段时间里，原子都被认为是不可再分的，但现在，我们知道原子是由质子、中子和电子组成的。这些粒子的数量决定了它是什么原子、具有什么物理和化学性质。

原子结构

原子由位于中心的原子核和围绕原子核的一个或多个电子组成。原子核包含正电性的质子和电中性的中子，但氢原子是个例外。原子的质量大部分集中在原子核部分。围绕着原子核的是非常小的、负电性的电子，电子被正电性的质子吸引而沿着电子轨道运动。一个原子的质子数和电子数是相同的，因此，正电性和负电性相互平衡，使原子得以保持电中性。

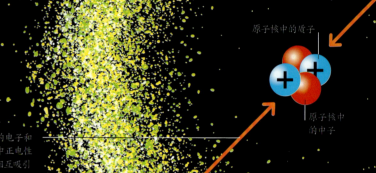

原子核中的质子

原子核中的中子

负电性的电子和原子核中正电性的质子相互吸引

氦原子结构
每个氦原子由包含两个质子和两个中子的原子核，以及两个围绕原子核周围电子轨道运动的电子组成。

这些区域找到电子的可能性较小

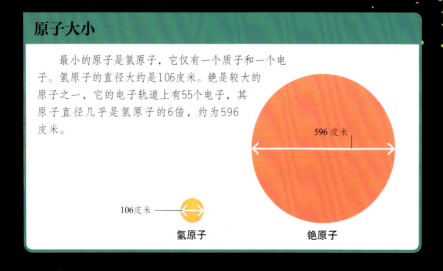

原子大小

最小的原子是氢原子，它仅有一个质子和一个电子。氢原子的直径大约是106皮米。铯是较大的原子之一，它的电子轨道上有55个电子，其原子直径几乎是氢原子的6倍，约为596皮米。

596皮米

106皮米

氢原子　　　　　　　　　　　**铯原子**

氢原子中，**99%**的空间是空的。

电子轨道

　　电子绕原子核运行和行星绕太阳运行有所不同。由于量子效应，指出电子的精确位置是不可能的。电子存在的区域被称为轨道。轨道是指在原子核周围有较大可能发现电子的区域。轨道主要有四种类型：球形的s轨道，哑铃形的p轨道，以及形状更为复杂的d轨道和f轨道。每个轨道至多可以容纳两个电子，轨道填充从最靠近原子核的轨道开始依次进行。

氟原子轨道
氟原子有9个质子和9个绕核运动的电子。里层的4个电子填充两个s轨道，每两个电子在1个轨道上。其余5个电子分布在3个p轨道上。

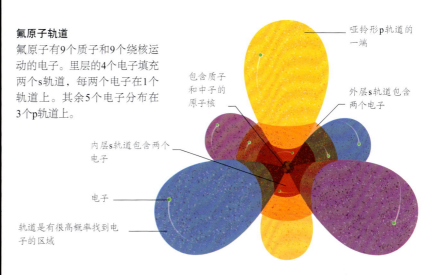

哑铃形p轨道的一端

包含质子和中子的原子核

外层s轨道包含两个电子

内层s轨道包含两个电子

电子

轨道是有很高概率找到电子的区域

原子序数和原子质量

　　科学家使用数字和度量来量化原子的性质，具体包括原子序数和各种表示原子质量的度量。

量	定　义
原子序数	原子中的质子数。一个元素是由它的原子序数定义的，这是因为每种元素的原子具有相同的质子数。例如，所有的氧原子都有8个质子。
原子质量	原子中质子、中子和电子质量的总和。在某些元素中，原子内的中子数是可以改变的，形成该元素的同位素。这意味着不同的同位素有不同的原子质量。用于衡量原子质量的单位被称为原子质量单位（amu），一个原子质量单位（amu）是一个碳-12原子质量的十二分之一。碳-12是一种常见的碳同位素。
相对原子质量	元素同位素的平均质量。
质量数	原子中质子和中子的总数量。

电子

这些区域找到电子的可能性较大

一个电子的质量是多少？

电子是非常轻的，其质量仅是质子的两千分之一。

亚原子世界

原子是由更小的被称为亚原子粒子的单元组成的。亚原子粒子主要有两种形式：一种组成物质，另一种承载力。亚原子粒子相互结合形成其他粒子和力，并具有独特的性质。

亚原子结构

原子中的电子不能被进一步分割，但是质子和中子则可以。每个质子或中子由三个不同的夸克组成，夸克在亚原子家族中属于费米子。费米子是物质粒子，所有的物质都是由夸克（按照不同的类型结合）和轻子（另一种包含电子的费米子）组成的。每种费米子都有相对应的反粒子，它们具有相同的质量，但是电性相反，例如电子的反粒子是正电子。反粒子相互结合则形成反物质。

基本粒子
在很长一段时间里，科学家都认为质子和中子是不可再分割的最基本粒子，但现在我们知道它们是由夸克组成的。因此，电子和夸克看起来才是最基本的粒子。

"夸克"一词来自詹姆斯·乔伊斯（James Joyce）的小说《芬尼根守灵夜》。

是否存在引粒子（重粒子）？
科学家认为引力可能是由一种叫作引力子的粒子传递的。目前，引力子的存在还没有被实验证明。

电子轨道是发现电子概率较高的区域

电子

下夸克和上夸克，这是在普通物质中发现的两种夸克

原子核

质子包含两个上夸克和一个下夸克

上夸克

质子

连接夸克的胶子

中子包含两个下夸克和一个上夸克

中子

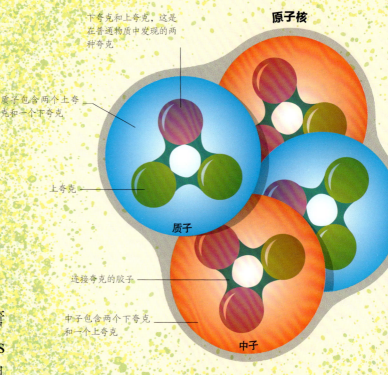

亚原子粒子

费米子是物质粒子。它们构成形成原子的物质，例如质子、中子和电子。

玻色子是一种承载力的粒子。它们在不同粒子间传递力。

基本粒子费米子是物质粒子，可以组成其他粒子。

强子是复合粒子，由多个夸克组成。

基本粒子玻色子是载力粒子，它们不能用于组成其他粒子。

夸克

- 上夸克
- 下夸克
- 粲夸克
- 奇异夸克
- 顶夸克
- 底夸克

轻子

- 电子
- 电子中微子
- μ子
- μ子中微子
- τ子
- τ子中微子

重子是由3个夸克组成的复合费米子。

- **质子**
  2个上夸克+1个下夸克+3个胶子
- **中子**
  2个下夸克+1个上夸克+3个胶子
- **λ粒子**
  1个下夸克+1个上夸克+1个奇异夸克+3个胶子
- 其他粒子

介子是由1个夸克和1个反夸克组成的复合玻色子。

- **正的p介子**
  1个上夸克+1个下反夸克
- **负的k介子**
  1个奇异夸克+1个上反夸克
- 其他粒子

- 光子
- 胶子
- W−玻色子
- W+玻色子
- Z玻色子
- 希格斯玻色子

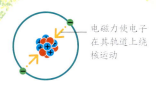

电磁力

电磁力使电子在其轨道上绕核运动

电磁力是一种由光子传递的带电粒子间的相互作用。光子是一种无质量、以光速运动的粒子。

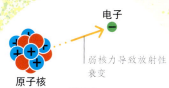

弱核力

弱核力导致放射性衰变

原子核

在放射性衰变期间，粒子会被原子核推出，这是因为夸克的类型改变了，这一过程很可能是由W及Z玻色子导致的，它们是负责传递弱核力的基本粒子。

基本力

即便是简单的推力和拉力，力在亚原子世界都是由粒子传递的。想象两个溜冰者在溜冰室传球，球将从第1个溜冰者那里获得的力传递给第2个溜冰者，因此，第2个溜冰者接到球的时候会发生移动。

强核力

质子

强核力使原子核中的粒子结合在一起

中子

强核力是一种使夸克结合在一起的力，与质子和中子中存在的相互排斥的电磁力相反。强核力是短程相互作用力，由胶子承载。

引力

引力使行星在其轨道上绕太阳运动

太阳　　行星

引力是作用范围无限远的吸引力。要发现引力子，粒子必须达到光速，而这是难以实现的，所以引力子一直未被实验证实。

波和粒子

波和粒子看起来完全不同：光是波，而原子是粒子。然而某些时候，波也会具有粒子性，例如光；而粒子也会体现出波动性，例如电子。这种现象被称为波粒二象性。

光的波动性

双缝干涉实验就是展示光波动性的一种简单方法。光通过两个屏幕：第一个屏幕上有一道狭缝，用以产生点光源；第二个屏幕上有两道狭缝，可以将光分成两部分。经过狭缝产生的两束光在双缝后面的屏幕上出现明暗相见的干涉条纹。由于光具有波动性，光通过双缝到达显示屏时由于走过的路程不同，会产生相位相长或相消。如果光是粒子，则结果将会完全不同。

是否所有的粒子都具有波动性？

似乎不仅只有小如电子这样的粒子才具有波动性。尽管是否所有的大分子都具有波动性还未知，但是一些比较大的、由超过800个原子组成的分子在双缝干涉实验中则表现出了波动性。

光子

如果光是如同沙粒一样的简单粒子，那么某些光子通过一个狭缝，另一些光子通过另一个狭缝，只会在狭缝后面的显示屏上产生两条明显的条纹。然而，光通过双缝时得到的结果却是全然不同的。

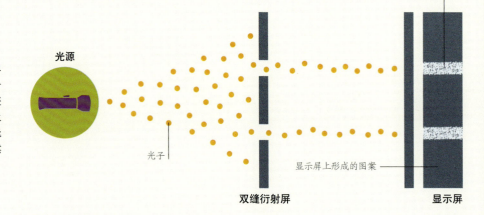

清晰的光带

光源

光子

显示屏上形成的图案

双缝衍射屏

显示屏

波

如果光是波，则通过狭缝后的光波会形成波纹图案，如同将一块石头扔到池塘里形成水波。波纹相互作用（相位相长或相消），形成一系列明暗相间的条纹，即显示屏上的干涉图案。

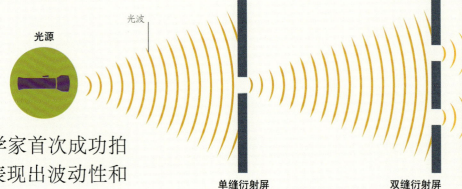

光波

光源

单缝衍射屏

双缝衍射屏

 2015年，科学家首次成功拍摄到光同时表现出波动性和粒子性的照片。

光的粒子性

当光线照射金属表面时，金属中的电子会逃逸，但这对入射光的波长（对应光的颜色）是有要求的。这一现象被称为光电效应，是光具有粒子性的有力证据。波长较长的红光光子比波长较短的（如绿光和紫外光）光子能量低，因而红光照射不足以使金属中的电子逃逸。

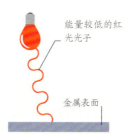

能量较低的红光光子

金属表面

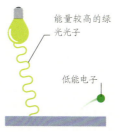

能量较高的绿光光子

低能电子

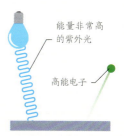

能量非常高的紫外光

高能电子

红光
红光光子携带的能量较少，不足以使大部分金属中的电子逃逸，但是可用作照明光。

绿光
绿光光子携带的能量比红光多，可以使金属中的电子逃逸。

紫外光
紫外光光子携带较多的能量，因此它们可以从金属表面激发出能量较高的电子。

波粒二象性

当双缝衍射实验用其他粒子，如电子和原子，也会形成类似的明暗相间干涉条纹。这些粒子也表现出波的特性，这就是波粒二象性。如果电子是一个个发射的，依然会得到同样的干涉条纹，这是因为粒子具有的波动性使它们自身产生干涉。

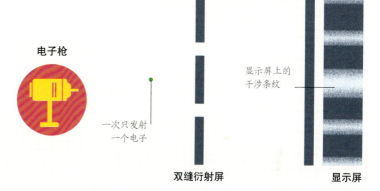

电子枪

一次只发射一个电子

显示屏上的干涉条纹

双缝衍射屏

显示屏

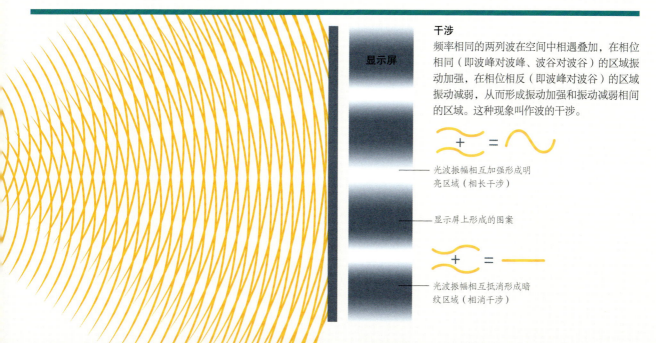

显示屏

干涉
频率相同的两列波在空间中相遇叠加，在相位相同（即波峰对波峰、波谷对波谷）的区域振动加强，在相位相反（即波峰对波谷）的区域振动减弱，从而形成振动加强和振动减弱相间的区域。这种现象叫作波的干涉。

光波振幅相互加强形成明亮区域（相长干涉）

显示屏上形成的图案

光波振幅相互抵消形成暗纹区域（相消干涉）

量子世界

在亚原子粒子层面上，事物的行为方式和我们日常生活中有所不同。粒子既可以像波又可以像粒子，能量改变是跳跃性的，这被称为量子跃迁，粒子在被观测之前是处于不确定状态的。

能量包

量子可能是物理性质的最小量了，如能量或物质。电磁辐射的最小量，比如光的最小量，是一个光子。量子不可再分，仅能以单个量子的整数倍存在。

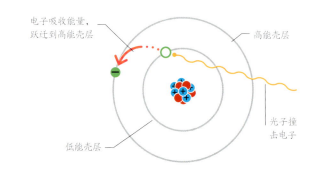

电子吸收能量，跃迁到高能壳层

高能壳层

光子撞击电子

低能壳层

量子跃迁
原子中的电子只能从一个能级或壳层直接跳跃到另一个，这就是量子跃迁。它们不能占据各能级之间的中间状态。当电子在能级间移动时，它们吸收或发射能量。

不确定性原理

在量子世界中，要同时知道亚原子粒子，比如电子或光子的精确位置和精确速度是不可能的，这一现象被称为不确定性原理。这是因为当要精确测量粒子的其中一个特性时，就会干扰粒子的其他特性，从而使测量不够精准。

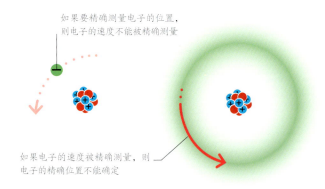

如果要精确测量电子的位置，则电子的速度不能被精确测量

如果电子的速度被精确测量，则电子的精确位置不能确定

位置还是速度？
电子的位置和速度不能同时被确定。位置越精确，则速度越不精确，反之亦然。

量子纠缠

量子纠缠是发生在一对如电子这样的亚原子粒子间的奇异效应，它们被连接或纠缠在一起，并且不管在物理上被分隔多远的距离（比如在不同的星系），它们依然相互连接。结果，如果操纵一个粒子，则它的搭档粒子也将瞬时改变。类似地，测量其中一个粒子的性质，则另一个粒子的性质信息也可被获得。

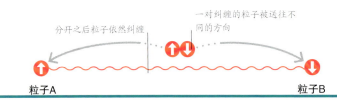

分开之后粒子依然纠缠

一对纠缠的粒子被送往不同的方向

粒子A　　　　　　　　　　粒子B

瞬间传送是否可能？

应用量子纠缠，研究人员已经实现了超过1200千米距离的信息传递。然而，对物理实物的瞬间传送目前还只存在于科幻小说中。

量子"感应"

在量子世界中，粒子存在一种不确定的状态，直到它们被观测到。例如，一个放射性的原子可能处在一种释放射线的衰变状态，也可能处在不衰变的状态。这两种状态都有可能存在的情形被称为量子叠加态。只有当一个粒子被观测时，它才处于其中某种确定的状态，这常被专业地称为叠加态坍缩。叠加态意味着亚原子事件直到被观测之前，都不能确定其准确的状态。这一思想促使物理学家埃尔温·薛定谔（Erwin Schrödinger）提出了著名的薛定谔的猫这一思想实验。

薛定谔的猫

在一个密闭无窗的盒子里，有一只猫和少量的放射性物质。如果这些放射性物质发生衰变，衰变物质就会被盖革计数器探测到，从而触发锤子打碎盒子中的毒气瓶，则猫将被毒死。但是，放射性物质是否发生衰变是随机的，所以除非打开盒子探查，否则不可能知道猫是死是活。事实上，盒子里的猫处于一种既死又活的叠加态，直到打开盒子进行观测时，这种叠加态才坍缩为单一态。

为了纪念埃尔温·薛定谔，月球上有一个以他的名字命名的火山口。

可以被盖革计数器触发的锤子

毒气瓶

猫处于两种可能状态中的一种（活）

猫处于两种可能状态中的另一种（死）

探测放射性衰变的盖革计数器

放射性物质

粒子加速器

粒子加速器是用来将亚原子粒子加速到接近光速，进而用于研究关于物质、能量和宇宙等基本问题的仪器。

加速器如何工作

粒子加速器使用高压和强磁场产生的电场来产生诸如质子和电子的高能亚原子束，它们可以相互碰撞或撞击金属靶。大部分粒子加速器都是圆形的，因此，粒子可以做多次循环。在发生撞击前，每次循环都能使能量增加。

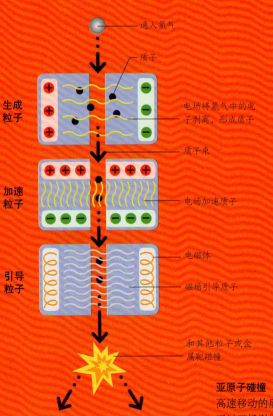

通入氢气

质子

生成粒子

电场将氢气中的电子剥离，形成质子

质子束

加速粒子

电场加速质子

引导粒子

电磁体

磁场引导质子

和其他粒子或金属靶碰撞

放射性探测器

粒子探测器

亚原子碰撞
高速移动的质子由氢气通过电场电离产生。通过磁场引导，质子可以和其他亚原子粒子或金属箔片中的原子发生碰撞。探测器用于捕捉碰撞中产生的放射线或粒子。

研究亚原子世界

粒子加速器最初是用于研究亚原子层面的事物和能量的，但是它也可用于研究暗物质和还原宇宙大爆炸后的宇宙初始形态。粒子加速器也被用于寻找希格斯玻色子和探测其他亚原子粒子的奇异态，如五夸克态。五夸克态包含四个夸克和一个反夸克，可能存在于超新星中。

紧凑渺子线圈

紧凑渺子线圈（CMS）是一种通用型粒子探测器，用于搜寻组成暗物质的可能粒子。紧凑渺子线圈和超环面仪器（ATLAS）一起，被用于寻找希格斯玻色子。

沿一个方向运动的粒子束

沿反方向运动的粒子束

大型强子对撞机中，粒子在周长为27千米的环形隧道内，以每秒超过11000次的频率急速穿行。

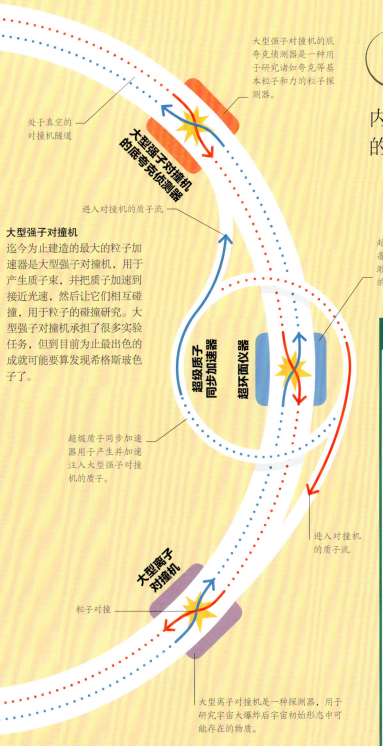

大型强子对撞机的底夸克侦测器是一种用于研究诸如夸克等基本粒子和力的粒子探测器。

处于真空的对撞机隧道

大型强子对撞机的底夸克侦测器

进入对撞机的质子流

超环面仪器是环形大型强子对撞机设备中的一种高能粒子探测器，与紧凑渺子线圈一起，参与了希格斯玻色子的发现

大型强子对撞机

迄今为止建造的最大的粒子加速器是大型强子对撞机，用于产生质子束，并把质子加速到接近光速，然后让它们相互碰撞，用于粒子的碰撞研究。大型强子对撞机承担了很多实验任务，但到目前为止最出色的成就可能要算发现希格斯玻色子了。

超级质子同步加速器

超环面仪器

超级质子同步加速器用于产生并加速注入大型强子对撞机的质子。

进入对撞机的质子流

大型离子对撞机

粒子对撞

大型离子对撞机是一种探测器，用于研究宇宙大爆炸后宇宙初始形态中可能存在的物质。

希格斯玻色子

希格斯玻色子是希格斯场的量子激发。根据希格斯机制，基本粒子如光子和电子通过与希格斯场耦合而获得质量。希格斯玻色子就如同雪地里的一片雪花。雪地类比于希格斯场，可以和不同的物体发生不同的相互作用：如果物体和希格斯场发生强相互作用（如深深地陷入雪地一般），则获得的质量较大；如果物体和希格斯场的相互作用较弱（如同落在雪地表面一般），则获得的质量较小；如果物体和希格斯场不发生相互作用，则没有质量。

粒子和希格斯场发生强相互作用，则获得的质量较大。

粒子不和希格斯场发生相互作用，则没有质量（如光子）。

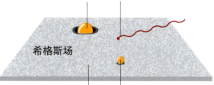

希格斯场

希格斯场是由希格斯玻色子组成的，如同雪地是由雪花组成的一样。

粒子和希格斯场发生弱相互作用，因而获得的质量较小。

元素

元素只含有一种原子，因此在化学上不能被分成更小的部分。原子因其包含的质子数、中子数和电子数不同而不同，但是元素是由质子数定义的。元素周期表就是根据原子核的质子数来组织分类元素的一种方式。

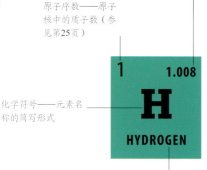

相对原子质量——元素同位素的平均原子量（参见第25页），括号中的数字代表放射性元素最稳定同位素的原子质量

原子序数——原子核中的质子数（参见第25页）

化学符号——元素名称的简写形式

1	1.008
H	
HYDROGEN	

元素名称

元素周期表

元素周期表中的元素按照原子序数，即原子中的质子数来排列。元素周期表每行从左到右原子序数依次增加。我们从元素周期表中元素所处的位置可以得到很多信息，比如同列元素的化学反应活性类似。

族即列，从1到18共18列；同族元素具有相同的最外层电子数和相似的化学性质。

周期——即行，从1到7；同一周期中的元素有相同的核外电子层数。

同位素

元素的同位素具有相同的质子数，但是中子数不同，因此，它们的原子质量不同。例如，自然存在的碳的同位素分别有6、7和8个中子数。同位素在化学反应活性上保持一致，但在其他方面可以非常不同，比如有的同位素具有放射性。

碳12
6个中子+6个质子=12

碳13
7个中子+6个质子=13

碳14
8个中子+6个质子=14

元素周期表的排列方式

从左至右，元素的原子序数依次增加，并在元素特性重复时另开一行。金属元素在表的左边，非金属元素在表的右边。

1

1	1.008
H	
HYDROGEN	

2

3	6.94	4	9.0122
Li		**Be**	
LITHIUM		BERYLLIUM	

11	22.990	12	24.305
Na		**Mg**	
SODIUM		MAGNESIUM	

3 4 5 6 7

19	39.098	20	40.078	21	44.956	22	47.867	23	50.942	24	51.996	25	54.938
K		**Ca**		**Sc**		**Ti**		**V**		**Cr**		**Mn**	
POTASSIUM		CALCIUM		SCANDIUM		TITANIUM		VANADIUM		CHROMIUM		MANGANESE	

37	85.468	38	87.62	39	88.906	40	91.224	41	92.906	42	95.95	43	(98)
Rb		**Sr**		**Y**		**Zr**		**Nb**		**Mo**		**Tc**	
RUBIDIUM		STRONTIUM		YTTRIUM		ZIRCONIUM		NIOBIUM		MOLYBDENUM		TECHNETIUM	

55	132.91	56	137.33	57–71	72	178.49	73	180.95	74	183.84	75	186.21
Cs		**Ba**			**Hf**		**Ta**		**W**		**Re**	
CAESIUM		BARIUM			HAFNIUM		TANTALUM		TUNGSTEN		RHENIUM	

87	(223)	88	(226)	89–103	104	(267)	105	(268)	106	(269)	107	(270)
Fr		**Ra**			**Rf**		**Db**		**Sg**		**Bh**	
FRANCIUM		RADIUM			RUTHERFORDIUM		DUBNIUM		SEABORGIUM		BOHRIUM	

57	138.91	58	140.12	59	140.91	60	144.24
La		**Ce**		**Pr**		**Nd**	
LANTHANUM		CERIUM		PRASEODYMIUM		NEODYMIUM	

89	(227)	90	232.04	91	231.04	92	238.03
Ac		**Th**		**Pa**		**U**	
ACTINIUM		THORIUM		PROTACTINIUM		URANIUM	

图例

 氢——一种活性气体

活泼金属

 碱金属——较软，化学性质非常活泼的金属

碱土金属——化学性质中等活泼的金属

过渡金属

 过渡金属——元素周期表中d区的一系列金属元素，它们具有可变化学价态

主族非金属

 准金属——元素性质位于金属和非金属之间的元素

 其他金属——大部分相对较软且熔点低

 碳和其他非金属

卤素——化学性质非常活泼的非金属

 惰性气体——无色，化学性质非常不活泼的气体

稀土金属

 也被称为镧系或锕系金属，它们是化学活性很强的金属，有些非常稀有，甚至只能通过合成得到

周期，族和区

元素周期表中，一行也被称为一个周期，同一周期的元素具有相同的电子轨道（参见第25页）层数；一列又称一族，同族的元素最外层电子数相同，因此化学反应活性相似。元素周期表四个主要"区域"（参见左侧）中，同"区域"内的元素性质相似，比如过渡金属元素大多是硬度高、闪闪发亮的金属。氢的性质很不一样，因此和同族区别开来，自成一区。

					18
					2　4.0026 **He** HELIUM
13	14	15	16	17	
5　10.81 **B** BORON	6　12.011 **C** CARBON	7　14.007 **N** NITROGEN	8　15.999 **O** OXYGEN	9　18.998 **F** FLUORINE	10　20.180 **Ne** NEON
13　26.982 **Al** ALUMINIUM	14　28.085 **Si** SILICON	15　30.974 **P** PHOSPHORUS	16　32.06 **S** SULPHUR	17　35.45 **Cl** CHLORINE	18　39.948 **Ar** ARGON

8	9	10	11	12	13	14	15	16	17	18
26　55.845 **Fe** IRON	27　58.933 **Co** COBALT	28　58.693 **Ni** NICKEL	29　63.546 **Cu** COPPER	30　65.38 **Zn** ZINC	31　69.723 **Ga** GALLIUM	32　72.63 **Ge** GERMANIUM	33　74.922 **As** ARSENIC	34　78.97 **Se** SELENIUM	35　79.904 **Br** BROMINE	36　83.80 **Kr** KRYPTON
44　101.07 **Ru** RUTHENIUM	45　102.91 **Rh** RHODIUM	46　106.42 **Pd** PALLADIUM	47　107.87 **Ag** SILVER	48　112.41 **Cd** CADMIUM	49　114.82 **In** INDIUM	50　118.71 **Sn** TIN	51　121.76 **Sb** ANTIMONY	52　127.60 **Te** TELLURIUM	53　126.90 **I** IODINE	54　131.29 **Xe** XENON
76　190.23 **Os** OSMIUM	77　192.22 **Ir** IRIDIUM	78　195.08 **Pt** PLATINUM	79　196.97 **Au** GOLD	80　200.59 **Hg** MERCURY	81　204.38 **Tl** THALLIUM	82　207.2 **Pb** LEAD	83　208.98 **Bi** BISMUTH	84　(209) **Po** POLONIUM	85　(210) **At** ASTATINE	86　(222) **Rn** RADON
108　(277) **Hs** HASSIUM	109　(278) **Mt** MEITNERIUM	110　(281) **Ds** DARMSTADTIUM	111　(282) **Rg** ROENTGENIUM	112　(285) **Cn** COPERNICUM	113　(286) **Nh** NIHONIUM	114　(289) **Fl** FLEROVIUM	115　(289) **Mc** MOSCOVIUM	116　(293) **Lv** LIVERMORIUM	117　(294) **Ts** TENNESSINE	118　(294) **Og** OGANESSON

61　(145) **Pm** PROMETHIUM	62　150.36 **Sm** SAMARIUM	63　151.96 **Eu** EUROPIUM	64　157.25 **Gd** GADOLINIUM	65　158.93 **Tb** TERBIUM	66　162.50 **Dy** DYSPROSIUM	67　164.93 **Ho** HOLMIUM	68　167.26 **Er** ERBIUM	69　168.93 **Tm** THULIUM	70　173.05 **Yb** YTTERBIUM	71　174.97 **Lu** LUTETIUM
93　(237) **Np** NEPTUNIUM	94　(244) **Pu** PLUTONIUM	95　(243) **Am** AMERICIUM	96　(247) **Cm** CURIUM	97　(247) **Bk** BERKELIUM	98　(251) **Cf** CALIFORNIUM	99　(252) **Es** EINSTEINIUM	100　(257) **Fm** FERMIUM	101　(258) **Md** MENDELEVIUM	102　(259) **No** NOBELIUM	103　(262) **Lr** LAWRENCIUM

放射性

放射性物质的原子核不稳定，会释放能量或放射物质。放射性通常很危险，如果处理不当则后果严重。然而，它也可以被用作燃料，可以减少人类对污染性化石燃料的依赖。

什么是辐射

辐射由能够将电子从原子中轰击出来的能量波或粒子流组成。大量的辐射会损害细胞中的DNA。另外，它还可以在身体中产生很多活性自由基，这也可能损伤细胞。

辐射类型

α粒子是一种放射性粒子，由两个质子和两个中子组成（等同于氦−4的原子核）。β粒子是放射性物质发生β衰变过程中释放出的高能电子或正电子。γ射线是原子衰变裂解时释放出的高能电磁波。

放射性原子

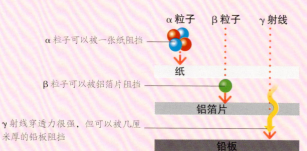

α粒子可以被一张纸阻挡

纸

β粒子可以被铝箔片阻挡

铝箔片

γ射线穿透力很强，但可以被几厘米厚的铅板阻挡

铅板

α粒子　β粒子　γ射线

核能

原子分裂或融合在一起时释放出来的能量被称为核能。当它以热的形式释放时，可用于烧开水或驱动涡轮发动机，如同燃烧化石燃料来发电一样。

裂变反应

裂变反应是指较重原子裂变成较轻原子的一种核反应。反应过程中会释放出巨大的能量，可作为核电站发电的能量来源。在核电站，这个过程是被严格监控的，以防链式反应失控。

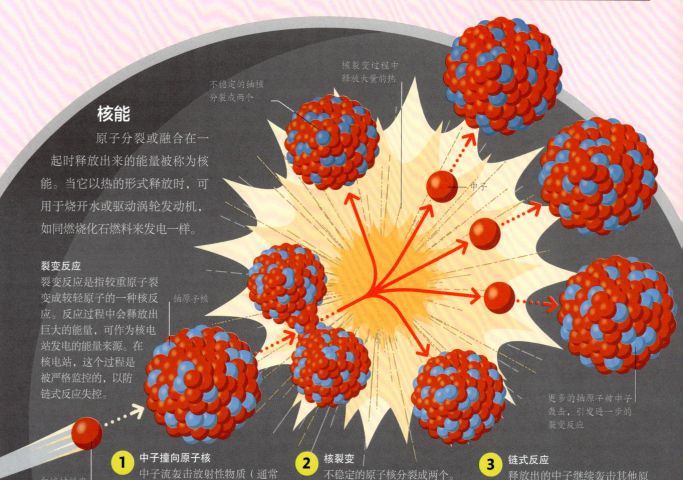

不稳定的铀核分裂成两个

核裂变过程中释放大量的热

中子

铀原子核

向核材料发射高能中子

更多的铀原子被中子轰击，引发进一步的裂变反应

1 中子撞向原子核
中子流轰击放射性物质（通常是铀），部分中子击中了一个原子核，导致其不稳定。

2 核裂变
不稳定的原子核分裂成两个。裂变过程释放出巨大的能量和更大量的中子。

3 链式反应
释放出的中子继续轰击其他原子，这可能导致更多的原子分裂并释放更多的中子，引发链式反应。

半衰期和衰变

放射性物质的半衰期是指放射性物质半数发生衰变所需要的时间。一些物质的衰变比较快，但是另一些物质的衰变周期却可长达上百万年。例如，用于裂变反应堆的铀-235具有大约7.04亿年的半衰期。处置核废料是一个很棘手的问题。

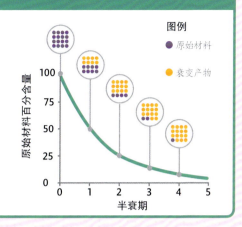

图例
● 原始材料
● 衰变产物

原始材料百分含量

半衰期

核聚变（或融合）反应是否安全?

不同于核裂变反应堆，核聚变反应器中的核融合过程是没有风险的。因为故障一旦发生，等离子体就会冷却并停止反应。

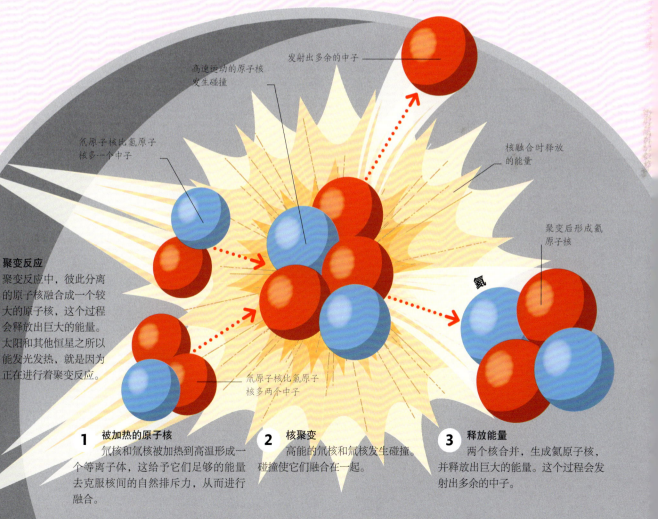

高速运动的原子核发生碰撞

发射出多余的中子

氘原子核比氢原子核多一个中子

核融合时释放的能量

聚变后形成氦原子核

聚变反应
聚变反应中，彼此分离的原子核融合成一个较大的原子核，这个过程会释放出巨大的能量。太阳和其他恒星之所以能发光发热，就是因为正在进行着聚变反应。

氚原子核比氢原子核多两个中子

氦

1 被加热的原子核
氘核和氚核被加热到高温形成一个等离子体，这给予它们足够的能量去克服核间的自然排斥力，从而进行融合。

2 核聚变
高能的氘核和氚核发生碰撞。碰撞使它们融合在一起。

3 释放能量
两个核合并，生成氦原子核，并释放出巨大的能量。这个过程会发射出多余的中子。

混合物和化合物

当把不同的物质混合时，会发生下列情况之一：它们发生反应形成新的物质——化合物，或者保持各自的性质不变，只是混合在一起形成混合物。

化合物

化合物是两种及两种以上元素的原子通过化学作用键在一起形成的物质。化合物的性质可能和其组成元素自身性质差别很大，比如氢和氧各自都以气体形式存在，但键合在一起时可形成液态的水。

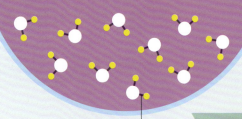

不同元素原子间的化学键

混合物

很多物质混合的时候，它们之间并不发生化学反应，并保持各自的化学性质不变，例如沙和盐的混合。这些物质可能是单种元素原子、单种元素分子，或含有多种元素的分子（化合物）。

一种物质颗粒

另一种物质颗粒

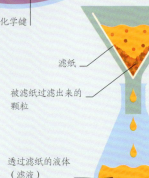

滤纸

被滤纸过滤出来的颗粒

透过滤纸的液体（滤液）

分离混合物

混合物可用物理方法进行分离，这是因为组成混合物的物质间没有发生化学反应。具体的分离方法取决于混合物类型。比如，混合物中只有一种组分可溶解，便可以通过过滤进行分离，而其他类型的混合物则需要更复杂的方法进行分离，如色谱法、蒸馏法或离心法。

过滤法

过滤器允许非常小或可溶的颗粒通过，但阻挡较大或不可溶的颗粒。例如，混合物中可溶性的盐水溶液可以全部通过过滤器，而混合物中的沙子将全部被过滤器阻挡。

混合物的类型

混合物有多种类型，根据组成混合物物质的溶解度和它们颗粒大小的不同而不同。当一种物质可溶于另一种物质时可形成溶液，比如糖溶于水。当一种物质不溶于另一种物质，而是相互分散时，则形成胶体或悬浮物。

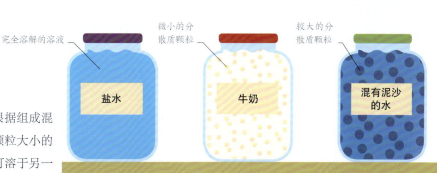

完全溶解的溶液

盐水

微小的分散质颗粒

牛奶

较大的分散质颗粒

混有泥沙的水

真溶液
真溶液中所有的组成成分都处于相同的物质形态，比如盐溶于水形成的盐水就呈现为液体形态。

胶体
胶体是微小颗粒均匀分散的混合物。分散质颗粒很小而不可见，且不能自然沉淀出胶体颗粒。

悬浮物
悬浮物中的分散质颗粒像尘埃一般大小，肉眼可见且可沉淀析出。

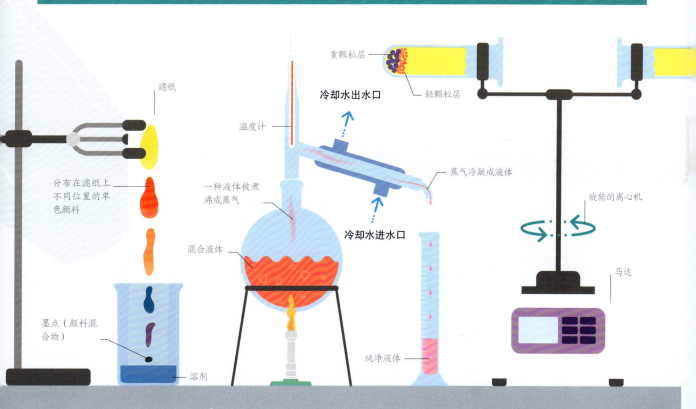

滤纸

分布在滤纸上不同位置的单色颜料

墨点（颜料混合物）

溶剂

温度计

一种液体被煮沸成蒸气

混合液体

冷却水出水口

冷却水进水口

蒸气冷凝成液体

纯净液体

重颗粒层

轻颗粒层

旋转的离心机

马达

色谱法
复杂混合物中的各个组分通常可用色谱法分离。当溶剂沿滤纸向上扩散时，混合物中的不同组分会上行不同的距离。

蒸馏法
沸点不同的液体混合物可以使用蒸馏法分离。当加热混合物时，各组分由于沸点不同而依次沸腾。煮沸的单一组分液体可变成蒸气而脱离混合物，之后被冷却水冷凝成液体。

离心法
由不同密度颗粒组成的混合物，或由悬浮物和液体构成的悬浮液，可以通过离心机来实现分离。密度较大的颗粒和悬浮颗粒将会沉积在底层。

分子和离子

分子由两个或两个以上的原子键合组成。这些原子可以是同种元素，也可以是不同种元素。这些原子被它们的带电粒子间的引力结合在一起，而引力是通过电子转移或共享形成的。

电子层

核外电子轨道处于不同的能级或壳层。每层都有固定的最大电子填充数：第一层最多可填充2个电子，第二和第三层最多可分别填充8个电子。原子总是寻求最为稳定的电子排布结构，即尽量使最外层饱和。

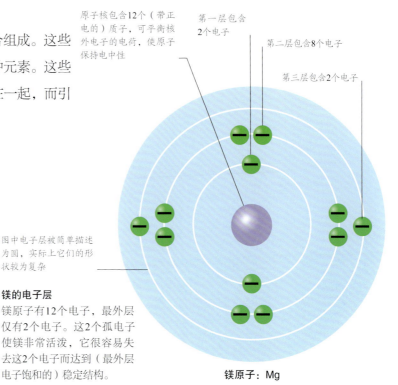

原子核包含12个（带正电的）质子，可平衡核外电子的电荷，使原子保持电中性

第一层包含2个电子

第二层包含8个电子

第三层包含2个电子

图中电子层被简单描述为圆，实际上它们的形状较为复杂

镁的电子层

镁原子有12个电子，最外层仅有2个电子。这2个孤电子使镁非常活泼，它很容易失去这2个电子而达到（最外层电子饱和的）稳定结构。

镁原子：Mg

什么是离子？

原子是电中性的，即核内的正电性质子和核外的负电性电子相互平衡。原子为了实现稳定的电子排布，常常会获得一个电荷，这种带电的原子（或带电的分子）被称为离子。某些原子通过获得一两个电子使最外层形成饱和电子结构来实现离子化，而另一些原子的离子化过程是通过失去最外层电子来实现的，例如第Ⅰ族（碱）金属中的钠（参见第34页）就是通过失去最外层电子来离子化的。无论是原子失去电子还是获得电子，都将使原子离子化，因为它们的电子数和质子数将不相同了。

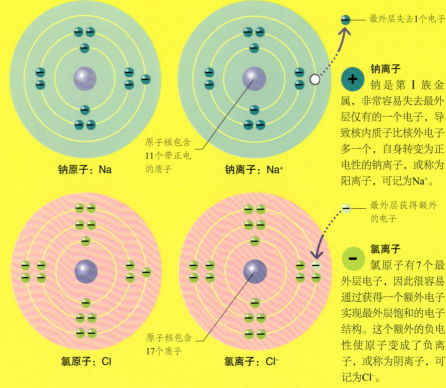

钠原子：Na

原子核包含11个带正电的质子

钠离子：Na+

最外层失去1个电子

钠离子
钠是第Ⅰ族金属，非常容易失去最外层仅有的一个电子，导致核内质子比核外电子多一个，自身转变为正电性的钠离子，或称为阳离子，可记为Na+。

最外层获得额外的电子

氯离子
氯原子有7个最外层电子，因此很容易通过获得一个额外电子实现最外层饱和的电子结构。这个额外的负电性使原子变成了负离子，或称为阴离子，可记为Cl-。

氯原子：Cl

原子核包含17个质子

氯离子：Cl-

共享电子

　　对于一些成对的原子而言，为使它们的电子保持稳定，最容易的方法就是共享电子。共享电子的原子是通过共价键结合在一起的。这种共价键通常存在于同种元素或元素周期表上相近元素的两个原子间。

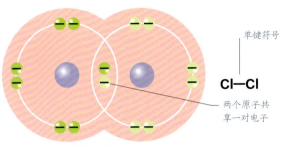

单键符号

Cl—Cl

两个原子共享一对电子

氯气分子：Cl_2

单键

氯原子最外层有7个电子，所以两个氯原子可以通过共享一对电子而形成最外层饱和的电子结构。两个氯原子正是通过这样的单键形成氯气分子（Cl_2）。

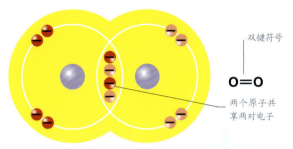

双键符号

O＝O

两个原子共享两对电子

氧气分子：O_2

双键

氧原子最外层只有6个电子，因此当两个氧原子结合时，它们必须共享两对电子才能变得稳定。这种共享两对电子的情形被称为双键。

转移电子

　　当一个最外层只有1个或几个电子的原子遇到另一个最外层未饱和的原子时，最外层电子少的原子通常转出它的电子，使自身形成正离子，而另一个接收电子的原子形成负离子。由于不同的电荷相互吸引，这两个离子通过静电力结合在一起，形成离子化合物。

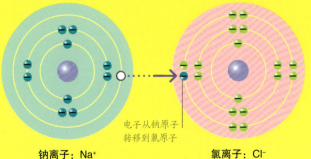

电子从钠原子转移到氯原子

钠离子：Na^+　　　　**氯离子：Cl^-**

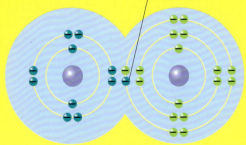

通过电子转移，钠离子和氯离子均实现了最外层饱和的电子结构

氯化钠化合物：NaCl

1　电子转移

　　钠原子的最外层电子转移到氯原子中，使两个原子都达到最外层饱和的电子结构，形成各自的离子态，即阳离子钠和阴离子氯。其他原子配对时，还可能有两个、三个或更多的电子发生转移。

2　形成离子键

　　正电性的钠离子和负电性的氯离子之间相互吸引，就会形成氯化钠化合物。它们之间的电荷达到平衡，因此，化合物整体上呈电中性。离子化合物经常通过键和作用形成巨大的晶格，从而形成晶体（参见第60页）。

化学反应

化学反应是通过打破原子间的键，创造新物质的方式改变物质的过程。我们的身体中就发生着很多的化学反应，这对我们的生命至关重要。

什么是反应?

当发生化学反应时，原子进行了重组。这些原子就像乐高积木一般，可以以不同的方式重组，但是各自的总数和类型保持不变。这些原子重组的精确方式取决于发生什么反应。发生反应的物质被称为反应物，形成的新物质被称为产物。

不可逆反应

大部分反应都是不可逆的，意味着这些反应只能向单一方向进行，比如当盐酸（HCl）与氢氧化钠（NaOH）混合时，生成氯化钠（NaCl）和水（H_2O）的过程就是不可逆的。

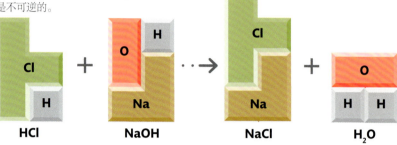

HCl + NaOH ⟶ NaCl + H_2O

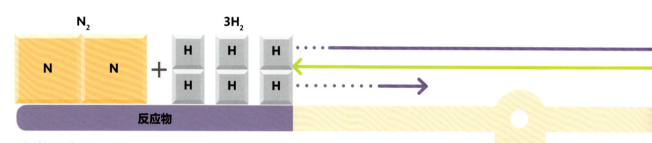

N_2 + $3H_2$

反应物

动态平衡

在可逆反应中，反应物混合后反应即开始，最终生成产物（本例中为氨气）。当反应进行一段时间后，如果没有增加或减少反应物，则产物的总量也将停止增加。此时，反应是双向进行的，双向反应达到相互平衡，这就是动态平衡。

反应平衡 —— =

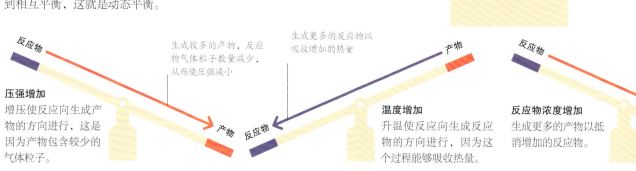

压强增加
增压使反应向生成产物的方向进行，这是因为产物包含较少的气体粒子。

生成较多的产物，反应物气体粒子数量减少，从而使压强减小

生成更多的反应物以吸收增加的热量

温度增加
升温使反应向生成反应物的方向进行，因为这个过程能够吸收热量。

反应物浓度增加
生成更多的产物以抵消增加的反应物。

可逆反应

在某些反应中，反应物可以从产物中重新获得，被称为可逆反应。例如氮气（N_2）和氢气（H_2）反应生成氨气（NH_3）的反应就是可逆的。

图例

- ■ 氧（O）
- ■ 氯（Cl）
- ■ 氢（H）
- ■ 钠（Na）
- ■ 氮（N）

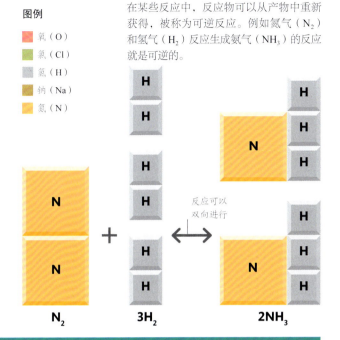

反应可以双向进行

N_2　　+　　$3H_2$　　　$2NH_3$

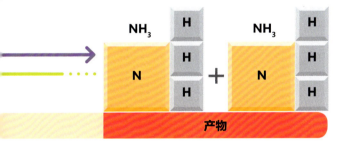

产物

破坏反应平衡

当反应达到平衡时，如果改变某些因素，则平衡将向抵消这种改变的方向移动。以下四个例子展示了在形成氨气的反应过程中，四种不同因素改变时，反应的移动方向。

化学反应在我们人体的**37.2万亿个细胞**中持续不断地发生着。

产物

产物

反应物

产物浓度增加

生成更多的反应物以抵消增加的产物。

常见的反应类型

化学反应可以分为几类。有些反应是把分子结合在一起，而另一些则把复杂的分子分解成简单的分子。还有些反应是通过原子互换位置，形成不同分子。燃烧是另一种类型的化学反应，通常是指氧气和其他物质发生的化学反应。燃烧过程能释放出大量的热和光。

反应类型	定　义	反应方程式
合成反应	两种及两种以上元素或化合物结合形成一种更复杂的物质时发生的反应	$A + B \rightarrow AB$
分解反应	化合物分解为更简单的物质时发生的反应	$AB \rightarrow A + B$
置换反应	一种元素取代化合物中另一种元素时发生的反应	$AB + C \rightarrow AC + B$
复分解反应	两种不同化合物中的不同原子相互交换时发生的反应	$AB + CD \rightarrow AC + BD$

烟花

烟花被点燃时会发生快速的化学反应，释放气体，并且气体向外爆炸形成彩色的火花。烟花的颜色取决于所用金属的类型。例如，碳酸锶燃烧产生的是红色烟花。

反应和能量

如果原子获得足够的能量，原子间的键就会断裂并重组，反应就发生了。非常活泼的物质只要很少的能量就可触发反应，但是另一些不活泼的物质则需要高温来触发反应，这是因为它们的键能较强。

活化能

一个化学反应发生所需要克服的能量被称为活化能。这个过程有点像滑雪者想要从山坡滑下，则需要首先爬上顶峰。对于某些反应，反应物一旦接触，反应就发生了。这是因为这类反应发生的活化能较小，比如强酸和强碱之间的反应。

一旦滑雪者到达顶端，他就可以滑下来；同样，当反应物有足够的能量时，反应就开始并形成产物了。这一过程会释放能量。

反应是否存在危险？

如果放任不管，放热反应速率会随温度升高而提高，导致危险性增加。它可能引起爆炸并释放出有毒化学物质，比如1984年印度博帕尔就发生过这类事故。

释放能量还是吸收能量
如果释放的能量比吸收的能量多，则产物的能量比反应物少，这个过程就是放热反应。如果吸收的能量比释放的能量多，则反应物的能量比产物少，这个过程就是吸热反应。

滑雪者需要先爬上山坡顶峰，就如同开始反应需要活化能一般

能量

活化能

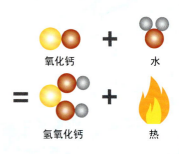

氧化钙　　　　　水

＝

氢氧化钙　　　　热

释放的能量

释放净能量
放热反应的一个例子是氧化钙和水混合时发生的反应。在该反应过程中，和吸收的能量相比，有更多的能量（以热的形式）被释放。因此，反应时会释放净能量。

这次滑雪者需要爬上更高的山坡，这表示反应需要更高的活化能

放热反应

果子露

　　果子露里含有柠檬酸和碳酸氢钠，一接触唾液就会分解并发生反应，产生二氧化碳气泡，从而我们可以看到果子露冒气泡。该反应过程为吸热反应，所以，喝果子露时，舌头会有一种凉爽的感觉。

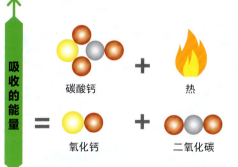

滑雪者从比之前所爬山坡更缓的一侧滑下，表示这类反应放出的能量比反应发生所需的活化能少

铯如此活泼，以至于一接触空气中的水就会发生剧烈反应，发生自燃，甚至爆炸。

活化能

吸收的能量

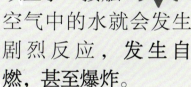

碳酸钙　＋　热

＝

氧化钙　＋　二氧化碳

吸收净能量
加热碳酸钙就是吸热反应的一个例子，因为反应过程中（以热的形式）吸收的能量比释放的能量多。因此，反应时会吸收净能量。

吸热反应

反应速率

　　当反应物中的原子获得足够多的能量时，反应就会发生。升高温度、增加反应物浓度、增大反应物表面积或减小容器体积，都会使原子间的碰撞次数增加，从而使反应速率增加。

增加反应物浓度
反应物越多，原子间的碰撞次数就越多，反应速率就越快。

反应物浓度增加前　　反应物浓度增加后

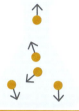

气体和液体

升高温度
升高温度使原子移动加快，碰撞频率和能量增加，从而使反应速率加快。

升温前　　升温后

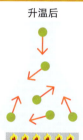

气体、液体和固体

减小容器体积
在一个较小的容器内，原子被挤在一起，它们之间的碰撞更频繁，反应速率也更快。

体积减小前

体积减小后

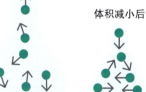

仅限气体

增大反应物表面积
碰撞只发生在固体表面，增大反应物表面积也可使反应速率加快。

增大表面积前　　增大表面积后

仅限固体

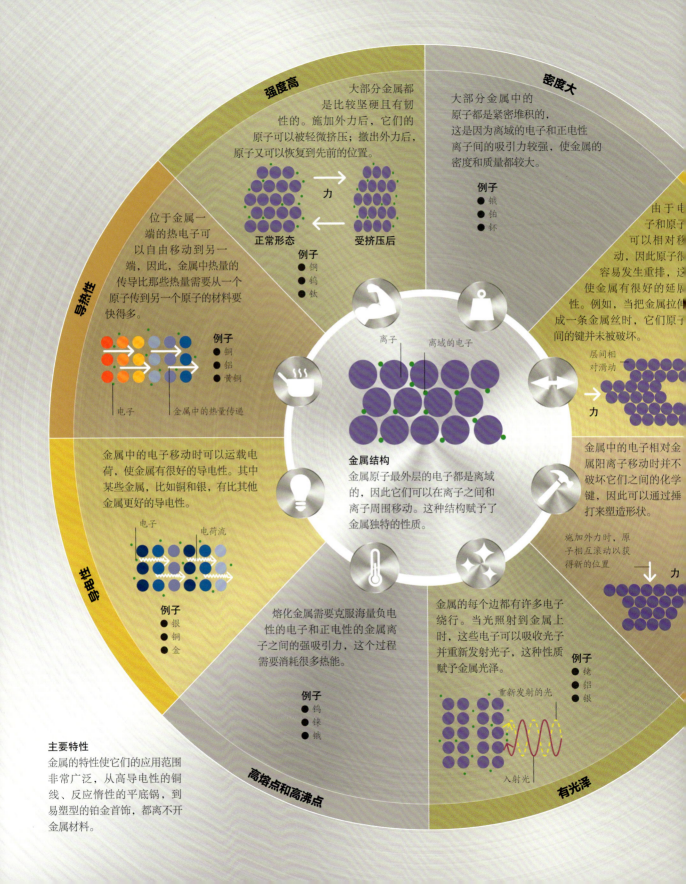

强度高

大部分金属都是比较坚硬且有韧性的。施加外力后，它们的原子可以被轻微挤压；撤出外力后，原子又可以恢复到先前的位置。

正常形态　受挤压后

例子
● 钢
● 钨
● 钛

密度大

大部分金属中的原子都是紧密堆积的，这是因为离域的电子和正电性离子间的吸引力较强，使金属的密度和质量都较大。

例子
● 锇
● 铂
● 钚

由于电子和原子可以相对移动，因此原子很容易发生重排，这使金属有很好的延展性。例如，当把金属拉伸成一条金属丝时，它们原子间的键并未被破坏。

层间相对滑动

力

金属中的电子相对金属阳离子移动时并不破坏它们之间的化学键，因此可以通过锤打来塑造形状。

施加外力时，原子相互滚动以获得新的位置

力

导热性

位于金属一端的热电子可以自由移动到另一端，因此，金属中热量的传导比那些热量需要从一个原子传到另一个原子的材料要快得多。

电子　金属中的热量传递

例子
● 铜
● 铝
● 黄铜

金属结构

离子　离域的电子

金属原子最外层的电子都是离域的，因此它们可以在离子之间和离子周围移动。这种结构赋予了金属独特的性质。

金属中的电子移动时可以运载电荷，使金属有很好的导电性。其中某些金属，比如铜和银，有比其他金属更好的导电性。

电子　电荷流

导电性

例子
● 银
● 铜
● 金

主要特性

金属的特性使它们的应用范围非常广泛，从高导电性的铜线、反应惰性的平底锅，到易塑型的铂金首饰，都离不开金属材料。

高熔点和高沸点

熔化金属需要克服海量负电性的电子和正电性的金属离子之间的强吸引力，这个过程需要消耗很多热能。

例子
● 钨
● 铼
● 锇

金属的每个边都有许多电子绕行。当光照射到金属上时，这些电子可以吸收光子并重新发射光子，这种性质赋予金属光泽。

重新发射的光

例子
● 铬
● 铝
● 银

入射光

有光泽

金　属

　　地球上自然存在的元素中，四分之三以上的都是金属，它们形态各异，性质也各不相同。然而，大多数金属元素都具备一些关键的共同特性。

金属的特性

　　金属是结晶物质，它们往往坚硬、有光泽、具有良好的导电性和导热性。它们密度大、熔点和沸点较高，但又很容易通过各种方法形变重塑。当然，也有一些金属与上述特征不完全相符。比如，水银在室温下呈液态，这是因为它的最外层电子非常稳定，不容易和其他原子成键。

铁锈

　　许多金属都有很高的反应活性，特别是第Ⅰ族的金属。大部分金属遇到氧气都会产生金属氧化物。例如，当铁暴露在含氧气的空气或水中时，就很容易产生氧化铁，俗称铁锈。

合金

　　对实际应用而言，大部分高纯度的金属都太软、太脆、太活泼了。为了改善它们的性能，通常要把不同的金属相互结合或把金属和非金属混合而制成合金。合金的性质可以通过改变混合金属的类型或混合比例来调节。钢铁就是最为常见的合金，它是铁、碳和其他元素的混合物。增加碳含量，则钢铁变硬，可作为良好的建筑材料。增加铬含量，钢铁则具有抗腐蚀性，形成不锈钢。改变其他元素含量，则可使钢铁的其他性质改变，包括提高耐热性、耐用性或韧性，比如应用于制造汽车零件或钻头等物品。

奥林匹克金牌是纯金的吗？

现在的奥林匹克金牌是由纯度为92.5%的银制成的，表面至少镀纯金6克。最后一块纯金的金牌已于1912年被授予，此后改为镀金。

合金成分

铜有两种常见的合金：青铜（增加锡以提高硬度）和黄铜（增加锌以提高稳定性和耐用性）。不锈钢也是一种常见的合金，其组成成分可变。

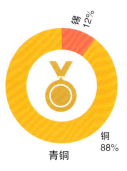

锡 12%
铜 88%

青铜

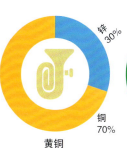

锌 30%
铜 70%

黄铜

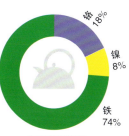

铬 18%
镍 8%
铁 74%

典型的不锈钢

易延展

例子
铂
银
铁

例子
铂
银
铁

氢

可见宇宙中90%的物质都是由氢元素组成的。氢对地球上的生命至关重要，因为它是水和被称为碳氢化合物的有机物的重要组成元素。氢气还是潜在的清洁能源之一。

什么是氢？

氢是恒星和木星、土星、海王星、天王星等行星的主要组成成分。地球上，常温常压下的氢气是无色无味的气体，高度可燃且非常活泼。氢在地球上主要以和其他元素结合的形式存在，例如水就是氢和氧结合成的。氢原子和碳原子结合，可以形成数以万计的有机物，被称为碳氢化合物，这是组成生命体的基础物质。

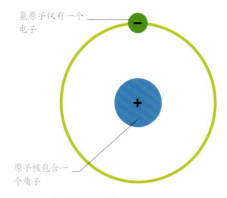

氢原子仅有一个电子

原子核包含一个质子

最简单的元素
氢是元素周期表中最小、最轻、最简单的元素，只包含一个质子和一个电子。但是，它可以以非常复杂的方式发生反应，形成不同类型的原子键。它既可以和酸反应，也可以和碱反应。

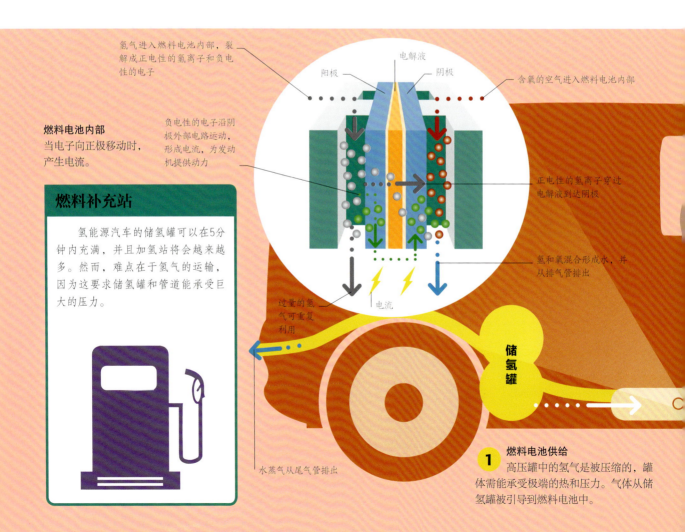

氢气进入燃料电池内部，裂解成正电性的氢离子和负电性的电子

阳极　　电解液　　阴极

含氧的空气进入燃料电池内部

燃料电池内部
当电子向正极移动时，产生电流。

负电性的电子沿阴极外部电路运动，形成电流，为发动机提供动力

正电性的氢离子穿过电解液到达阴极

氢和氧混合形成水，并从排气管排出

燃料补充站

氢能源汽车的储氢罐可以在5分钟内充满，并且加氢站将会越来越多。然而，难点在于氢气的运输，因为这要求储氢罐和管道能承受巨大的压力。

过量的氢气可重复利用

电流

储氢罐

水蒸气从尾气管排出

1 燃料电池供给
高压罐中的氢气是被压缩的，罐体需能承受极端的热和压力。气体从储氢罐被引导到燃料电池中。

提取氢气

在氢气可以被用作燃料之前，必须先提取它。从沼气中提取甲烷的过程可以获得氢气，但是这个过程会产生温室效应气体。另一种更清洁的提取氢气的方法是电解水，即通过电流将水分解成氢气和氧气。然而，这一方法通常效率低且能耗高，因此，人们正在研发用催化剂来提高分解水的效率的方法。

电解水是如何实现的？

当电流通过水时，会使氢原子失去电子，使氧原子得到电子，从而将原子转变成离子。随后，正电性的氢离子和负电性的氧离子分别转移到阴极和阳极，和电子重新组合成氢原子和氧原子，于是实现分离。

收集氧气的试管

电池

氧气
O_2

氢气
H_2

生成的氢气是氧气的两倍，因为水分子（H_2O）中包含的氢原子是氧原子的两倍

上升的氢气气泡

负电性的氧离子（O^2）被正电性的阳极吸引；每个氧离子失去两个电子形成氧原子，氧原子进一步反应生成氧气

＋
阳极

水

－
阴极

正电性的氢离子（H^+）被阴极吸引；每个氢离子获得一个电子变成氢原子，氢原子又形成氢气

氢能源汽车

氢的储能特性使其替代汽油作为燃料成为可能。但因为它是气体，单位体积能量少于汽油，因此必须压缩储存。这需要专门的设备且消耗能量，同时会产生排放物。科学家们正在开发存储和运输氢气的方法，比如金属氢化物可以以固体形式储氢，随后再经过一些可逆的化学反应释放氢气。这可以有效地避免气态氢的存储问题，但同时也引发了新问题，比如化合物重量较重的问题。

未来能源

氢能源汽车使用的是压缩氢气，它可以向电堆中的燃料电池提供氢气。在燃料电池中，氢气和氧气发生电化学反应，从而生成供给汽车发动机的电能。

动力控制单元从燃料电池获取电力，控制其在发动机中流动

动力控制单元

燃料电池电堆

发动机

2 转变成电能
燃料电池电堆包含数百个单个的燃料电池。每个燃料电池中，氢和氧结合产生电能。这个过程比燃烧汽油驱动汽车更为高效。

3 发动机驱动
电动发动机直接驱动轮子，因此比内燃机更安静，浪费的能量更少，也更为高效。

碳

生物体的20%都是由碳元素组成的。生物体是目前科学已知的组成最为复杂的分子骨架。任何元素都没有碳元素有如此丰富的结构多样性。

什么是"有机物"？

从化学的角度而言，"有机物"是指含有碳元素的化合物；严格意义上的定义是碳原子和氢原子结合形成的化合物，也被称为碳氢化合物。

什么使碳如此特别？

碳元素可以和自己及其他元素键合，从而产生众多分子结构。每个碳原子有4个最外层电子，可以形成4个强化学键。最常见的就是碳原子与更小的氢原子或与另一个碳原子键合，其他原子也可作为组成成分。其结果就是形成了包含相互连接的碳"骨架"和一层氢"皮肤"的分子结构。这种结构涵盖了从只包含一个碳原子的简单分子——甲烷，到包含很多碳原子的长链分子。

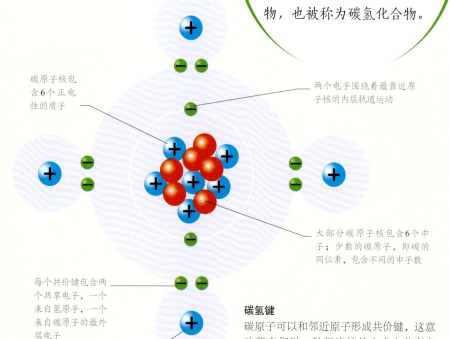

碳原子核包含6个正电性的质子

两个电子围绕着最靠近原子核的内层轨道运动

大部分碳原子核包含6个中子；少数的碳原子，即碳的同位素，包含不同的中子数

每个共价键包含两个共享电子，一个来自氢原子，一个来自碳原子的最外层电子

氢原子核包含一个质子

碳氢键

碳原子可以和邻近原子形成共价键，这意味着它们以一种强连接的方式来共享电子。1个碳原子和4个氢原子以这种共享电子的方式键合，从而形成甲烷分子。

碳链和碳环

碳原子和其他原子键合成分子的方式多得数不清。每种结合方式都对应一种具有独特性质的化合物。最短的碳链是2个碳原子和6个氢原子结合形成的电中性气体乙烷（C_2H_6）。当碳链足够长时，链端的碳原子可以相互结合形成环，比如液体原油的组成成分之一苯（C_6H_6）。

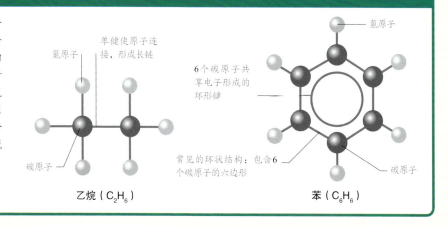

氢原子

单键使原子连接，形成长链

氢原子

6个碳原子共享电子形成的环形键

碳原子

常见的环状结构：包含6个碳原子的六边形

碳原子

乙烷（C_2H_6）

苯（C_6H_6）

碳的同素异形体

　　同素异形体，是指由同种化学元素构成，因原子排列方式不同而具有不同结构形态的单质。固体碳有三种主要的同素异形体：片层状排列的石墨、硬度极大的金刚石晶体和中空结构的富勒烯。

石墨

石墨易剥离，这是因为石墨中碳原子是片层状排列的，层与层之间的吸引力较弱，可以相互滑动。该结构中，每个碳原子与面内其他3个邻近碳原子形成3个（共价）单键，且保留了1个可以在平面层活动的自由电子，因此石墨具有很好的导电性。

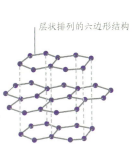
层状排列的六边形结构

金刚石

在金刚石中，每个碳原子均按四面体结构与相邻的4个碳原子成键，形成三维晶体。这种结构硬度极大，不易变形。金刚石中碳原子的4个最外层电子都参与成键，没有自由电子，因此不同于导电的石墨，高纯度的金刚石是绝缘体，不导电。

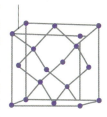
强共价键

富勒烯

在富勒烯中，原子以圆形或管状的"孔洞"结构排列。尽管是中空的，这种结构非常坚固，且这种独特的原子排列方式有很多应用，比如网球拍中的增强石墨纤维。

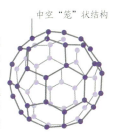
中空"笼"状结构

库里南钻石——迄今为止发现的最大的天然钻石，重

 621.35克。

构成生命的基础物质

　　最复杂的碳基分子存在于生物体中，是构成生物体的基础物质。这里，碳原子通常和氧原子、氮原子及其他原子结合，形成生化物质——构造生命的分子，且主要有四大类：蛋白质、碳水化合物、脂肪和核酸。它们通过一系列被称为新陈代谢的复杂反应结合在一起，形成生命体。

蛋白质

含碳氨基酸链被称为蛋白质。蛋白质不仅能够组成如肌肉这样的组织，也能够加速细胞中的反应。

碳水化合物

碳是组成碳水化合物的关键元素。最简单的碳水化合物是糖，它可以分解并释放能量。

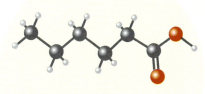

油脂

脂肪和油合称油脂。油脂中含有由碳、氢、氧三种元素组成的脂肪酸，其主要功能是储存能量。

DNA双螺旋骨架是由糖构成的

图例
- ⚫ 碳
- ⚪ 氢
- 🔴 氧
- 🔵 氢

核酸

核酸，如DNA，是复杂分子，可携带遗传信息，其成分主要是氮、磷和碳。

空　气

　　大气层中的空气是混合气体。空气对生命是至关重要的，它为动物呼吸提供氧气，为植物光合作用提供二氧化碳。如果空气受到污染，将会影响上述过程，进而损害我们的健康。

空气成分

　　空气的主要成分是氮气，还有约20%的氧气、约1%的氩气和少量的其他气体，如二氧化碳（CO_2）。空气中的水蒸气含量因地理位置不同而不同，因此在谈及空气成分时常常不考虑水蒸气，但是在潮湿气候中，水蒸气含量可高达5%。人类行为会改变空气成分，最明显的就是二氧化碳含量的增加。

 全球92%的人口呼吸的空气的污染水平超过了世界卫生组织空气质量的安全限值。

空气污染

　　空气污染是个大问题。世界卫生组织研究发现，由空气污染导致的死亡人数甚至超过了由结核病、艾滋病和交通事故导致的死亡人数总和。在发展中国家，最大的空气污染源来自家中燃烧木材和其他燃料。城市里，空气污染主要来自汽车尾气和生产生活中向大气排放的各种空气污染物。空气污染可能会加大罹患哮喘和其他呼吸道疾病的风险。特别是颗粒物——悬浮在空气中的微小颗粒和液体的复杂混合物，可以渗透并嵌入肺脏深处，损害健康。

主要的污染物及其来源

被直接排放到大气中的污染物主要有六种，其主要污染源也可分为六种。右图显示了每种污染源对每种主要污染物贡献的占比分布。

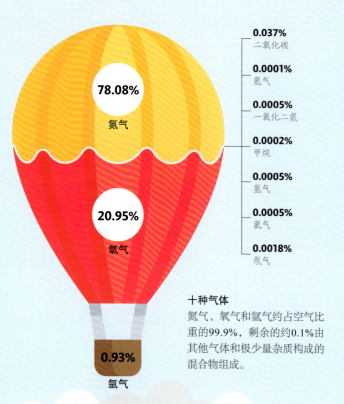

0.037%	二氧化碳
0.0001%	氦气
0.0005%	一氧化二氮
0.0002%	甲烷
0.0005%	氪气
0.0005%	氢气
0.0018%	氖气

78.08%
氮气

20.95%
氧气

0.93%
氩气

十种气体
氮气、氧气和氩气约占空气比重的99.9%，剩余的约0.1%由其他气体和极少量杂质构成的混合物组成。

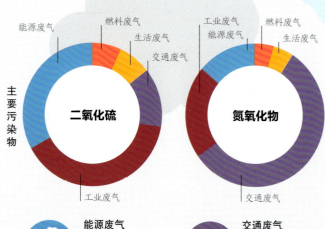

主要污染物

能源废气　燃料废气　生活废气　交通废气

二氧化硫

工业废气

工业废气　能源废气　燃料废气　生活废气

氮氧化物

交通废气

来源

能源废气
燃烧化石燃料，如煤和石油等，释放了很大比例的污染气体二氧化硫。

交通废气
交通运输过程中，燃料燃烧释放的危险氮氧化物气体超过了全球氮氧化物有毒气体排放量的一半。

天空颜色的变化

可见光的颜色取决于什么波长的光到达我们的眼睛。波长较短的蓝光最容易被大气层中的颗粒物散射，使天空在白天呈现蓝色（参见第107页）。波长较长的红橙光被散射最少，它们在白天是不可见的，但在日落或日出时，太阳在天空中处于较低的位置，这时太阳会呈现红橙色。城市周围的落日大多是暗红色的，这是因为城市空气中有很多悬浮颗粒物。当太阳光穿透这些悬浮颗粒物时，蓝光、紫光和绿光等波长较短的光被散射了，使太阳看起来更红一些。

红色的日落

日落时分，太阳相对于地面的角度更低，这意味着太阳光要在大气中穿行相对长的路程，这时直射光中的蓝光大多被散射了，只剩下红橙光。

落日

太阳光

大气层

波长较长的红橙光到达人眼

蓝光、紫光和绿光被散射而损失

地面

家庭污染

家庭居住环境中的空气也可能存在较大的污染问题。常见的家庭污染源有来自吸烟、油漆、燃烧蜡烛释放的苯，炉子里燃料燃烧不完全产生的氮氧化合物，以及家具释放出的甲醛等，所有这些污染源都有损害我们健康的潜在风险。增加室内绿植数量有助于吸收部分有毒化学物质，空气净化器也能在一定程度上帮助我们改善恶劣的空气质量。

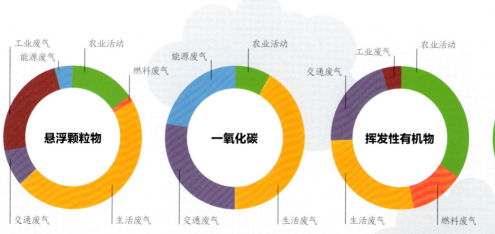

悬浮颗粒物

工业废气　能源废气　农业活动　燃料废气　交通废气　生活废气

一氧化碳

能源废气　农业活动　交通废气　生活废气

挥发性有机物

工业废气　交通废气　农业活动　生活废气　燃料废气

氨气

交通废气　能源废气　生活废气　农业活动

工业废气
工厂是大量二氧化硫、氮氧化物和悬浮颗粒物排放的主要源头。

生活废气
大部分的一氧化碳来自家庭的烹饪和取暖过程，特别是燃烧固体燃料。

燃料废气
燃料的提取、运输和处理过程中产生的污染物大多是挥发性的有机化合物。

农业活动
绝大多数氨气是由农业活动中产生的动物排泄物释放的。

燃烧和爆炸

　　火可以用于烹饪食物、抵御危险动物、发电及制造引擎。但如果火失控了，可能会造成重大灾害，甚至简单的燃烧也可能导致毁灭性的爆炸。因此，了解火的特性是非常重要的。

燃烧

　　燃烧是一种化学反应。燃料通常指如煤或甲烷等碳氢化合物。燃料与空气中的氧气发生反应，释放出能量和光。在富氧时，燃料完全燃烧产生二氧化碳和水。燃烧一旦开始就会持续进行，除非火被扑灭或氧气耗尽。

发生森林火灾时的温度可高达800℃。

自燃

　　通常，启动燃烧需要如火星或火花之类的能量输入。然而有些物质，例如干草、某些油或一些活泼元素（例如铷），如果它们足够热，就可以自发燃烧，被称为自燃。

干草和稻草

亚麻籽油

铷

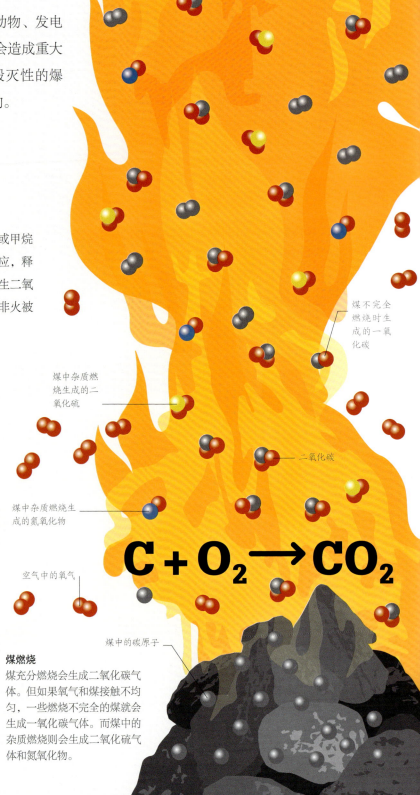

煤不完全燃烧时生成的一氧化碳

煤中杂质燃烧生成的二氧化硫

二氧化碳

煤中杂质燃烧生成的氮氧化物

$$C + O_2 \longrightarrow CO_2$$

空气中的氧气

煤中的碳原子

煤燃烧

煤充分燃烧会生成二氧化碳气体。但如果氧气和煤接触不均匀，一些燃烧不完全的煤就会生成一氧化碳气体。而煤中的杂质燃烧则会生成二氧化硫气体和氮氧化物。

灭火

　　燃烧必须具备三个条件：火源或热量、可燃物和助燃的氧气（通常是空气）。移除其中任何一个都可以使火熄灭。但是，最佳灭火方法通常取决于火的类型。例如，用水灭电器起火可能会导致触电，用水灭油或油脂起火，则可能会使燃烧的油或油脂扩散，导致火势蔓延。

水蒸发变成水蒸气的过程需要吸热。这一原理可用于扑灭某些类型的火，例如木材和纺织物的燃烧

灭火器就是通过释放二氧化碳气体阻隔氧气供应来灭火的

用阻燃材料（如防火毯）覆盖燃烧物也可以阻隔氧气

对于森林大火，可采用砍伐火势周围树木的方法来阻断可燃物以灭火

粉末和泡沫灭火器在燃烧物上形成覆盖层，可以阻隔氧气而灭火

火源热量

氧气

可燃物

燃烧三要素

爆炸

　　爆炸是热、光、气体和压力的一种突然释放。爆炸过程比燃烧过程快很多。爆炸产生的热量不会及时消散，周围的气体会迅速膨胀，形成冲击波。冲击波从爆炸中心快速扩散，强大的能量可能会危及人身和财产安全。爆炸产生的小碎片也会随之往外冲击，造成进一步伤害。

能否从爆炸中逃脱？

不太可能。化工爆炸产生的碎片被抛出的速度可超过8千米/秒，比人跑的速度快多了。

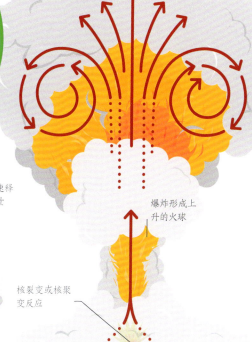

火球冷却，聚集为蘑菇云

爆炸形成上升的火球

核裂变或核聚变反应

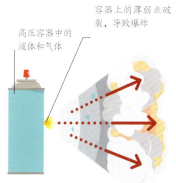

高压容器中的液体和气体

容器上的薄弱点破裂，导致爆炸

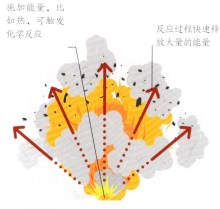

施加能量，比如热，可触发化学反应

反应过程快速释放大量的能量

物理爆炸
高压容器中的薄弱点可能会突然破裂而使其内部物质逸出，容器内部压力因此下降，气体迅速扩张，导致爆炸。

化学爆炸
化学爆炸是由快速化学反应过程中释放大量气体和能量导致的。反应通常是被热量触发的，和火药、物理撞击及炸药触发爆炸一样。

核爆炸
核爆炸既可以来自原子核的裂变反应，也可以来自原子核的聚变反应。它们都可以非常快地产生巨大的能量，同时释放放射性物质。

冰

当水冷却时，水分子的运动会慢下来，形成更多的氢键。当水冻结成冰时，这些氢键将水分子连接起来，并固定为一种松弛结构。这就是为什么水冻结成冰后体积会膨胀。

形成更多的氢键

分子向外扩张，使体积膨胀

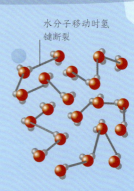

水分子移动时氢键断裂

水

当水是液体时，氢键会在水分子相互运动的过程中重复形成和断裂的过程。如果没有形成氢键，则水在室温下将呈现气体状态。

水

水虽然是一种最常见的物质，却不平凡。它是唯一一种在常温常压下可以以固、气、液三种状态存在的物质，也是唯一一种固体密度低于液体密度的物质。

独特性质

每个水分子由两个氢原子和一个氧原子键合而成。水分子中的氧原子是弱负电性的，而氢原子则带有少量的正电荷。这些电荷使分子间形成氢键，从而赋予了水独特的性质。

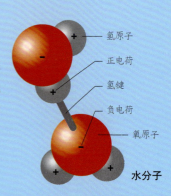

氢原子

正电荷

氢键

负电荷

氧原子

水分子

表面张力

相比于空气，水分子更愿意和水分子成键。位于表面的水分子会和它们的近邻分子形成较强的键，而不是和水面之上的空气分子成键。实际上，正是这些相互作用形成了非常结实的表面层，使小昆虫可以在水面上行走。

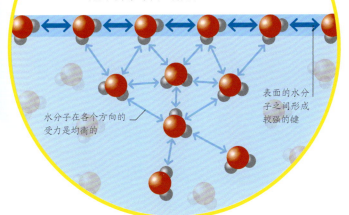

水分子在各个方向的受力是均衡的

表面的水分子之间形成较强的键

身体中的水分

水分约占男性体重的60%、女性体重的55%。女性体重中水分所占比例稍低是因为她们的体内脂肪相对较多，而脂肪的含水量低于肌肉组织。平均而言，我们每天都需要喝1.5～2升水来补充尿液、汗液和呼吸排出的水分，精确的需求量还取决于当天的天气和身体的活动量。

成年男性

60%
的水分

人体内绝大部分的水分都存在于身体的细胞里

毛细现象

水分子是否可以吸附到物体表面，很大程度上取决于该物体的材料。在毛细玻璃管中，水会由于水分子和玻璃管壁间的吸引力比水分子之间的吸引力强而沿着管壁往上爬升。

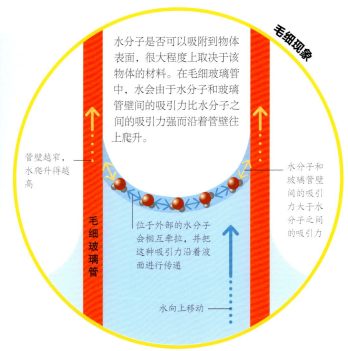

管壁越窄，水爬升得越高

毛细玻璃管

位于外部的水分子会相互牵拉，并把这种吸引力沿着液面进行传递

水分子和玻璃管壁间的吸引力大于水分子之间的吸引力

水向上移动

为什么水有时看起来是蓝色的？

水会吸收波长较长的光，即光谱中靠近红光的部分，因此，我们最终看到的是波长较短的光，即偏蓝光的部分。

当水冻结成冰时，体积大约会膨胀9%。

酸 和 碱

酸和碱是化学性质相反的化学物质。一些酸和碱是人们所熟知的具有刺激性和腐蚀性的危险物品。酸和碱的强度范围非常广。

什么是酸?

酸是指在水中电离时产生的阳离子都是氢离子的化合物。释放的氢离子越多，则酸性越强。例如，氯化氢气体溶于水电离时，就能产生氢离子，形成的溶液被称为盐酸。盐酸是最强酸之一，产生的氢离子浓度可高达某些酸性水果中弱酸的1000倍。

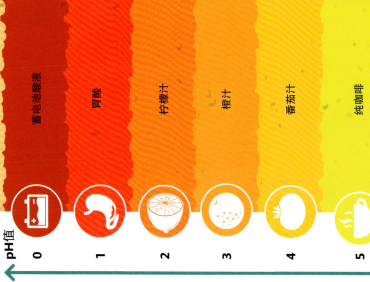

pH值

0	蓄电池酸液
1	胃酸
2	柠檬汁
3	橙汁
4	番茄汁
5	纯咖啡

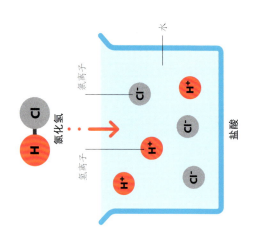

氯化氢　H — Cl

氢离子　H+

氯离子　Cl-

水

盐酸

酸雨

酸的强酸腐蚀性来源于氢离子，因为这些含氢离子的化学颗粒反应活性强，会分解其他材料。工厂产生的二氧化硫污染物进入大气中，会和空气中的水发生反应，生成硫酸。当这些硫酸液滴以酸雨的形式降落时，会和石灰岩发生反应——腐蚀建筑物，也会使树木和其他植物死亡。

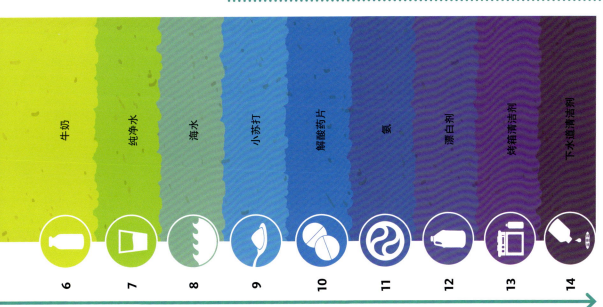

牛奶	纯净水	海水	小苏打	解酸药片	氨	漂白剂	烤箱清洁剂	下水道清洁剂
6	7	8	9	10	11	12	13	14

什么是碱?

碱是与酸化学性质相反的一类物质，且可以与酸发生中和反应。碱在水中电离出的氢氧根离子（OH^-）可以中和酸中的氢离子（H^+）。石灰石和粉笔都属于碱性岩石，它们都可以以这种酸碱中和的方式与酸反应。最强的碱，比如氢氧化钠（苛性碱），溶于水中会形成强碱溶液。在水中，碱被电离时会释放出负电性的离子，即氢氧根离子。

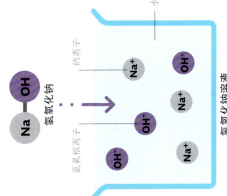

氢氧化钠溶液
氢氧化钠　Na OH
钠离子　Na⁺
氢氧根离子　OH⁻
水

酸碱反应

酸碱反应生成水和另一类被称为盐的物质。生成盐的类型取决于发生反应的酸和碱的类型。盐酸和氢氧化钠反应生成的盐是氯化钠（也就是通常的食盐），而其中的氢氧根离子和氢离子结合在一起生成水。

$$HCl + NaOH = NaCl + H_2O$$

酸（盐酸）＋ 碱（氢氧化钠）＝ 盐（氯化钠）＋ 水（水）

酸度测量

pH值用于衡量物质的酸碱强度。取值范围从强酸的0到强碱的14。pH值每增加一级，氢离子浓度就下降为原来的1/10。一种被称为pH指示剂的染料可用于测量物质的pH值。物质和pH值指示剂发生反应，会出现从pH值为0时的红色到pH值为14时的紫色等不同颜色，从而得出pH值大小（表示中间值，即pH值为7时显示绿色（中性）。

酸和碱如何灼伤皮肤?

酸和碱都可以损害皮肤中的蛋白质并杀死皮肤细胞，但和酸不同的是，碱还可以溶解皮肤组织，从而渗透到更深层，造成比酸更严重的危害。

晶　　体

从最硬的宝石到转瞬即逝的精致雪花都是晶体。晶体结构无疑是具有美感的，而这些独特的性质来源于组成晶体的原子或粒子在微观世界精确而有序的排列。

什么是晶体？

结晶固体（参见第14页）由整齐排列的粒子组成：原子、离子或分子以一定的重复结构为单元，有序地结合成晶体结构。与之相对的是无定形（即非晶体）固体，如聚乙烯或玻璃，它们中的粒子是随机无序地结合在一起的。某些固体，如大部分金属，只是部分结晶。它们含有大量微小的晶体，即晶粒。这些晶粒也随机无序地结合在一起。

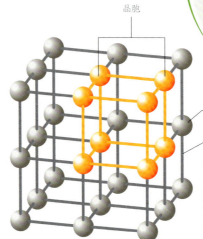

晶胞

原子

原子间的键

晶体结构
晶体结构是指晶体中原子的周期性排列方式。其中，考虑晶体对称性后的最小重复单元被称为晶胞。图示中最简单的晶胞是包含8个粒子的立方体。这些原子组成的平面是相互平行的，并且晶体可以沿着这些平面被分割。

为什么有些晶体是有颜色的？

和其他物质一样，如果组成晶体的原子可以反射或吸收特定波长的光，则晶体就会呈现出颜色。例如，由于其中的铬原子可以反射红光，因此红宝石是红色的。

矿物晶体

矿物，即岩石的化学成分，是地球基岩在地质运动过程中形成的结晶状物质。矿物晶体是熔岩固化或固体碎片在高温高压下重新结晶形成的。矿物晶体也可以从溶液中生长而来，比如当水中的矿物浓度过饱和时，那些溶解的矿物质就会开始沉淀析出。如果这一结晶过程是长期稳定的（见右图），就可能生长出巨型晶体。

巨型天然石膏晶体重量可高达50吨。

巨型天然石膏晶体的形成

富含矿物的水渗透到岩石的洞壁中

矿物开始在孔洞的腔壁上沉积结晶

富含矿物的水

部分水通过洞壁的气孔渗出

①　晶体开始形成
当水中溶解性矿物浓度很高而饱和时，这些矿物就会在孔洞的腔壁上沉积，形成初始的微小晶体。

50万年前

液晶

　　某些物质既具有液体的易流动性，又具有晶体物质粒子排列的有序性，形成一种兼有晶体和液体部分性质的中间态，被称为液晶。它们的粒子整齐排列，但由于可以旋转，粒子能够指向不同的方向。如同固体晶体中的粒子一样，液晶中粒子的排列取向也会影响光的传播方式。旋转分子可以"扭曲"偏振光（光的振动面只限于某一固定方向），这一特性正是液晶显示器的工作基础：通过电压来改变液晶材料内部分子的排列状况，以达到遮光和透光的目的，以此显示深浅不一、错落有致的图像。

液晶显示器

休眠状态下，液晶屏内的分子是旋转排列的。当光线通过第一个偏振滤光片时形成入射偏振光。入射偏振光通过液晶分子时的偏振方向发生扭转，形成的出射偏振光与第二个偏振滤光片方向相匹配，得以透过并在屏幕上形成亮的像素点。通电时液晶屏内的分子平行排列，入射偏振光通过液晶分子时不再扭转，形成的出射偏振光方向和第二个偏振滤光片方向是相互垂直的，光线被阻挡，形成暗的像素点。

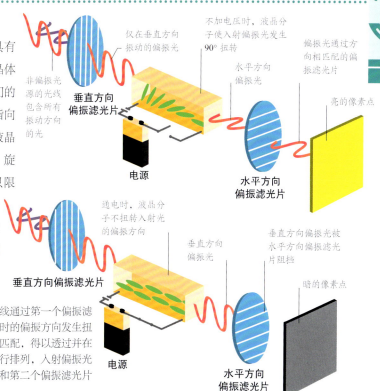

非偏振光源的光线包含所有振动方向的光

仅在垂直方向振动的偏振光

垂直方向偏振滤光片

电源

不加电压时，液晶分子使入射偏振光发生90°扭转

水平方向偏振光

偏振光通过方向相匹配的偏振滤光片

亮的像素点

水平方向偏振滤光片

垂直方向偏振滤光片

电源

通电时，液晶分子不扭转入射光的偏振方向

垂直方向偏振光

垂直方向偏振光被水平方向偏振滤光片阻挡

暗的像素点

水平方向偏振滤光片

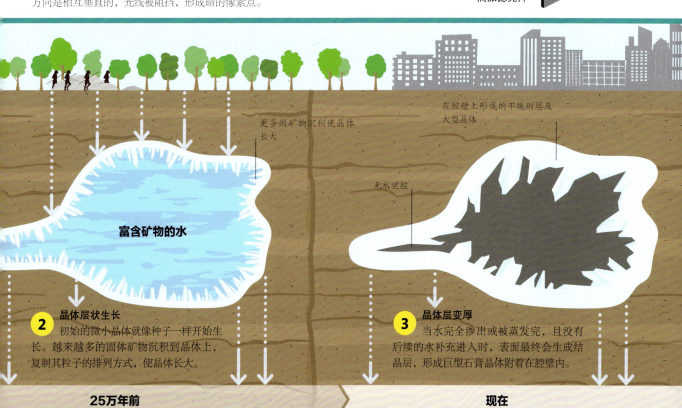

更多的矿物沉积使晶体长大

在腔壁上形成的不规则层及大型晶体

无水空腔

富含矿物的水

2 晶体层状生长
初始的微小晶体就像种子一样开始生长。越来越多的固体矿物沉积到晶体上，复制其粒子的排列方式，使晶体长大。

3 晶体层变厚
当水完全渗出或被蒸发完，且没有后续的水补充进入时，表面最终会生成结晶层，形成巨型石膏晶体附着在腔壁内。

25万年前　　　　　　　　　　　现在

溶液和溶剂

　　当把糖或盐加到水中时，它们看起来像是消失了。但品尝的时候，糖和盐的味道却还在，证明它们已经溶解并均匀分散在水中。

溶剂类型

　　当一种物质溶解在另一种物质中时，被溶解的物质被称为溶质，而溶解其他物质的液体叫作溶剂。其中，溶剂的类型主要有两种：极性和非极性。极性溶剂，比如水，其分子上的电荷分布是不均匀的，使该类溶剂易和电荷极性相反的溶质发生作用。非极性溶剂，如己烷，则没有这种电荷分布不均的特性，因此，它们对不带电的原子和分子，如油和油脂等有较好的溶解性。

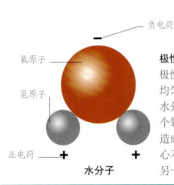

负电荷
氧原子
氢原子
正电荷

水分子

极性溶剂
极性溶剂中电荷的分布是不均匀的，比如水分子。由于水分子中的两个氢原子和一个氧原子不在同一直线上，造成分子中的正、负电荷中心不重合，一端偏正电性，另一端偏负电性。

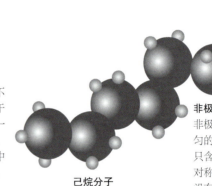

氢原子
碳原子

己烷分子

非极性溶剂
非极性溶剂中电荷的分布是均匀的，比如己烷。己烷分子中只含碳和氢两种元素，且结构对称，因此分子中的各部分都没有电荷分离的现象。

溶液类型

　　当把溶质溶解到溶剂中形成溶液时，两种物质的粒子（原子、分子或离子）就完全混合在一起了。尽管如此，它们的粒子间并没有发生化学反应，而是保持各自的化学性质不变。固体溶于液体形成的溶液是人们最为熟知的溶液类型，但溶液类型远不止于此，还有比如气体溶于液体的溶液和固体溶于固体的溶液。当溶质溶解后，最终形成的溶液保持和溶剂一致的状态（液态、固态或气态）。

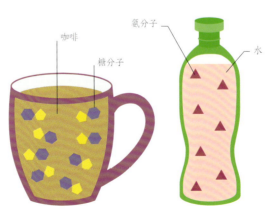

咖啡
糖分子

氨分子
水

锡原子
铜原子

固体溶于液体
加糖的咖啡就是一种固体（糖）溶于液体（咖啡，主要由包含芳香分子的水合物组成）形成的溶液。

气体溶于液体
氨气是一种易溶于水的气体。氨气溶于水后可生成一种被称为氨水的碱性溶液，是某些家用清洁剂的组成成分。

固体溶于固体
青铜就是锡溶于铜形成的。铜是溶剂，因为88%的铜相比于12%的锡，其含量要多得多。

相似相溶

极性溶液溶解极性物质，因为它们所携带的电荷极性相反，因此会相互吸引形成微弱的键。水是极性的，因为其中的氧原子是微负电性的，而氢原子则是微正电性的。非极性物质与极性物质无法相互混合溶解，这就是为什么非极性的油在极性的水中不能完全溶解的原因。只有极性物质和极性物质，或非极性物质和非极性物质之间才能完全混合溶解成溶液。

水被称为"万能溶剂"，因为水能够**溶解的物质**种类比其他液体都多。

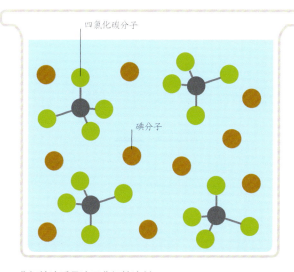

非极性溶质易溶于非极性溶剂
非极性溶剂如四氯化碳，可以溶解非极性溶质如碘，但不能溶解极性溶质。

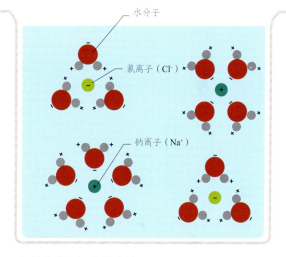

极性溶质易溶于极性溶剂
极性溶剂比如水，可以溶解带电荷的极性物质，比如食盐（氯化钠：NaCl）和糖。

溶解度

溶解度是衡量溶质溶解程度的量。它取决于温度，对于气体还取决于压力。例如：热水就比冷水能溶解更多的糖；当气体的压力升高时，气体在液体中的溶解度也会更高。在一定温度和压力下，一定量的溶剂中所溶解的溶质达到最大量时的溶解度，被称为溶液的饱和点。

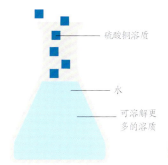

不饱和溶液
不饱和溶液在一定温度下还能溶解更多的溶质（该示例中，溶质是硫酸铜晶体）。

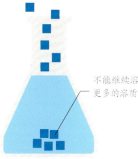

增加浓度

饱和溶液
饱和溶液是指在一定温度下，溶剂中溶解的溶质已达溶解度的溶液。

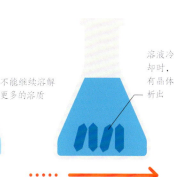

过饱和溶液
在一定温度下，溶液里溶质的量超过该溶质的饱和溶液中溶质的量，则该溶液被称为过饱和溶液。饱和溶液快速降温后会形成过饱和溶液。

催化剂

温度越高，原子、分子间的碰撞越激烈，化学反应速度就越快。此外，某些被称为催化剂的化学物质也能加快反应速度。催化剂用于加速化学反应，但本身并不参与反应，因此在化学反应过程中保持不变，可以重复使用。

催化剂的工作原理

粒子间发生反应需要一定的能量。某些反应所需的活化能（参见第44页）很大，因此它们在通常情况下并不发生反应。催化剂正是通过降低反应的活化能来促使反应发生的。通常，催化剂只需要很少的量。

工业催化剂

在工业化学反应中，使用催化剂能够大大提高产能。大部分工业催化剂是金属或金属氧化物，例如铁可用于加速生产氨中的哈伯反应过程（参见第67页）；大部分工业催化剂是固体，易分离、可重复使用。

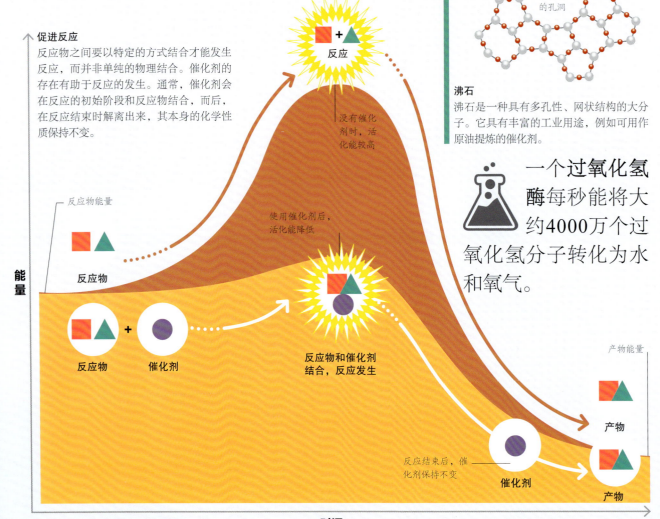

铝原子、硅原子和氧原子组成的晶格

沸石分子中间的孔洞

沸石
沸石是一种具有多孔性、网状结构的大分子。它具有丰富的工业用途，例如可用作原油提炼的催化剂。

一个过氧化氢酶每秒能将大约4000万个过氧化氢分子转化为水和氧气。

促进反应
反应物之间要以特定的方式结合才能发生反应，而并非单纯的物理结合。催化剂的存在有助于反应的发生。通常，催化剂会在反应的初始阶段和反应物结合，而后，在反应结束时解离出来，其本身的化学性质保持不变。

能量

反应物能量

反应

没有催化剂时，活化能较高

使用催化剂后，活化能降低

反应物

反应物　+　催化剂

反应物和催化剂结合，反应发生

反应结束后，催化剂保持不变

催化剂

产物能量

产物

产物

时间

催化转换器

催化转换器常被安装于现代汽车尾气排放系统中，主要由涂有铂、铑等贵金属催化剂的蜂窝状陶瓷组成。这种结构具有较大的比表面积，使催化剂与汽车尾气可以充分接触，从而有效地将汽车尾气中的有毒气体转化为较安全的二氧化碳、水、氧气和氮气。汽车发动机的热量使催化剂可以高效地工作。

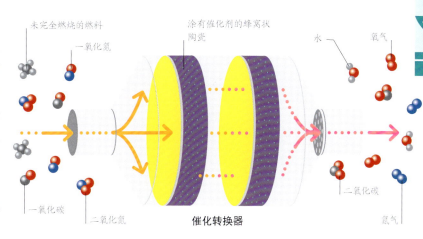

未完全燃烧的燃料
一氧化氮
涂有催化剂的蜂窝状陶瓷
水
氧气
一氧化碳
二氧化氮
二氧化碳
氮气
催化转换器

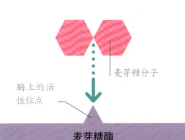

麦芽糖分子

酶上的活性位点

麦芽糖酶

1 麦芽糖与酶结合
麦芽糖暂时与麦芽糖酶中的活性位点（催化部分）相结合。只有麦芽糖分子能与麦芽糖酶结合。

麦芽糖分子间的键变弱

麦芽糖酶

2 麦芽糖分子间的键变弱
当麦芽糖分子结合到麦芽糖酶的活性位点后，分解麦芽糖分子所需的活化能降低。这意味着麦芽糖分子很容易被麦芽糖酶分解。

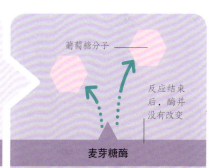

葡萄糖分子

反应结束后，酶并没有改变

麦芽糖酶

3 分解成葡萄糖
活性位点的化学反应使化学键重构，一个麦芽糖分子被分解成两个葡萄糖分子，并从麦芽糖酶上脱离，而麦芽糖酶也准备好了再次投入工作。

生物催化剂

用于工业催化中的催化剂大多是无机物，同一种催化剂可用于一系列的催化反应，而生物体中的催化剂却有严格区别。被称为酶的蛋白质分子只能催化特定的生物反应，比如复制DNA或消化食物。每种酶都有能和对应反应物相匹配的特定形状。维持生物体生命活动所需的一系列化学反应，即新陈代谢，需要成千上万种酶参与。

生物清洁剂

和其他催化剂一样，生物酶也非常具有应用价值，可以被使用在任何需要发生生物反应的地方，比如清洁衣服上的污渍。生物清洁剂含有可以溶解油脂中脂肪或血液中蛋白质的酶。由于酶是在体温环境下工作的，如果太热反而会失去活性，而在较低的水温中仍然可以保持较高的活性，因此，生物清洁剂可用于洗涤精细面料的衣物，对衣物损伤较少。

清洁剂中的酶
淀粉酶破坏淀粉形成的污渍
脂肪酶破坏油脂形成的污渍
蛋白酶破坏蛋白形成的污渍

制造化学品

实际上，我们每天都在使用人造产品，从塑料到燃料，再到药品。绝大多数人造产品的制造过程中都需要用到如硫酸、氨、氮、氯和钠等基本化学品。

硫酸

硫酸是最常用的一种化工原料，它既可以用作排水管清洁剂和电池原料，也可以用于造纸、化肥生产和锡罐制造。制备硫酸有很多方法，其中最为人熟知的是接触法制备硫酸。

接触法

液态硫与空气反应，生成二氧化硫气体。气体经过净化、干燥，然后通过钒催化剂进一步转化为三氧化硫气体。将硫酸与高浓度的三氧化硫气体混合就可生成焦硫酸，再用水稀释就可以得到所需浓度的硫酸了。

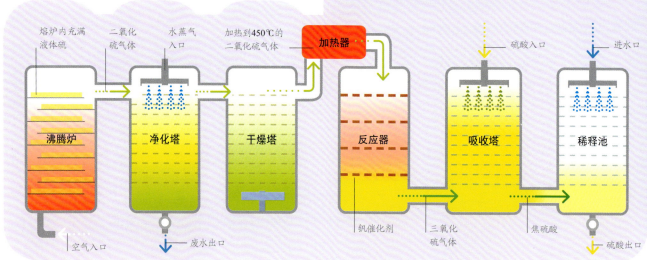

熔炉内充满液体硫　二氧化硫气体　水蒸气入口　加热到450℃的二氧化硫气体　加热器　硫酸入口　进水口

沸腾炉　净化塔　干燥塔　反应器　吸收塔　稀释池

空气入口　废水出口　钒催化剂　三氧化硫气体　焦硫酸　硫酸出口

氯和钠

氯和钠可以通过电解食盐（氯化钠）制得。在工业上，该过程可在一种被称为唐士电解池的反应池中进行。该反应池由熔融的氯化钠、铁和碳电极组成。当电流通过电极，电性相反的钠离子和氯离子分别向相反的电极两侧移动，并转变为它们的原子状态，从而可被收集。

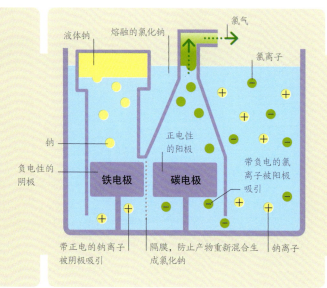

液体钠　熔融的氯化钠　氯气　氯离子

钠　正电性的阳极

负电性的阴极　铁电极　碳电极　带负电的氯离子被阳极吸引

带正电的钠离子被阴极吸引　隔膜，防止产物重新混合生成氯化钠　钠离子

唐士电解池

带正电的钠离子向负电性的阴极移动，在阴极获得一个电子，形成金属钠。金属钠浮到熔融氯化钠的表面，从而可被收集。带负电的氯离子向正电性的阳极移动，在阳极失去一个电子，生成氯气气泡浮出液面。

氮气

空气约78%都是由氮气组成的，是制备纯氮气的主要来源。氮气可以通过分馏法从空气中提取。首先要将空气冷却成液体后再逐渐加热，由于不同气体的汽化温度不同，可以分别在蒸馏塔的不同高度生成不同的气体。其中，易蒸发、沸点低的氮汽化后进入蒸馏塔顶部，而易冷凝、沸点高的液氧则留在底部。

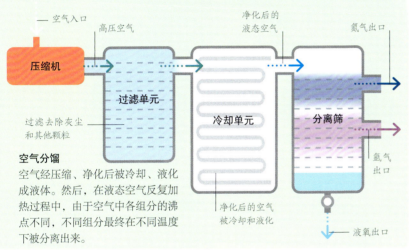

空气分馏
空气经压缩、净化后被冷却、液化成液体。然后，在液态空气反复加热过程中，由于空气中各组分的沸点不同，不同组分最终在不同温度下被分离出来。

全球每年的硫酸产量超过**2.3亿吨。**

石油产品

原油经过分馏过程会产生各种各样的有用产品。其中有些可以直接使用，例如天然气、汽油和柴油等燃料，以及润滑油和用于铺设公路表面的沥青。而另一些产品则需要进一步加工处理才能使用，如塑料和溶剂。

天然气　燃油

沥青　溶剂

塑料　润滑油

氨

我们可以用哈伯法直接将氮气和氢气合成氨。氨是制造肥料、染料及炸药的重要原料，还可用于制造清洁剂。氮气的化学性质不活泼，常温下很难跟其他物质发生反应，因此在哈伯法中，需要利用铁催化剂和高温高压的反应器来提高反应速度和氨的产量。

哈伯法反应过程
氢气和氮气混合后，在高温高压环境中接触铁催化剂，发生反应生成氨。其中，作为催化剂的铁可以促进反应发生。反应后的混合气体经冷凝器后，氨被液化，进而分离并排出液氨，而未发生反应的氢气和氮气混合气体经压缩再次被送入合成塔，形成循环。

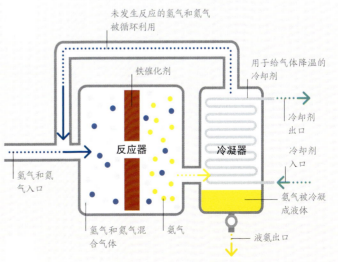

塑　　料

塑料制品坚固、轻便又便宜，改变了现代生活。但是，大多数塑料都是由化石燃料制成的，不能被生物降解，所以，塑料使用量日益增长的同时也带来了严重的环境污染问题。

单体和聚合物

塑料是一种合成聚合物，是一种由被称为单体的重复单元组成的长链分子。聚合物可达数百个分子长。由不同的单体组成的塑料有不同的属性和用途。例如，尼龙单体可制成高强度的纤维，用于制造牙刷，而聚乙烯通常用于制造轻便的袋子。

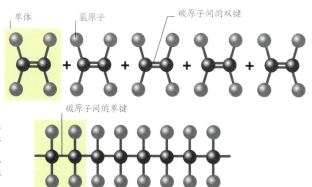

单体
很多塑料的单体都含有碳碳双键（参见第41页）。

单体　　氢原子　　　　碳原子间的双键

聚合物
为了形成聚合物，单体中双键的一个键断裂，每个单体都可以和邻近单体成键，形成长链。

碳原子间的单键

（参见第41页）

自然聚合物

聚合物也存在于自然界中，如糖、橡胶和DNA。DNA是由被称为核苷酸的单体组成的。核苷酸单体又由一个含氮碱基作为核心，加上一个五碳糖和一个磷酸基团组成。其中，碱基配对规则为形成的蛋白质提供了编码。

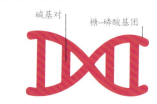

碱基对　　　　糖–磷酸基团

每年产生的塑料垃圾足以绕地球四圈。

塑料制造

大部分塑料都是利用石油等化石燃料提炼后的副产品经过聚合作用形成的高分子聚合物。添加催化剂、控制温度和压力都有助于使单体生成聚合物。一些化学添加剂可用于改变塑料的性质。合成的塑料可用于制造各种产品。生物塑料是由可再生资源制成的，比如木材或生物乙醇。生活中也存在一些生物塑料，但只占所有塑料中的极少部分。塑料可以是热固性的或热塑性的。热固性塑料仅能一次成型，而热塑性塑料则可以被重复熔融和重塑。

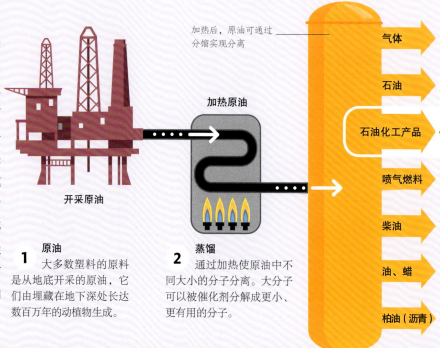

加热后，原油可通过分馏实现分离

加热原油

开采原油

1 原油
大多数塑料的原料是从地底开采的原油，它们由埋藏在地下深处长达数百万年的动植物生成。

2 蒸馏
通过加热使原油中不同大小的分子分离。大分子可以被催化剂分解成更小、更有用的分子。

气体

石油

石油化工产品

喷气燃料

柴油

油、蜡

柏油（沥青）

回收利用

　　某些塑料可以重复使用，回收利用也比较容易，通过切碎、熔化和重塑就可以制成新的产品。而某些类型的塑料难以循环利用，需要想其他办法来回收。一种想法是将塑料转变为液体燃料，或通过直接燃烧来产生能量；另一种想法则是制造可被细菌分解的塑料。以上这些想法至今都还未能大规模实施。

难以降解的塑料进入垃圾填埋场或海洋

某些塑料易于回收且可循环利用

塑料垃圾
大多数塑料垃圾被填埋后，需要几千年的时间才能被完全分解，其间浸出的有害化学物质会渗透到土壤中。而那些进入海洋中的塑料垃圾被反复冲打后，会分裂成微型塑料，对野生动物的生命健康造成危害。

塑料的优缺点	
优点	**缺点**
塑料的制造成本低廉，且不依赖于农业植物、动物或它们所需的资源。	塑料主要由不可再生资源制成，而开采这些资源也会破坏环境。
塑料既轻便又坚固，且可以用少量的原材料就制成很多有用产品。	塑料可以被分解成小块，极易进入水循环系统，危害野生动植物，污染我们的食物。
塑料的适用性广泛，硬度、灵活性、柔韧性等其他特性都可以被很好地控制。	塑料也会劳损并在重复使用之后破裂。来自太阳的紫外线也会加速塑料老化。
合成纤维可以比天然纤维弹性更好、更抗皱、更防水或更耐脏。	合成纤维制成的衣服透气性差，使汗液难以挥发，会让人在炎热的夏天不太舒服，也可能会导致静电积累。
某些类型的塑料可以回收利用，比那些不可回收利用的塑料更加环保。	不可生物降解的塑料无论在海里还是陆地上，都会造成全球性的环境污染。它们也占满了垃圾填埋场。

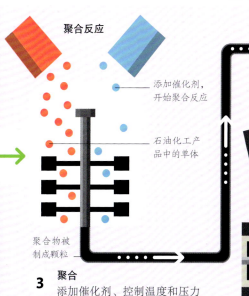

聚合反应

添加催化剂，开始聚合反应

石油化工产品中的单体

聚合物被制成颗粒

3 聚合
添加催化剂、控制温度和压力可以促使单体反应生成聚合物。在某些情况下，小分子如水，可以作为副产品产生出来。

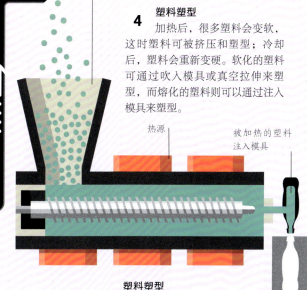

塑料颗粒被碾碎、熔化

4 塑料塑型
　　加热后，很多塑料会变软，这时塑料可被挤压和塑型；冷却后，塑料会重新变硬。软化的塑料可通过吹入模具或真空拉伸来塑型，而熔化的塑料则可以通过注入模具来塑型。

热源

被加热的塑料注入模具

塑料塑型

5 成品
　　塑料可用于制造从饮料瓶到电视遥控器等各种物品。每个产品所需塑料的性质各不相同，因此，塑料的制造方法也因用途而异。

玻璃和陶瓷

玻璃坚硬、抗腐蚀，通常还透明。我们所熟知的玻璃大部分是由沙子或二氧化硅炼制而成的。

玻璃的结构

玻璃具有无定形结构，组成玻璃的分子（或原子）几乎是无序排列的。在原子层面上，它们看起来像不动的液体，但玻璃是固体材料。玻璃通常由物质熔化后快速冷却制成。冷却的速度如此之快，以至于组成这些物质的原子（或分子）来不及排列成晶体或金属时的结构。它们的原子有固定的位置却又像液体一样无序。

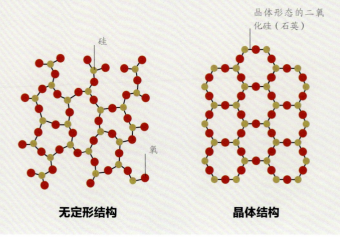

晶体形态的二氧化硅（石英）

硅

氧

无定形结构　　　　**晶体结构**

玻璃的种类

说起玻璃，我们首先想到的是窗户上所使用的透明、易碎的材料。玻璃的主要成分是二氧化硅。其实，玻璃可以由一系列的材料形成，金属可以被玻璃化，甚至某些聚合物或塑料也可以通过技术处理实现玻璃化。硅酸盐玻璃的性质可以通过添加某些化学物质来调节，这些化学物质可以改变成品玻璃的颜色或透明度，或获得更好的耐热性，如硼硅酸盐玻璃中的派莱克斯玻璃（Pyrex），又或是可以提高玻璃的防刮性能，比如通常用作智能手机屏幕的大猩猩玻璃（Gorilla Glass）。

玻璃的性质

玻璃的高硬度、耐腐蚀性及低反应活性使其适于制成很多产品，但最有用的性质当属透明性。正是这一特性使玻璃被广泛应用于建筑物和汽车车窗的材料。

透明性

光线被散射

光线直接通过

晶体　　　玻璃

玻璃是透明的，因为可见光的能量和玻璃中电子的能级不匹配，光子不能被吸收。由于没有晶界，光线通过玻璃时也不会被散射。

易碎性

不变形，直接破裂

玻璃是易碎品，因为组成它们的分子被固定在某些位置上不能相互滑动。玻璃表面的任何瑕疵或裂纹都会迅速在整块材料内传播，使裂缝蔓延。

陶瓷

　　"陶瓷"一般指黏土类产品，但在科学上指一类能被塑形、加热后能硬化的非金属固体材料。陶瓷既可以是晶体结构，又可以是无定形结构，几乎能由任何元素组成。像玻璃一样，陶瓷通常是坚硬而易碎的，并且熔点很高。陶瓷是理想的隔热和绝缘材料，碳化钛陶瓷就常被用作航天器上的隔热板。

防刮划　　　抗压　　　化学惰性　　　绝缘

玻璃是否能流动？

　　有些人认为玻璃是一种流动性较弱的液体，因为他们看到老旧窗户上的玻璃底部较厚。实际上，工匠们出于稳定性的考虑，通常选择将偏重的一端安装在底部。

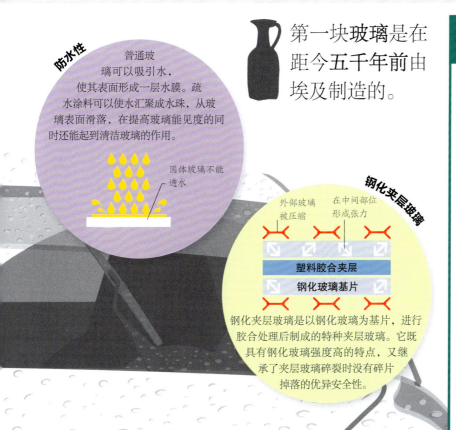

防水性

　　普通玻璃可以吸引水，使其表面形成一层水膜。疏水涂料可以使水汇聚成水珠，从玻璃表面滑落，在提高玻璃能见度的同时还能起到清洁玻璃的作用。

固体玻璃不能透水

第一块**玻璃**是在距今**五千年**前由埃及制造的。

钢化夹层玻璃

外部玻璃被压缩　　在中间部位形成张力

塑料胶合夹层

钢化玻璃基片

　　钢化夹层玻璃是以钢化玻璃为基片，进行胶合处理后制成的特种夹层玻璃。它既具有钢化玻璃强度高的特点，又继承了夹层玻璃碎裂时没有碎片掉落的优异安全性。

透明铝

　　氮氧化铝，俗称透明铝，是一种高强度的透明陶瓷。将氮氧化铝粉末混合后压缩，加热至2000℃，然后迅速冷却，使其分子保持无定形态，即可形成透明铝。它的强度足以防弹，却依然保持透明。目前，它的高昂造价使其只在特殊的军事设备中使用，但它有更广泛的应用前景。

这种陶瓷的高强度和透明性使它非常适合用作装甲车上的防弹玻璃

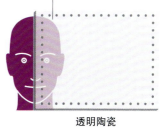

透明陶瓷

神奇的材料

从超级强度到超级轻盈，某些我们使用的材料具有神奇的性能。其中一些是人类发明的，还有一些是自然存在的。某些合成材料的灵感来自自然，即受生物启发或模仿生物的各种特性来开发材料，与之相关的科学被称为仿生学。

复合材料

有时，对于某些特定产品，没有一种单一材料能够在各方面性能都达到要求。为了解决这一问题，可以使用两种或更多种材料合成具有最佳性能的材料，这些合成材料统称为复合材料。混凝土是最常见的现代复合材料，6000年前用稻草或树枝和泥土混合之后制成的泥巴墙，恐怕是最早的复合材料了。现今，新材料和新技术的应用可以创造出更先进的复合材料。

是不是所有的
混合材料都是合成的？

并非如此。木材和骨头就是两个自然形成的混合材料的例子。其中，骨头是由坚硬但易碎的羟基磷灰石和柔软但韧性较强的胶原蛋白组成的。

相对强度
混凝土是指由水泥作为胶凝材料，砂、石作为骨料胶结而成的复合材料。混凝土抗压能力强，但是抗拉强度较弱，因此，混凝土并不单独用作建筑材料。

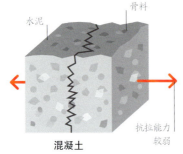

水泥
骨料
抗拉能力较弱

混凝土

增加抗拉强度
在建筑业中，混凝土通常要用钢筋骨架加固来增加抗拉强度。它们结合在一起形成了钢筋混凝土，是常用的现代建筑材料之一。

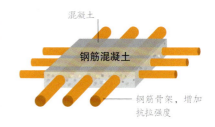

混凝土
钢筋混凝土
钢筋骨架，增加抗拉强度

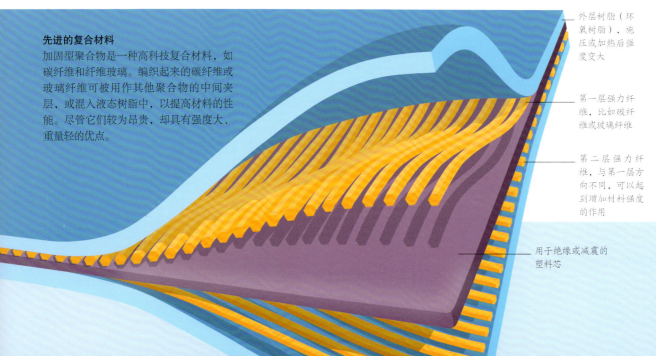

先进的复合材料
加固型聚合物是一种高科技复合材料，如碳纤维和纤维玻璃。编织起来的碳纤维或玻璃纤维可被用作其他聚合物的中间夹层，或混入液态树脂中，以提高材料的性能。尽管它们较为昂贵，却具有强度大、重量轻的优点。

外层树脂（环氧树脂），施压或加热后强度变大

第一层强力纤维，比如碳纤维或玻璃纤维

第二层强力纤维，与第一层方向不同，可以起到增加材料强度的作用

用于绝缘或减震的塑料芯

蜘蛛丝

蜘蛛丝是自然界中最坚韧的物质之一，大规模生产的蜘蛛丝可用作新的防弹材料。蜘蛛丝如钢丝一样坚硬，但重量更轻，且可伸缩，不易破损。

气凝胶

气凝胶是用气体取代液体凝胶中的液体而形成的一种超轻固体。气凝胶中空气所占的比例超过了98%，是很好的绝缘体。

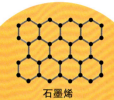

石墨烯

从层状石墨上剥离出的单原子层厚度的单层称为石墨烯，它比钢铁更坚硬，具有良好的导电性、透明性、柔韧性和超轻性。

自我修复塑料

自我修复塑料中含有一种受损时可以破裂的胶囊，胶囊中流出的液体发生反应，进而固化并填补裂口。

神奇的性能

某些天然或人造材料有着不可思议的特性。从柔韧且防弹的凯芙拉（Kevlar）到可以自我修复的塑料，这些材料常常会使我们的生活变得更安全、更便捷。例如，将泡沫金属植入人体可以实现骨移植，而超疏水材料玻璃具有自清洁功能，避免了高危险性的室外高空玻璃清洁工作。

泡沫金属

气泡混入熔融金属中可以形成泡沫金属。它们密度小、重量轻，同时还保留了许多金属特性。

凯芙拉

凯芙拉纤维是一种具有超高强度的塑料，可用于编织衣物或添加到聚合物中形成混合物，以增加物体强度。

超疏水材料

超疏水材料表面覆有一层微小的凸起，使水滴在其表面无法铺展开而保持球形，并最终滚落。因此，超疏水材料是防水的。

单层石墨烯可以承载一只重**4千克**的猫，但其自身的重量却比猫的一根胡须还轻。

能量

和力

能量是什么?

物理学家是从时空中的物质和能量的角度来理解宇宙的。能量以多种形式存在,且不同形式间可以相互转换。当一个力作用在物体上,并使物体在力的方向上通过了一段距离时,我们就可以说这个力对物体做了功。

能量的类型

能量无处不在。它既不能被创造,也不能被毁灭。为了更容易理解和衡量,科学家们把能量分为不同的类型。每一种自然现象、机器的使用、技术的应用,都是因为使用了某种形式的能量,然后又转换成了另一种形式的能量。

势能
势能是存储在一个系统内的能量,通常不对外做功。但是,在适当条件下,它们可以释放或转换为其他形式的有用能量。

弹性势能
受到拉伸或挤压的材料在恢复原状时会释放弹性势能。

电势能
封装好的电池就具有电势能,并在产生电流时释放出来。

重力势能
被举高的物体具有重力势能,并在下落过程中被逐渐释放。

化学能
燃烧或其他化学反应都是由维持原子相互结合的化学能所驱动的。

辐射能
光和其他辐射能都是一种以交变电场和磁场形式存在的能量。

声能
声能是介质中存在机械波时,使媒介附加的能量。声波所携带的能量使空气(或其他介质)被挤压或拉伸。

核能
核能通常是指原子核的能量,它可以通过放射性衰变或核爆炸(核聚变和核裂变)释放出来。

电能
电能是指电以各种形式做功的能力。电流以移动的带电粒子流形式携带能量,这些带电粒子通常是电子。

热能
热能是指物质燃烧或物体内部分子不规则运动时所释放出的能量。原子通常以振动的形式运动,所释放出的能量即为热能。

动能
动能是物体由于机械运动而具有的能量。任何运动的物体,从电子到星系,都具有动能。

化学能的释放
人在移动重物的过程中会伴随着一系列的能量转换过程。运动一旦开始,人体就会将通过食物获得并储存的化学能转换为动能等其他形式的能量。

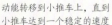
动能转移到小推车上,直到小推车达到一个稳定的速度

重力势能逐渐增加

能量守恒

宇宙中的总能量始终保持不变。能量既不能被创造,也不能被毁灭,只能从一种形式转换为另一种形式。正是能量的转换驱动着我们所看到的一切过程。能量也因会扩散或变得无序而难以利用。然而,就其本身而言,任何过程都会损失能量,大部分最终是以热的形式耗散。因此,需要一种能量源来保证这些过程的持续进行。

① 移动时
移动时,人体把动能传递到小推车上。这些能量被用于克服摩擦力而使小推车前进。由于能量在传递过程中,部分转变成了无用的热能,因此,人体会变热。

一根牛奶巧克力棒所含有的能量是多少？

一根50克的牛奶巧克力棒所含的能量约有250卡路里，相当于一个标准体重的成年人约2.5小时所消耗的能量。

测量能量

能量的单位是焦耳（J）。1焦耳的能量相当于将大约重100克的物体提升1米所需要的能量。食物所含的热量通常用卡路里来度量。人们可以通过在热量计中燃烧食物来测量卡路里。

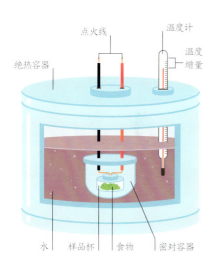

点火线

温度计

温度增量

绝热容器

水　样品杯　食物　密封容器

测量卡路里
燃烧一个食物样品时，水的温度会增加，而温度的增量可用于计算食物中所含的卡路里。

重力势能开始转变为动能

储存在人体中的化学能减少

2 **上升过程**
爬坡过程中，来自人体的力主要用于克服使小推车滑落下来的重力。爬到坡顶时，人体的动能转变成人体自身和小推车的重力势能。

砖块下落过程中，它们的动能逐渐增加，而重力势能逐渐减小

3 **释放势能**
从小推车中倒出运载物，则其重力势能又逐渐转变成了动能。当运载物到达地面时，动能又转变成了热能、声能和弹性势能，其中弹性势能可能会使砖块从地面弹起。

功率

能量转换的速率被定义为功率。功率的单位是瓦特（W），常简称为瓦；1瓦等于1焦耳每秒（J/s）。功率越高，能量转换越快。一个100瓦灯泡的能量转换速率和一个成年女性的能量转换速率相当。

2000卡路里在24小时内消耗的能量　　100瓦灯泡工作24小时消耗的能量

静　电

目前最常见的电力形式就是家庭用电了，它来自大规模的人力发电。而大多数天然的电效应，如闪电，则是由静电产生的。

电击
身体中积累的静电可以通过导体（如金属）释放出来，这可能会导致意外的电击，偶尔还伴有电火花。

多余的电子

整个身体携带少量的负电荷

脚和地毯相互摩擦

电中性的门把手

电子转移到门把手上，形成一次轻微的电击

身体里的电子

2 **放电**
当人与金属接触时，电子可以通过金属逃逸。例如，当人触摸或接近门把手时，多余的电子会从人体转移到金属中，产生一次放电。

静电力

电是一种被称为电荷的物质特性。在原子中，质子带正电，且位置固定，而带负电的电子可以自由地移动到其他物体上。如果一个物体获得了多余的电子，它就会带负电荷，并会吸引那些缺少电子、带正电荷的物体。由于静电力的存在，电子间互相排斥，多余的电子会逃离物体，产生电火花。

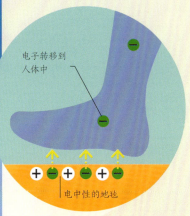

电子转移到人体中

电中性的地毯

1 **摩擦生电**
脚在人造纤维制成的地毯上摩擦时，会使电子从地面移动到人体中，从而在人体中聚集少量的负电荷。

取证刷

犯罪嫌疑人的指纹印中含有带正电的化学物质

带负电的指纹粉末和带正电的指纹印中的化学物质相互吸引

指纹粉采集指纹
指纹采集员利用静电原理采集指纹。指纹印中带正电的化学物质与带负电的指纹粉末相互吸引，指纹粉就会呈现出指纹的形状。

静电应用

　　静电在日常生活中很常见。通常，静电荷可以用于产生小而易控制的电场力，这种力可以吸引或排斥某些物质。大量的电荷累积是危险的，但是也有用途。

护发素
洗发水使头发带负电荷而相互排斥；而护发素带正电，可以中和洗发水导致的负电。

喷枪
专业喷枪使油漆带正电，油漆喷出之后会吸附在带负电的物体表面。

除颤器
除颤器可以产生大量的电荷，向心脏释放强脉冲电流，使骤停的心脏恢复正常状态。

电子书显示屏
屏幕中带电的油性颗粒通过静电吸引或排斥来显示文字。

保鲜膜
展开的保鲜膜内层带有少量电荷，这些电荷可以使保鲜膜与其包裹的物体产生吸附作用。

粉尘过滤器
工业废气中的有害粒子通常带电，这些带电粉尘通过高电势的过滤端时可以被滤除。

雷击

　　闪电是大量静电荷的放电过程。空气的导电性很差，因此雷雨云中的电荷不能被及时导走，进而可以累积到很大的量，最终会在空气中形成曲折开裂的枝状闪电，这是将累积的电荷释放到地面最简单的方式了。

5 **最终的复印件**
复印完成后，感光板上的电荷被留下用于制作更多的复印件。

原始文件

原始文件待复印面朝下放置

纸被轻微加热，以使墨粉更牢固地被吸附

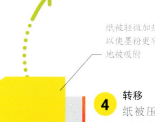

4 **转移**
纸被压在感光板上或在感光板上滚动时，墨粉会转移到纸上。

带正电的感光板

1 **光**
明亮的灯光将原始文件投射到带正电的感光板上。

带正电的图案是原始文件的镜像

负电性的墨粉

负电荷从被光照亮的地方移除

复印机
复印机正是通过潜藏的静电潜影（静电图案）来重现图像或文本的。静电潜影可以使墨粉排列到正确的位置上，进而制作出一份非常准确的复印件。

3 **负电性的墨粉**
墨粉是负电性的，很容易被吸附到感光板上带正电的区域。

2 **放电**
光照使感光板上未被原始文件图案遮挡的区域内的电荷释放。

电　　流

　　电流是电荷流。在日常生活中，电荷可以通过电子在铜线等金属中运动来传输。所有能传输电流的材料称为导体。反之，不能传输电流的材料称为绝缘体。

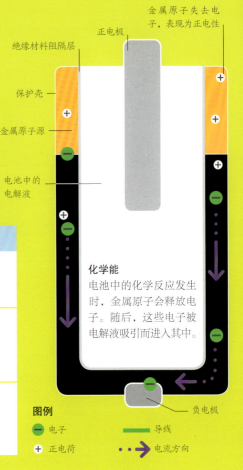

金属原子失去电子，表现为正电性
正电极
绝缘材料阻隔层
保护壳
金属原子源
电池中的电解液

化学能
电池中的化学反应发生时，金属原子会释放电子。随后，这些电子被电解液吸引而进入其中。

负电极

图例
- ⊖ 电子
- ⊕ 正电荷
- ▬ 导线
- •••▶ 电流方向

形成电流

　　电流不同于电火花、闪电等静态的电荷，形成电流的电荷是运动的。带电的粒子之所以移动是因为它们被极性相反的电荷吸引。电火花也可以运动，然而这是因为一个物体和另一个物体所积累的电荷极性不同所致，并且这种运动的目的是消除电荷极性的不同。对于电流而言，极性的不同是电荷得以持续运动的原因，例如电池中的电流。

物理量	单位
电流是电荷的平均定向移动。	安培（A）
电压或电势差是一种推动电流移动的力。	伏特（V）
电阻指电流移动的阻碍。	欧姆（Ω）

电路

　　电流携带的能量可以被利用。电流就如同从高处往低处流动的水一般。水流的能量可以给水车提供动力，电流的能量可以通过电路传输被很多设备利用，例如可以点亮灯泡、加热或驱动电机。能量最终的消耗方式取决于具体的电路设计。电路类型主要有两种：串联电路和并联电路。

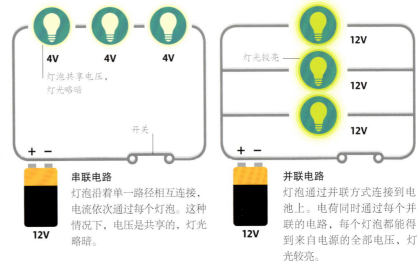

4V　4V　4V
灯泡共享电压，灯光略暗
开关
12V

串联电路
灯泡沿着单一路径相互连接，电流依次通过每个灯泡。这种情况下，电压是共享的，灯光略暗。

12V
灯光较亮
12V
12V

并联电路
灯泡通过并联方式连接到电池上。电荷同时通过每个并联的电路，每个灯泡都能得到来自电源的全部电压，灯光较亮。

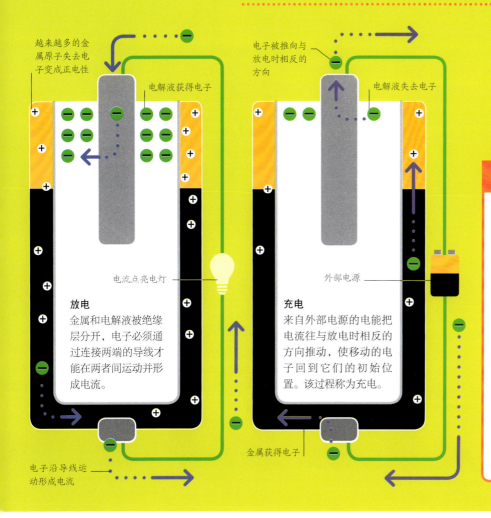

越来越多的金属原子失去电子变成正电性

电解液获得电子

放电
金属和电解液被绝缘层分开，电子必须通过连接两端的导线才能在两者间运动并形成电流。

电流点亮电灯

电子沿导线运动形成电流

电子被推向与放电时相反的方向

电解液失去电子

外部电源

充电
来自外部电源的电能把电流往与放电时相反的方向推动，使移动的电子回到它们的初始位置。该过程称为充电。

金属获得电子

自由电子

大多数金属（如铁）都是很好的导体，因为它们电子层中的电子可以随意地移动到周围原子的电子层中。如果给这些电子足够的能量，就可以形成电流。绝缘体（如橡胶）中的电子则被紧紧地束缚在原子的电子层中，很难移动，因此难以形成电流。

导体 绝缘体

欧姆定律

欧姆定律是用于描述导体中电压、电流、电阻三者之间关系的物理定律，其公式（见右图）可用于计算电路中给定电压和电阻时所通过的电流大小。

$$电流 = \frac{电压}{电阻}$$

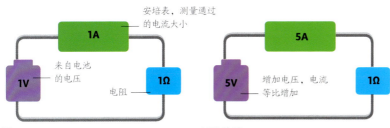

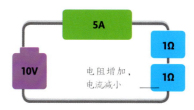

安培表，测量通过的电流大小

来自电池的电压

电阻

增加电压，电流等比增加

电阻增加，电流减小

欧姆
欧姆（Ω）是电阻的计量单位。当在一个电阻为1欧姆的导体两端施加1伏特电压时，通过该导体的电流为1安培。

正比关系
同一电路中，电流与电压成正比。当电阻保持不变时，增加电压，则电流也等比增加。

增加电阻
增加电阻意味着在同样的电压下将不能获得同样大小的电流。因此，如果要得到同样大小的电流，电压也应随之增加。

磁　　力

材料之间的磁力是材料内部大量粒子行为的结果。磁铁有广泛的用途，是许多设备的重要组成部分。

磁场

磁铁周围存在着一些沿各个方向向外延伸的力场，并且该力场随距离增加而迅速减小。磁场是有方向的，它总是从被称为磁铁北极的一端发出，然后回到被称为磁铁南极的一端。磁场在两极分布最稠密，两极的磁场作用力最强。

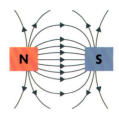

异极相吸

磁力遵循"异极相吸"的规则。一个磁铁的北极会和另一个磁铁的南极相互吸引，这种吸引力使它们相互靠近并连接在一起。

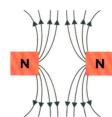

同极相斥

两个相同的磁极，比如北极和北极会相互排斥。来自两个相同磁极的磁力线方向相同，它们互相排斥，并向远离对方的方向扩散。

磁力线

磁场可以被想象成一些围绕着磁铁的磁力线。这些线可以形象地描述磁场，并可以通过在磁铁周围撒铁屑而呈现出来。

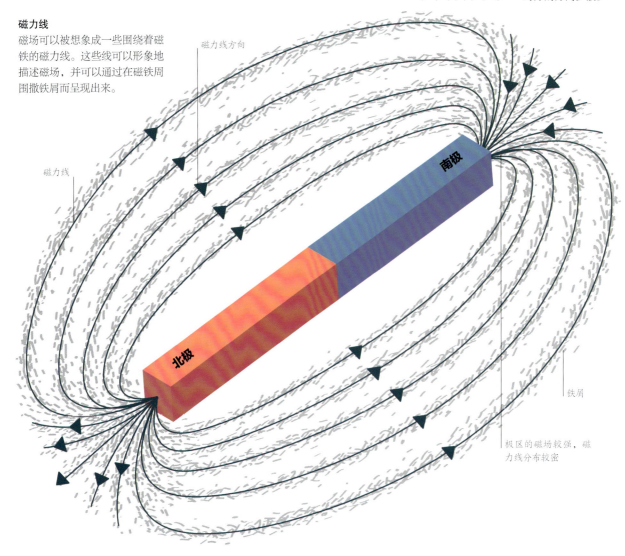

磁力线方向

磁力线

南极

北极

铁屑

极区的磁场较强，磁力线分布较密

磁铁类型

　　每个原子都有它们自己的微弱磁场，通常情况下，方向是随机的，因此相互抵消而不表现出宏观磁性。如果物质中的原子在外磁场下沿一定方向进行排列，则它们各自的微小磁场就会相互叠加而形成一个大的磁场。

抗磁性材料
大部分包含铜元素和碳元素的物质，当处在外磁场中时，会自发产生一个和外磁场相反的磁场来抵消外磁场的作用，因而表现出抗磁性。

顺磁性材料
大部分金属都是顺磁性材料。在外磁场作用下，它们内部原子的磁场排列方向和外磁场一致，因而可以吸引磁铁。

铁磁性材料
铁和部分金属中的原子在撤去外磁场后，还能继续保持这种由外磁场诱导形成的磁场排列，形成永久磁铁。

| 没有外磁场 | 施加外磁场 | 撤去外磁场 |

内磁场随机排列　内磁场排列方向和外磁场相反　内磁场排列方向重新变得随机

内磁场随机排列　内磁场排列方向和外磁场一致　内磁场排列方向重新变得随机

原子被轻微磁化，但不表现出宏观磁性　内磁场排列方向和外磁场一致　内磁场继续保持其排列方向

什么是最强磁体？

快速旋转的中子星又叫作磁星，其磁场强度是地球的1000万亿倍，是宇宙里最强大的磁体。

核磁共振成像扫描仪正是利用一个冷却到−265℃的磁铁，使整个人体磁化几分之一秒的时间来成像。

电磁铁

　　电磁铁一般由铁芯和环绕铁芯的线圈构成，只有当电流通过线圈时才会产生磁场。这意味着这种磁铁的磁性可以通过电流的开关来控制。电磁铁在现代设备中有广泛的应用。

电动马达
电动马达利用环形电磁铁产生的力来推动其内永久磁铁的两极，使其在环形电磁铁内连续转动。

电脑硬盘
电脑中的数据以一种磁化区和去磁化区交替编码的方式存储在硬盘中。电磁铁可用于读取、写入和擦除这些编码。

扬声器
扬声器利用电磁铁的力使其内可动铁芯随电磁力的方向振动，进而将这种振动以一定模式传递到空气中，形成声波。

电磁炉
电磁炉是用一个超强的电磁铁来使金属结构的锅产生磁场波动，进而产生热量。

地球磁场

　　地球外核中的液态铁会产生强烈的磁场。磁罗盘之所以能指出南北方向，是因为它们可以根据地球的磁场方向来调整指针的方向并与之平行。地球磁场一直进入远处的太空，并在地球周围形成可对抗太阳风的磁性保护层。太阳风是由太阳产生的高温带电气体冲击波。

发 电

电是一种非常有用的能量。它有着非常广泛的应用，且可以被输送到距发电站很远的地方，为计算机、汽车等各种各样的设备提供动力源。

感生电流

发电机是利用电磁感应产生电流的。

当一根导线从磁场中通过而做切割磁感线运动时，导线内部就会形成电压和电流。导线的动能也随之转化成了电能，并形成通过导线的电流。将线圈在一个强磁铁的两极形成的磁场中快速旋转，就可以制成一个简单的发电机。

磁铁北极　磁铁南极　磁感线　线圈　转动线圈的轴　灯泡可被电能点亮　灯被点亮　当线圈转动时有电流流过

火力发电站

火力发电站是利用热能驱动发电机内的转子转动而发电的。火力发电站利用燃料燃烧所释放的热能并将之转换为蒸汽的转动能，而核电站则利用原子裂变所释放出来的热能。

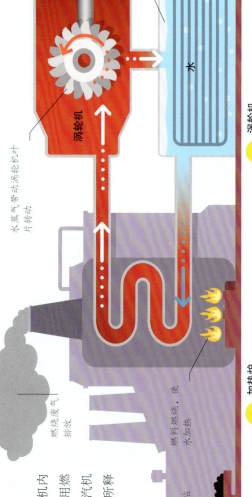

1 燃料的使用

燃料是指那些在燃烧时能释放出大量热能的物质。常见的燃料有煤、天然气和石油。发电站也可以燃烧木头、泥炭和垃圾等。

燃料进入发电站　燃料燃烧，使水加热　燃烧废气排放

2 加热炉

流经加热炉管道的水被燃料释放的热能煮沸，形成的高压的高压水蒸气被直接引入涡轮机。

水蒸气带动涡轮机叶片转动

3 涡轮机

水蒸气的气流通过涡轮机流动，并带动叶片转动。水蒸气的压力将转变为动能，进而传动给发电机。

带动发电机转动　水蒸气冷却和凝结成水，可循环利用　涡轮机　水

交流电（AC）和直流电（DC）

线圈每次反转，电流方向都发生反转，形成的电流称为交流电。发电站生产的正是交流电。因为发电站生产的电流来产生一个方向不断反转的电感生电流，每次在直流电中，因为电路的连接方式，因为电路只能沿一个方向运动。而在直流电中的电荷只能沿一个方向运动。

〰 交流电
- - - 直流电

降压变压器

安装了降压变压器的
电线杆

高压线

高压线
铁塔 / 高压塔

增压变压器

工厂
工厂用电的电压高达33000伏特。工厂可配有自己的次级变电站，包括变压器。

居民楼
家庭用电的电压常在110伏特和240伏特之间。具体的电压值取决于国家规定。

办公楼
办公楼用电的电压比家庭用电的电压高。

卡塔尔地区每年人均用电量约是塞内加尔地区每年人均用电量的89倍。

4　发电机
发电机中涡轮的转动速度可高达每分钟3600转，可产生25000伏特左右的交流电。这个电压可被变压器进一步增加到40万伏特，实现更高效的远距离传输。

变压器
变压器是用来改变电流和电压的设备。它由一个两边绕有线圈的铁环组成，并需要用交流电来驱动。因为交流电的电流方向是持续变化的。初级线圈中持续变化的电场会在次级线圈中感生出交流电。

增压
次级线圈中线圈圈数较多，感生出的交流电电压增加。

降压
次级线圈中线圈圈数较少，感生出的交流电电压降低。

流过初级线圈的交流电

次级线圈中的感生交流电

铁芯

发电机

5　电源
高压电网中的电流对家庭用电而言，电压太高了。各地区都配有次级电站，其中的降压变压器可使电压下降到更实用的水平。

可替代能源

可替代能源是指可以替代当前广泛使用的化石燃料的能源，如水能、风能、地热能、太阳能等。这些能源对环境的影响较小。

风能

风是空气从高压区域流动到低压区域形成的。这种压力差是由大气层受太阳加热不均匀导致的。这种空气流动形成的风能可以作为驱动风力涡轮机的能源。

风

机舱

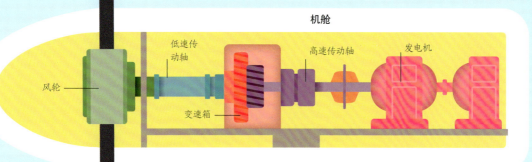

低速传动轴

高速传动轴

发电机

风轮

变速箱

1 风机叶片
弯曲的风机叶片工作起来就像反向螺旋桨一般。它们的形状是被精确塑造的，能够捕捉空气并将空气前进的动能转变为风机叶片的转动能。

2 变速装置
风机叶片的转动速度约是每分钟15圈，这样的转速还不能产生足够的电能，而变速装置可以通过传动轴将转速增加到约每分钟1800圈，从而用于发电。

3 发电机
传动轴的转动通过发电机进一步被转变成电能。发电机同时又可被用作电动机，在风速较小时可以维持叶片匀速转动。

我们能否永久停止使用化石燃料？

事实上，可替代能源足以满足我们的需求，但是在可替代能源全面取代化石燃料之前，亟待解决的问题是如何大量储存可替代能源产生的大量电能。

水力发电

可替代能源系统的问题之一是如何找到可靠的能量供给源。水力发电站通常利用水坝控制水流。目前，约三分之二的可替代能源都来自水力发电站，它们所生产的电能约占所有电能的五分之一。当水从高处流向低处时，水的势能转变为动能，驱动水坝中的水力涡轮机转动，产生电能。

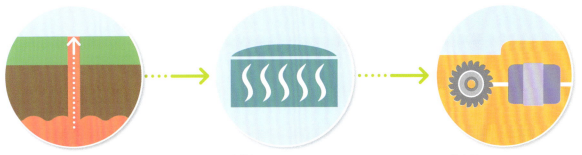

2 出水口
火山的热量将这些水加热到100℃以上。在高压环境下，大部分水依然保持液体的形式留在地下，但有部分热水变成水蒸气蒸发到地表。

3 水蒸气
水蒸气从水中分离出来，形成一种高压气流，可用于驱动涡轮机转动。所有抵达地表的水都流入了冷却塔。

4 发电机
高压水蒸气驱动涡轮机叶片转动，就如同常规热力发电站那样。最终，涡轮机的转动能又进一步转换为发电机的电能。

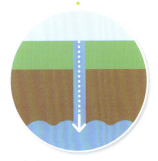

1 入水口
冷水被压入一个井或深洞中，进入地下蓄水池。这些地下蓄水池位于地下深处，通常约是地下2000米，压力非常大。

天然热能

如同空气和水的运动一样，天然热能也可以用于发电。太阳能发电厂使用一些镜子阵列来聚集太阳能并加热水，而沸水产生的水蒸气又可进一步用于驱动涡轮机运转。地热发电厂则通常建在火山区。在这些地区，地球内部的热量可以传递到地表，成为一种能量源。

5 冷却塔
水蒸气被留在冷却塔中冷凝为液体。一旦冷却，这些水又被注入地下蓄水池中循环利用。

生物燃料

生物燃料是一种潜在的可替代能源，其污染性小于化石燃料。它们是通过生物过程使原材料发生化学变化而制得的。生物燃料的来源主要有三个：谷物、木本植物和藻类。目前，谷物和木本植物这两类生物燃料都被证实在一定程度上是不环保的，但是，尚处于初步开发阶段的藻类生物燃料仍有希望发展为一种低成本、低污染的燃料。

输入

谷物

木本植物

藻类

预处理
预处理过程是从对原材料进行物理破坏开始的，包括将原材料分解为均匀的物质、进行净化并除去污垢。

糖化
通过化学处理将初始物质中的复杂分子分解为较小的、更有用的小分子，比如糖。

发酵
和酒精饮料的生产过程类似，糖可被转化为乙醇和其他易燃物质，进而被用作燃料。

输出

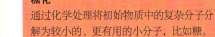

乙醇

氢气

沼气

丁醇

电子技术

　　电子技术是关于电子元件及其组成电路的技术，其中包括用于控制电流的晶体管，它们大多没有可活动的部件。

何为半导体？

　　导体有大量自由移动的电子，可以传输电流（参见第81页）；绝缘体则存在一个很大的势垒（能隙），可以阻止电子流动，因此不能导电。半导体（例如硅）的导电能力则处于以上两者之间，由于能隙较小，可在不导电的绝缘状态和导电的导体状态间相互切换。

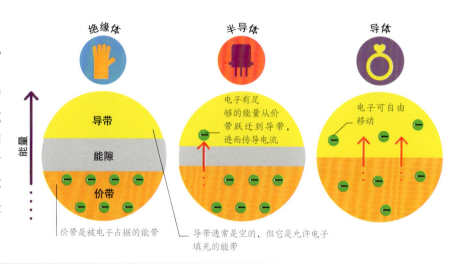

绝缘体　半导体　导体

导带

能隙

价带

能量

电子有足够的能量从价带跃迁到导带，进而传导电流

电子可自由移动

价带是被电子占据的能带

导带通常是空的，但它是允许电子填充的能带

晶体管内部

　　计算机的大脑是由芯片上的电路组成的。这些电路可以通过程序给出一系列运行指令。早在20世纪40年代后期，晶体管这种半导体器件就被发明出来了，取代了早期那些可靠性低、由真空管组成的电子器件。晶体管由晶体硅制成，可通过添加其他物质来改变其电学特性。因此，由晶体管构成的电子器件能够精确地控制电流。

人们预期，最小的晶体管可以和两个糖分子尺寸相当。

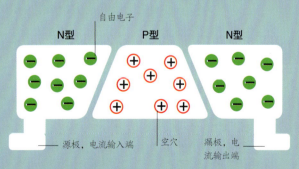

自由电子

N型　　P型　　N型

源极，电流输入端　　空穴　　漏极，电流输出端

1 基础结构

　　一个典型的晶体管通常是由两个N型半导体及其之间的P型半导体组成的"三明治"结构。N型半导体有多余的电子而表现为负电性。P型半导体包含空穴，表现为正电性。

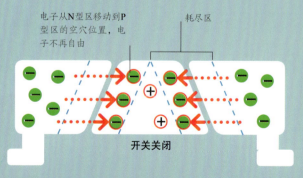

电子从N型区移动到P型区的空穴位置，电子不再自由

耗尽区

开关关闭

2 耗尽区

　　在N型半导体和P型半导体相互接触的区域（即结区）附近，N型区的电子由于受到正电性的吸引而移动到P型区，在结区附近会形成一个没有自由电子可以传输电流的耗尽区。这时，由于电子不能通过结区，便形成了晶体管的"关闭"状态。

摩尔定律

　　1965年，英特尔公司的联合创始人戈登·摩尔（Gordon Moore）预言，晶体管的尺寸每两年就会减半一次。迄今为止，摩尔定律基本上是有效的。现今，标准晶体管的基本长度已达14纳米。这个尺寸还可以进一步缩小，但在下一个十年，电子技术就要达到极限了，因为尺寸太小，所以难以形成阻碍电流通过的势垒。

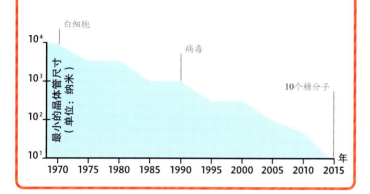

硅是从哪里来的?

硅是地壳中含量第二多的元素。人们可以通过将包含硅的沙和熔铁混合加热后提纯得到。

掺杂硅

对硅进行掺杂是为了增加或减少电子的数量。添加磷原子可以引入额外的电子，形成电子导电型半导体（N型）。添加硼原子后，每个硼原子会饱和掉一个硅中的电子，在晶体中形成空穴，这就是空穴导电型半导体（P型）。

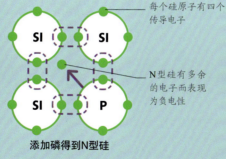

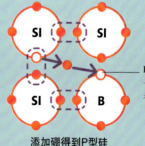

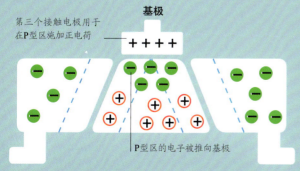

3　施加正电荷
　　除了用于电流进入和离开的源极和漏极，晶体管还可以有第三个接触电极，称为基极，用于在P型区施加正电荷。一旦开启，基极就会将电子从耗尽区拉出。

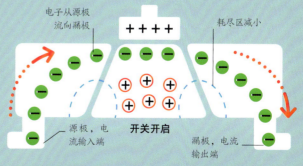

4　移动电流
　　基极启动时，耗尽区缩小，在晶体管中创造了一个电子可以自由移动的区域，电流可以通过。这个状态被称为"开启"状态。当基极关闭时，耗尽区重新形成，电流不能通过，晶体管处于"关闭"状态。

微型芯片

微型芯片是通过把电子电路小型化、集成化的方式得到的芯片，被广泛应用于从手机到烤面包机等各种各样的日常生活物品中。制造微型芯片的技术主要是如何将微小的电子元件整合到一块纯硅片上。

制造微型芯片

微型芯片是集成电路，其所有元件和它们之间的连接线都被制造在同一块材料上。微型芯片电路是通过刻蚀技术写在硅片表面的。微型导线由铜或其他金属制成，而晶体管和其他电子元件则由掺杂硅（参见第88～89页）及其他半导体器件组成。

（参见第88～89页）

什么是宠物芯片？

宠物芯片包含一个微型无线电发射器，可植入动物的皮肤下。当读取器靠近该芯片时，会读出一个独一无二的辨识码，即宠物的身份证。该芯片可用于记录如宠物的主人、宠物身体状况和病史等相关信息。

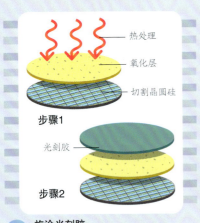

热处理
氧化层
切割晶圆硅
步骤1

光刻胶
步骤2

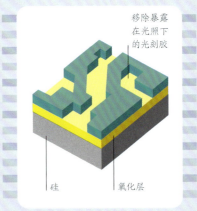

光
芯片设计
透镜
切割晶圆硅

移除暴露在光照下的光刻胶
硅
氧化层

1 旋涂光刻胶
首先将纯硅片热处理，使其表面形成一层耐高温的二氧化硅保护层，然后再旋涂一层感光材料——光刻胶，用于下一步的曝光处理。

2 曝光
芯片设计的一大不便之处在于芯片结构需要先绘制在透明材料上，再通过曝光将这些设计结构转移到光刻胶上。每块晶圆硅上都可以容纳很多相同芯片。

3 显影
晶片上暴露在光照之下的光刻胶在显影过程中被移除，未光照部分的光刻胶被留下，并在氧化硅层上留下图案。某些功能区的设计仅有几十个原子宽。

应用逻辑

集成电路通过使用晶体三极管和二极管相结合形成逻辑门电路来制成。逻辑门根据逻辑代数来比较输入电流，从而输出一个新的电流。逻辑代数又称为布尔代数，在一组操作中，其返回值仅为真和假两种，通常记作1和0。

与门
这种元件有两个输入端，仅在两个输入端都为1时导通，即输出值也为1。

输入端
A
B
与门
输出端

输入端A	输入端B	输出端
0	0	0
0	1	0
1	0	0
1	1	1

或门
这种元件也有两个输入端，但和与门不同，或门中只要一个输入端为1，则输出端为1，而只有当两个输入端都为0时，输出端才为0。

输入端
A
B
或门
输出端

输入端A	输入端B	输出端
0	0	0
0	1	1
1	0	1
1	1	1

电子元件

电子元件是电路的基本元素。为了在电路设计中便于识别，它们由一套专门的符号来表示。芯片设计者可用这些电子元件来设计新的集成电路。现代芯片通常包含几十亿个电子元件，因此芯片设计者会先列出高层次的芯片构架，然后通过计算机将之转换成逻辑电路，最终实现应用。一块普通芯片从设计到完成测试前后需要一千多人的共同努力。

二极管　　　发光二极管　　　光电二极管

NPN型三极管　　　PNP型三极管　　　电容器

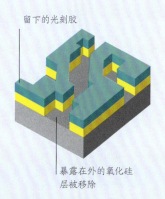

留下的光刻胶

暴露在外的氧化硅层被移除

4 刻蚀

用化学方法移除露出的氧化硅层，硅片表面就可被分割成精确的通道形状了。

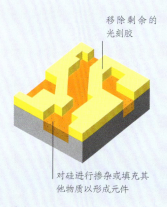

移除剩余的光刻胶

对硅进行掺杂或填充其他物质以形成元件

5 掺杂

硅通过掺杂其他物质可以得到一些非常有用的性质，而这些通道也可以用化学混合物精确填充而形成元件。

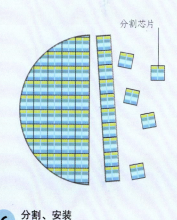

分割芯片

6 分割、安装

芯片从硅晶体上分割下来，再分别增加塑料或玻璃保护层。最终，芯片被安装到电路板上之后，它们可以和其他芯片及电源进行连接。

非门

非门是用于转换输入信号值的，其输出信号总与输入信号相反。

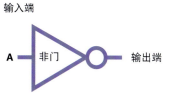

输入端

A —[非门]— 输出端

异或门

异或门是一种特殊的或门，用于检测输入信号异同。当两个输入信号一致时，输出端为0；当两个输入信号不同时，则输出端为1。

输入端

A —
B —[异或门]— 输出端

输入端	输出端
0	1
1	0

输入端A	输入端B	输出端
0	0	0
0	1	1
1	0	1
1	1	0

在最新技术中，一个针尖就可容纳数百万个晶体管。

计算机基础

　　常见的输入设备有鼠标、键盘和麦克风。这些设备可以把用户的活动转换成数字序列发送到随机存取存储器（RAM）中。这些输入指令可以被中央处理器（CPU）调用。中央处理器对计算机输入指令进行计算，进而生成可执行的输出指令。这些输出指令可以存储在硬盘中备用，或被发送到输出设备，例如作为声音信号输出或显示在屏幕上。

互联网

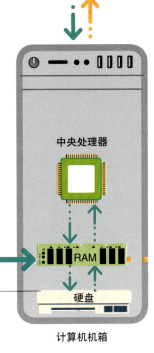

中央处理器

RAM

硬盘

计算机机箱

互联网

从互联网上获得的数据和指令可以作为本地计算机的输入内容。而本地联网计算机同样可以向互联网输出内容，用户数据也可以存储在互联网或云盘中。

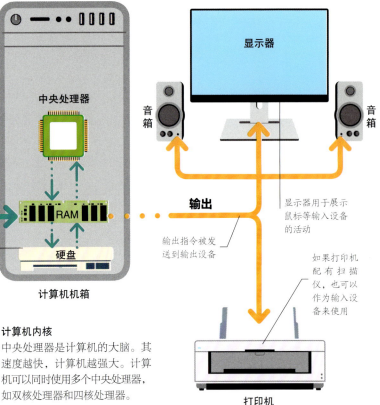

显示器

音箱　　　　　　　　　　音箱

输入

输出

显示器用于展示鼠标等输入设备的活动

输入指令被发送到随机存取存储器中

存储在硬盘中的信息

输出指令被发送到输出设备

如果打印机配有扫描仪，也可以作为输入设备来使用

鼠标　　　　　　　**键盘**

打印机

计算机内核
中央处理器是计算机的大脑。其速度越快，计算机越强大。计算机可以同时使用多个中央处理器，如双核处理器和四核处理器。

计算机科学

　　简而言之，计算机是从输入设备获得一个输入指令，进而根据一系列的预设规则将之转变为输出指令的。计算机的最大优势在于它在程序化、重复性的操作方面可以比人类做得更快、更准确。

计算机代码

　　中央处理器只能处理由代码0和1组成的8位、16位、32位或64位数字序列。后来人们将较长的二进制代码简化为十六进制，组成一个含16个数字的计算系统，它们是数字0到9，之后用字母A到F来表示10到15。

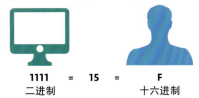

1111　=　15　=　　**F**
二进制　　　　　　　十六进制

互联网是如何工作的?

在计算机网络中,计算机彼此之间既可以相互连接直接通信,也可以经由其他计算机进行间接通信。互联网没有中心控制点,而是从源设备直接发送数据到接收端。

世界上最快的超级计算机运算速度可达每秒2×10^{17}次。

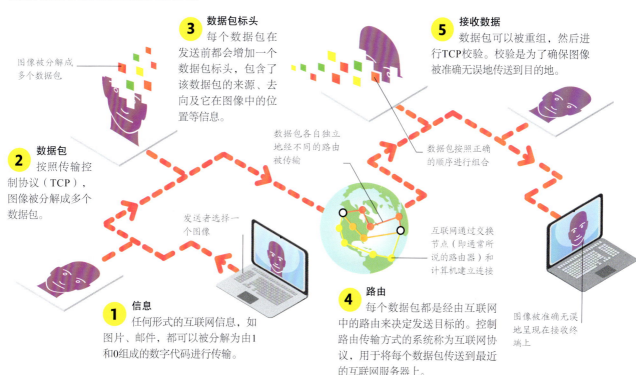

图像被分解成多个数据包

3 数据包标头
每个数据包在发送前都会增加一个数据包标头,包含了该数据包的来源、去向及它在图像中的位置等信息。

5 接收数据
数据包可以被重组,然后进行TCP校验。校验是为了确保图像被准确无误地传送到目的地。

2 数据包
按照传输控制协议(TCP),图像被分解成多个数据包。

数据包各自独立地经不同的路由被传输

数据包按照正确的顺序进行组合

发送者选择一个图像

互联网通过交换节点(即通常所说的路由器)和计算机建立连接

1 信息
任何形式的互联网信息,如图片、邮件,都可以被分解为由1和0组成的数字代码进行传输。

4 路由
每个数据包都是经由互联网中的路由来决定发送目标的。控制路由传输方式的系统称为互联网协议,用于将每个数据包传送到最近的互联网服务器上。

图像被准确无误地呈现在接收终端上

硬盘驱动器

大多数台式计算机都使用硬盘作为主要的存储媒介。每个硬盘驱动器都包含几个可以每分钟旋转几千转的磁盘。一些新近开发的计算机和智能设备也可使用固态闪存硬盘代替磁存储式硬盘来存储内存芯片上的数据。

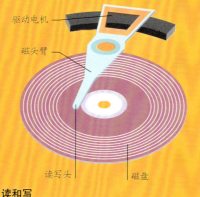

驱动电机

磁头臂

读写头

磁盘

读和写
磁盘可以通过读写头扫描来实现读写功能。电磁铁构成的读写头既能探测磁盘上的图案,也可以在磁盘上写入新的图案。

什么是字节?

计算机代码中的1位数字称为1比特。数据通常是以8比特作为1组,每8比特又形成1个字节。而4比特,即1个字节的一半,则称为半字节。

虚拟现实

多年以来，技术发展都不能满足用户对虚拟现实（VR）的预期，直到最近，虚拟现实技术的应用才在各行业和领域广泛发展。例如一款VR头戴设备可以通过很多情景模拟使用户沉浸其中，体验身处"幻境"的奇妙。

VR头戴设备的内部结构

这里的"虚拟"指某种东西并不真实，但可以被看见、操纵和与之互动，就好像它真实存在一样。VR头戴设备将屏幕放在用户的眼前，并用部分虚拟场景来填充用户的视野。当用户移动头部时，屏幕上的场景也会随之变换，使用户觉得他们的头部移动实现了这些改变，从而产生一种身临其境的感觉。

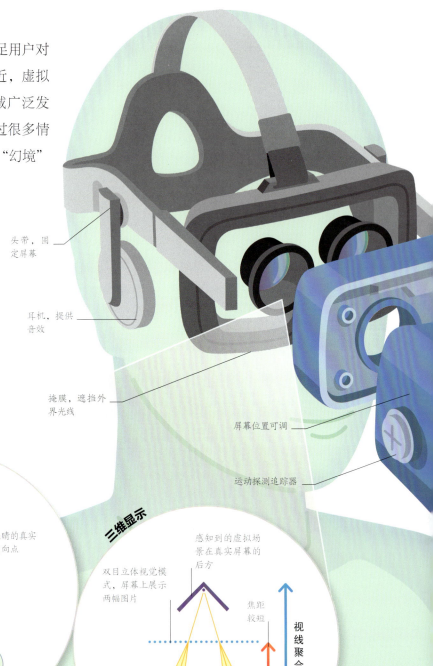

头带，固定屏幕

耳机，提供音效

掩膜，遮挡外界光线

屏幕位置可调

运动探测追踪器

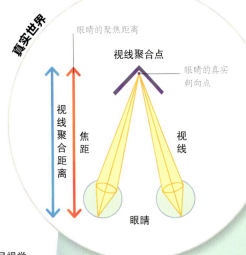

真实世界

眼睛的聚焦距离

视线聚合点

眼睛的真实朝向点

视线聚合距离

焦距

视线

眼睛

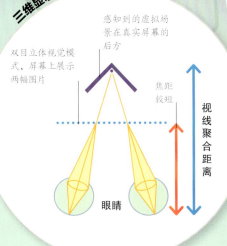

三维显示

感知到的虚拟场景在真实屏幕的后方

双目立体视觉模式，屏幕上展示两幅图片

焦距较短

视线聚合距离

眼睛

双目视觉
虚拟屏幕为每只眼睛各展示一幅图片，右眼看到的图片与左眼看到的图片相比稍微向右移动了一点。这种模式被称为双目立体视觉，它通过模仿人眼与人类视觉的立体感知过程，从两个视点同时观察同一景物，以获取不同角度下的图像，创造出三维虚拟幻象。

追踪技术

为了使用户在虚拟现实中获得更好的沉浸式体验，VR头戴设备可以追踪用户头部和眼部的运动，并随之改变展示在屏幕上的场景。这使得用户可以用一种更自然的方式在虚拟现实中到处看看。用户手臂和腿部的运动可以通过身体对红外光的反射信号进行追踪，从而为用户带来更多的互动式体验。

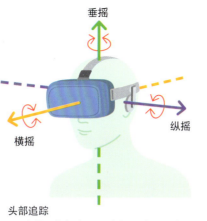

垂摇

横摇

纵摇

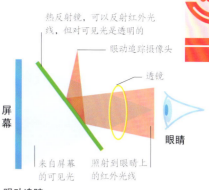

热反射镜，可以反射红外光线，但对可见光是透明的

眼动追踪摄像头

透镜

屏幕

眼睛

来自屏幕的可见光

照射到眼睛上的红外光线

头部追踪

VR头戴设备都内置了头部运动追踪功能，类似于智能手机可以实现垂摇、横摇、纵摇三个方向上的追踪。VR头戴设备可以更大尺度地对虚拟场景进行调节。

眼动追踪

通过捕捉人眼反射回来的红外光线，VR技术可以实现对眼部运动的实时追踪，从而呈现清晰的图像。

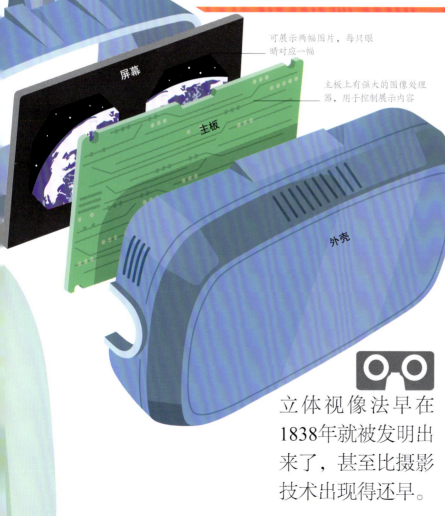

屏幕

可展示两幅图片，每只眼睛对应一幅

主板

主板上有强大的图像处理器，用于控制展示内容

外壳

立体视像法早在1838年就被发明出来了，甚至比摄影技术出现得还早。

改变观念

VR头戴设备是通过欺骗用户的知觉系统来工作的，用户体验到的是一个被计算机渲染过的三维空间。如同影像和声音一样，如果在手上或身体的其他部分增加触觉设备，用户将能感受到虚拟现实中的物体。

增强现实

增强现实运用了类似于虚拟现实的技术。在增强现实中，计算机产生的"增强"虚拟数字图是层套在真实场景上的，呈现出一种比以往肉眼看到的世界"增强"的效果。用户可以通过一个实时摄像头，如智能手机，来查看场景，或者通过透明的屏幕来查看，例如一副眼镜。

碳纳米管

碳纳米管是由只有几个纳米厚的碳原子层卷成的圆柱形结构。目前，碳纳米管的长度普遍在毫米量级，但是理论认为，更长的碳纳米管将是比钢铁还硬好几倍的物质，且具有如低密度之类的有用性质。

把一根能伸到月球那么长的碳纳米管卷起来，差不多像罂粟花种子那么大。

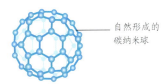

自然形成的碳纳米球

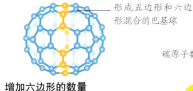

形成五边形和六边形混合的巴基球

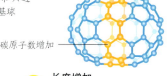

碳原子数增加

1 碳纳米管的生长
制备碳纳米管的方法之一是从一个自然形成的、包含60个碳原子的、被称作巴基球的球形开始生长。

2 增加六边形的数量
大部分巴基球是由六边形的碳原子构成的，其长度随六边形数量的增加而增加。

3 长度增加
由10个碳原子组成的连续碳环被增加到巴基球中。1毫米长的碳纳米管需要约100万个碳原子。

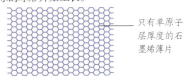

只有单原子层厚度的石墨烯薄片

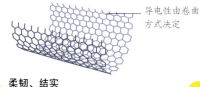

导电性由卷曲方式决定

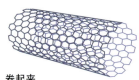

1 卷成碳纳米管
另一种制备碳纳米管的方法是将单原子层厚度的、被称为石墨烯的碳六元环薄片卷成。

2 柔韧、结实
在所有方向上，石墨烯都是非常柔韧的，这意味着它在各个方向都很容易被弯折和卷曲。

3 卷起来
将单层片状石墨烯卷起，就形成了单壁碳纳米管。多壁碳纳米管可以通过将一根单壁碳纳米管嵌套在另一根中获得。

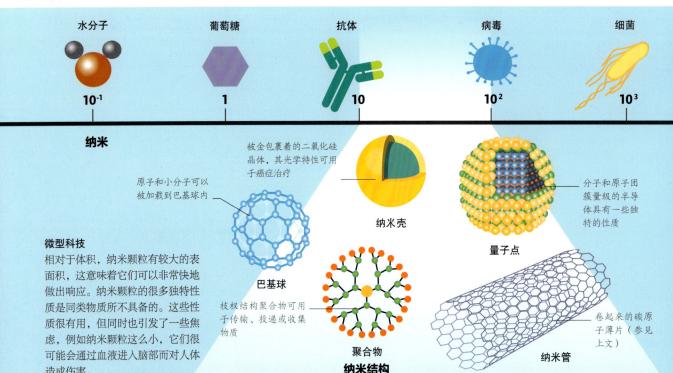

水分子　　　葡萄糖　　　抗体　　　病毒　　　细菌

10^{-1}　　　1　　　10　　　10^2　　　10^3

纳米

被金包裹着的二氧化硅晶体，其光学特性可用于癌症治疗

纳米壳

原子和小分子可以被加载到巴基球内

巴基球

分子和原子团簇量级的半导体具有一些独特的性质

量子点

枝杈结构聚合物可用于传输、投递或收集物质

聚合物

纳米结构

卷起来的碳原子薄片（参见上文）

纳米管

微型科技
相对于体积，纳米颗粒有较大的表面积，这意味着它们可以非常快地做出响应。纳米颗粒的很多独特性质是同类物质所不具备的。这些性质很有用，但同时也引发了一些焦虑，例如纳米颗粒这么小，它们很可能会通过血液进入脑部而对人体造成伤害。

纳米科技应用

纳米科技有望给未来的建筑、医疗和电子学带来改变。一种理论认为，微小的纳米机器人有望进入人体，实现药物的精准投递。同时，人们认为纳米尺度的工具可以精确地操纵一个个分子组装成物体。这些技术研究已经进行数十年了，而纳米材料也已部分投入使用。例如，防刮玻璃表面就是通过一层只有几纳米厚且透明的硅酸铝纳米颗粒进行强化的。

透明的防晒霜

氧化锌和氧化钛纳米颗粒常被用于防晒霜中。这些微小的晶体颗粒可以散射有害光线，保护皮肤。

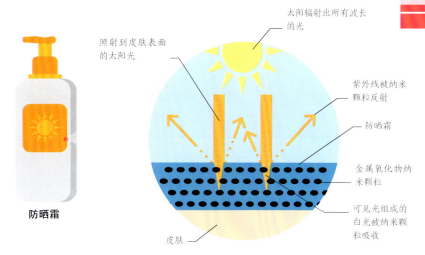

防晒霜

太阳辐射出所有波长的光
照射到皮肤表面的太阳光
紫外线被纳米颗粒反射
防晒霜
金属氧化物纳米颗粒
可见光组成的白光被纳米颗粒吸收
皮肤

有机发光二极管电视

有机发光二极管通过给一层分子通电而发光，它很薄，且比较柔韧。

微型电脑

用碳纳米管作导线，可以和量子点整合成微型芯片，用于构建更小、更强的微型电脑。

巨型建筑结构

添加到建筑材料中的碳纳米管可以增加建筑材料的强度。将来，这种添加了碳纳米管的材料可用于制备巨型建筑结构。

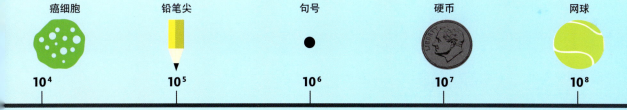

癌细胞	铅笔尖	句号	硬币	网球
10^4	10^5	10^6	10^7	10^8

纳米科技

器件小型化一直是工程领域的目标之一。纳米科技的目标就是通过单原子和分子尺度的自组装来构建微型机器。

纳米尺度

纳米是一个长度单位。10亿纳米为1米，而一个句号的大小大约是100万纳米。纳米机器或纳米机器人在理论上是能够在纳米尺度上执行操作的，并且它们的宽度大约在10~100纳米之间。

有用的DNA

DNA的一个有用特性是它可以进行自我复制，即以一条DNA链作为模板可复制出另一条新的DNA链。这种自我复制的特性有望被用于制备由DNA组成的纳米器件。理论上，这种DNA组成的纳米器件可通过形变来实现像机器一样工作。

机器人和自动化

机器人是人们为了执行复杂动作而制造的。它可以由人远程操控，但通常都设计为自动化。

什么是机器人？

机器人的不同组件可以在不同方向上独立移动，这使机器人可以替代人类执行某些动作和完成复杂任务。机器人目前主要应用于相较于人类有明显优势的领域，比如处于高危环境和需要重复操作的工作。

重复性任务

机器人可以通过程序设定来一遍又一遍地重复同一工作。机器人永远不会累或感觉无聊，但是缺点在于，当遇到意料之外的事件时，机器人无法自动地做出响应和调整自己的动作。

人类是否会被机器人取代？

机械化的机器人是为少数特殊任务而设计的。到目前为止，我们所制造出来的机器人还远不如人类这般多才多艺。

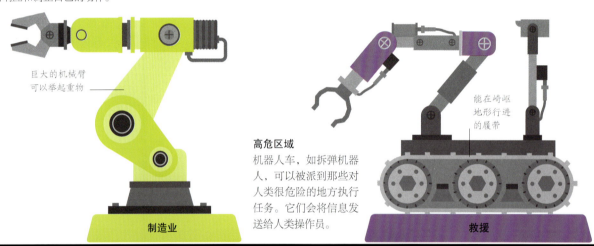

巨大的机械臂可以举起重物

制造业

高危区域

机器人车，如拆弹机器人，可以被派到那些对人类很危险的地方执行任务。它们会将信息发送给人类操作员。

能在崎岖地形行进的履带

救援

仿真机器人Actroid

许多工程师都试图制造一个能模仿人类行为的机器人。最近在本领域的一个进展是Actroid的诞生。它是栩栩如生、具有柔软皮肤，并能够识别和回应人类语言及面部表情的高仿真机器人。但是，设计师不得不与恐怖谷理论（The Uncanny Valley）抗争。该理论指出，当机器人与人类的相似程度超过一定范围时，机器人就会给人带来奇怪，甚至恐怖的感觉。

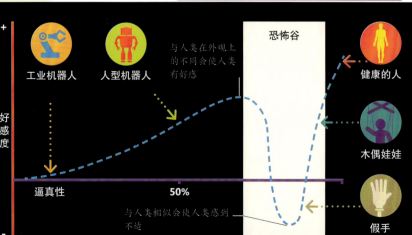

+

工业机器人

人型机器人

与人类在外观上的不同会使人类有好感

恐怖谷

健康的人

好感度

木偶娃娃

逼真性

50%

与人类相似会使人类感到不适

假手

-

步进马达

机器人关节的弯曲或旋转都依赖于一种被称为步进马达的电机。该电机含有很多电磁铁，每个电磁铁都能使转轴以非常小的幅度转动。因此，电机可以实现非常精确的转动。

磁铁的开关推动转轴转动

转轴

齿轮受到磁铁的吸引力

好奇号火星探测车可以使7米之外的样品蒸发，进而用于分析和研究。

宇宙探测

科学家所使用的火星探测车等机器人可用于探测宇宙。它们既可以按照操作者的指定路线行进，也可以自主地回避某些危险。

精密仪器

手术机器人能够在人类医生指导下或根据预先设定的程序来实现非常精准的切割和其他操作。

用于信息交流的屏幕

技术含量较低的工作

尽管设计出一个能够像人类一样工作的机器人是很困难的，但是清洁和搬运等这类技术含量较低、含大量重复操作步骤的工作在未来很可能会被机器人取代。

立体相机捕捉三维图像

探测

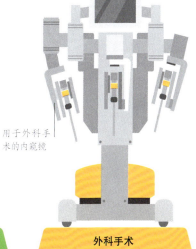

用于外科手术的内窥镜

外科手术

技术含量较低的工作

无人驾驶汽车

能自动沿着道路行驶并对周围环境进行响应的汽车也是一种机器人。机器人元件仅可以操纵转向和油门，但无人驾驶汽车的成功之处在于它可以感知所处的位置和道路环境、自动规划路线并控制车辆到达预定目的地。它是利用多种车载传感器来全面感知车辆周围环境的。

雷达

摄像头

激光雷达

规划路线

乘客可以用全球定位系统（GPS）来选择路线，然后，无人驾驶汽车就会知道行进过程中可能会遇到的十字路口和路况。

摄像头

用于探测车道、路标和其他道路标记。

雷达

识别方向、运动物体的速度和静止物体。

激光雷达

基于激光的雷达探测器可以计算出物体的大小和形状。

人工智能

智力可以看作一种根据当前条件做出合适决定的能力。计算机科学的目标之一就是制造人工智能设备。

是强？是弱？
目前，绝大部分的人工智能技术都很薄弱，无法实现超出人类创造者设定范围的功能。未来的人工智能技术会有更多样化的潜能，几乎可以做任何人类大脑能够做的事情。它甚至可能会聪明到懂得去学习未知的新事物。

人工智能会全面取代人类吗？

人工智能在任何时候都不太可能会比人类更聪明，但将来人类可能会依赖人工智能做决定，尽管我们目前还不了解这将如何做到。

专家系统
国际象棋计算机就是一种专家系统。它通过由人类国际象棋专家编译的数据库来决定每一步该怎么走。

语音识别
声控小助手可以学会识别语音信息、分析语义，并以最优的词语组合给出回应。然而，它并不能真正理解这些词语的意思。

广义人工智能
沃森（Watson）是IBM公司制造的计算机问答系统。基于同样的框架原则，它可以回答从娱乐节目到医疗建议等涉及面非常广的一系列问题。这可能是目前应用中的最接近我们理解的广义人工智能了。

狭义人工智能
推荐引擎，如社交媒体中的新闻推送，就是狭义人工智能。它能够自动搜索并选择那些与我们浏览过的内容密切相关的信息进行推送。

弱

量子计算
未来的人工智能可能需要借助量子计算。它是一种能够更快、更好地处理数据的新型处理器，其运行速度甚至会比目前所有的超级计算机还要快。

强

人工智能的类型

关于人工智能，最通俗的理解为它是一种具有类似人类智能的非人类机器。然而，人工智能在一段时间内还不太可能像人类一样工作。目前，人工智能的应用主要集中在少数非常具体的任务领域。但是，在这些特定领域，人工智能往往能够比人类更快、更准确地完成任务。

机器学习

机器学习指允许计算机系统根据新情况进行自动学习并调整自身行为。这里涉及人工神经网络的概念。人工神经网络是受生物大脑中关联细胞的启发而设计出来的，能够通过处理信息来学习，并基于此做出预测。当它出错时，自身会及时调整以使下一次做出更好的预测。

试错

在受监控的机器学习期间，由人类创造者告知该系统输出的结果是否正确。系统根据这些结果调整网络节点的权重或偏差，以获得正确的输出。

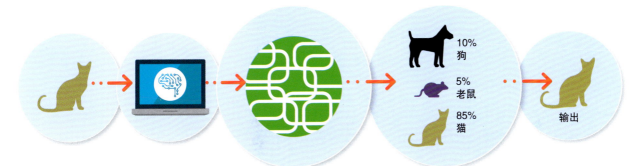

1 输入
系统将一幅以不同颜色深度的像素点排列的图像输入人工神经网络。

2 学习
计算机的目标是识别由这些像素点组成的图像和什么动物相关。最开始只是随机猜测。

3 分析
与像素点相关的数据通过神经网络层。每一层都学习到更多关于这些像素点的细节。

4 机器学习
在学习了很多图像的像素点之后，神经网络能够更准确地识别出该图像的像素点代表的是狗、猫或老鼠。

5 投入使用
人工智能系统完成学习之后，这些习得的信息可自动用于分析图像或学习其他任务。

图灵测试

艾伦·图灵是计算机科学的鼻祖之一，他提出了著名的图灵测试，用于人类（测试者）判断机器（被测试者）是否具有人类智能。

盲测

盲测是指测试者不能看到被测试者。在更精细的测试中，测试者会向被测试者展示图片并进行交谈。

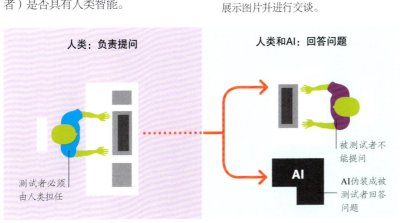

人类：负责提问

人类和AI：回答问题

测试者必须由人类担任

被测试者不能提问

AI伪装成被测试者回答问题

量子比特

经典计算机使用二进制数字（比特）来存储数据，一次只能存储一位数据，即1或0。量子计算机则使用量子比特来存储数据，每次可以存储两位数据。量子计算机的强大之处在于可以把这些量子比特联合起来使用。一个32位量子比特的处理器一次可以处理4,294,967,296比特数据。

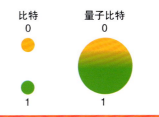

比特
0

量子比特
0

1

1

波

波指振动的传播，或自然界中有节奏的波动。光和声都是波，虽然它们的形式不同，但有一些特征和行为是波所共有的。

波的类型

波是能量从一个地方转移到另一个地方。所有的波都表现出振荡运动的基本行为，这种运动有三种类型：一是声波这类的纵波；二是光和其他辐射类型的横波，传播不需要介质；三是例如海浪这样较为复杂的波，被称为表面波或地震波。

表面波

表面波中的水并不会随波浪一起向前移动。表面波只是把波形传递到附近的水面，在水面上形成等高的波峰和波谷，并以环状形式传播出去。

在水平线之上形成波峰

在水平线之下形成波谷

波的传播方向

水分子围绕一个固定点转动

海浪从何而来？

海浪是由海洋上的风产生的波浪。当风吹起时，风所带来的压力及摩擦力对海洋表面的平衡产生扰动，风把一些能量转移到水面上，将水推入波峰，水波又产生更多的风。

空气分子扩散出去，形成低压区域

船笛

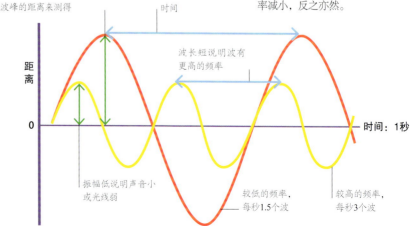

波的测量

所有的波，无论什么形式都可以用同一套参数来测量。波长是波在一个振动周期内传播的距离。测量波长最简单的方法是测量从一个波峰到下一个波峰的距离。波的频率指每秒钟波的振动次数，其测量单位是赫兹。振幅等于波的高度，它体现了波的能量或一段时间内波传播能量的多少。

振幅可以从波动中心线到波峰的距离来测得

波长长说明完成一个周期需要更长的时间

波长短说明波有更高的频率

波的各参数间的关系

如果波速是常数，波长增加则频率减小，反之亦然。

距离

0

时间：1秒

振幅低说明声音小或光线弱

较低的频率，每秒1.5个波

较高的频率，每秒3个波

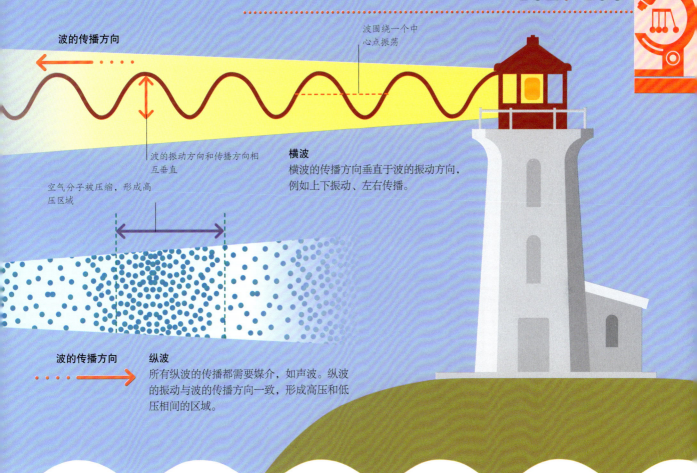

波的传播方向

波围绕一个中心点振荡

波的振动方向和传播方向相互垂直

横波
横波的传播方向垂直于波的振动方向，例如上下振动、左右传播。

空气分子被压缩，形成高压区域

波的传播方向

纵波
所有纵波的传播都需要媒介，如声波。纵波的振动与波的传播方向一致，形成高压和低压相间的区域。

波的传播

如果没有屏障，从波源发出的波可以向各个方向传播。波的强度或其中聚集的能量，自其离开波源之后会迅速减小。

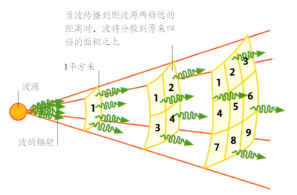

当波传播到距波源两倍远的距离时，波将分散到原来四倍的面积之上

1平方米

波源

波的辐射

递减效应
离开波源之后，波的强度会迅速减小。当传播到离波源三倍远的地方时，波的强度已降低到一倍距离时的九分之一。当传播到离波源一百倍远的地方时，波的强度降低到一倍距离时的万分之一。

浪花

当海浪登陆浅滩后，由于海水变浅，海浪不能形成一个完整的循环，翻滚的海水会形成一个更高、更大的波峰，海浪因此变得头重脚轻，进而破碎。

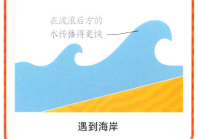

在波浪后方的水传播得更快

遇到海岸

从无线电到伽马射线

　　我们周围所见的一切都是可见光以波的形式抵达人眼形成的，但可见光只是电磁波宽广波谱中的一部分。电磁波可以将能量从一个地方传递到另一个地方。

电磁辐射

　　能量可以通过电磁辐射来传递。它们以波的形式左右或上下振动。波的两个分量以同相位振动，它们的波峰和波谷以规则的方式传播，且彼此对齐。波的长度可以变化，但是，波在真空中以光速传播。

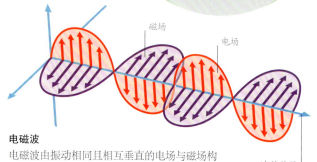

电磁波
电磁波由振动相同且相互垂直的电场与磁场构成，在空间中以波的形式传递能量和动量，其传播方向垂直于电场与磁场构成的平面。

微波是否危险？

　　强微波可能会烧伤人体，但是弱微波则是无害的。微波炉产生的微波主要集中在内部。

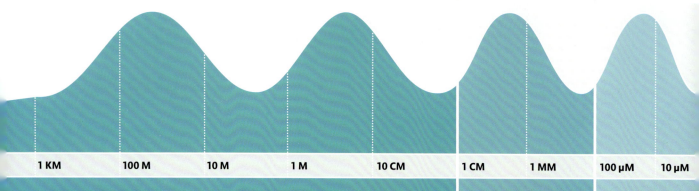

无线电波					微波		红外线	
1 KM	100 M	10 M	1 M	10 CM	1 CM	1 MM	100 μM	10 μM

电磁波波谱

　　我们平时看到的电磁波是可见光。它由一系列颜色的光组成，每个颜色都有特定的波长，范围介于红光和紫光之间。但实际上，电磁波波谱的范围远远超出可见光范围。长波长电磁波的范围从携带热能的红外线扩展到微波和无线电，而短波长电磁波的范围则可以从紫外线扩展到X射线和伽马射线。

射电望远镜
射电望远镜是一个专门的（如蝶形）天线和无线电接收器，在射电天文学中用来接收从遥远星系发射出来的无线电波。

微波炉
微波炉利用高能量的微波促使食物里面的水分子剧烈运动，从而加热食物。

远程控制
遥控器使用红外线脉冲辐射来传播数字控制的代码。

数字无线电

模拟无线电广播将基础的波形叠加到普通的无线电波中。不同的无线电波间可能会相互干扰，使模拟无线电广播失真。数字无线电广播则将声音信号转换为数字代码之后再传播。只要数字代码可以通过传输，就可以被转换成清晰的信号。

高音质

声波在传输之前先被转换为数字流。数字接收器接收到数字流之后对其进行解码，将它转变为可以驱动扬声器的形式播放。

光在真空中的传播速度是每秒299792458米。

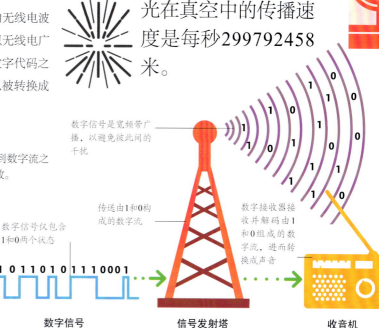

数字信号是宽频带广播，以避免彼此间的干扰

传送由1和0构成的数字流

数字接收器接收并解码由1和0组成的数字流，进而转换成声音

不断变化的声音被捕获为模拟信号

声音通过模数转换器转变为数字信号

数字信号仅包含1和0两个状态

1 0 1 1 0 1 0 1 1 1 0 0 0 1

声源　　　　声波　　　　　　数字信号　　　　信号发射塔　　　　收音机

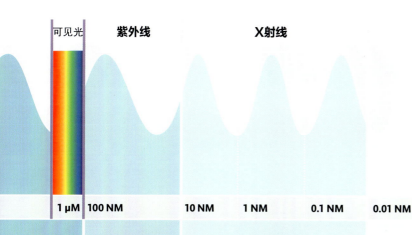

可见光	紫外线	X射线			伽马射线			
1 μM　100 NM	10 NM	1 NM	0.1 NM	0.01 NM	0.001 NM	0.0001 NM	0.00001 NM

波长

人眼
人眼能感应到的只是波谱中很窄范围内的一些波。

消毒
某些波长的紫外线可以用于杀死细菌，达到消毒的目的。

牙科X射线
短波长的X射线可以透过肌肉组织并探测其内的牙齿结构。

核能
核反应中的伽马射线可用于发电。

电磁辐射应用
19世纪80年代之前，被发现的电磁辐射形式还仅限于红外线、可见光和紫外线。但是，现代科技已经可以探测整个电磁频谱了。

颜　　色

　　颜色是眼睛对光的视觉效应。我们所感知到的颜色取决于眼睛所探测到的光线的波长。

可见光谱

　　人眼能探测到的光的波长在400到700纳米之间。该范围内所有波长的光混合后呈现出白色，称为白光。当不同波长的光被单独分离出来后，人脑将它们归属到全色光谱中与之对应的颜色。红光的波长最长，而紫光的波长最短。

分解白光

白光中不同波长的光可以通过折射进行分解。不同波长的光，折射率不同。当白光通过玻璃三棱镜时，各颜色的光因不同的折射率而分解开来，形成"彩虹"。

为什么一到晚上我们眼里的世界就失去了色彩?

夜间光线太暗，人眼中负责彩色视觉的视锥细胞不能很好地工作。但是，此时负责非彩色视觉的视杆细胞的敏感度却有所增强，可以区分明暗。

红光的折射最小

红
橙
黄
绿
蓝
靛
紫

白光射入玻璃三棱镜

玻璃三棱镜

彩色视觉

　　人眼是通过对三种不同颜色的光敏感的三种细胞来创造彩色图像的，这些细胞由于形状是锥形而被称作视锥细胞。视网膜中的视锥细胞含有对特定波长的光敏感的化学色素。一旦被触发，它们就会向神经系统发射信号。人脑接收到红光、绿光和蓝光的信号并进行混合，就产生了对应于某一种颜色的感觉。例如，从绿光和红光视锥细胞来的信号混合后会形成黄色的感觉。所有视锥细胞感知到的信号混合后则表现为白色；反之，如果没有任何　种视锥细胞接收到信号，则人脑感知为黑色。

光传感器

这些视锥细胞是人眼中的光传感器。视网膜的所有部位都包含这三种类型的视锥细胞，但是大多数视锥细胞都分布在眼球中央正后方的瞳孔周围，这里是图像细节形成的区域。

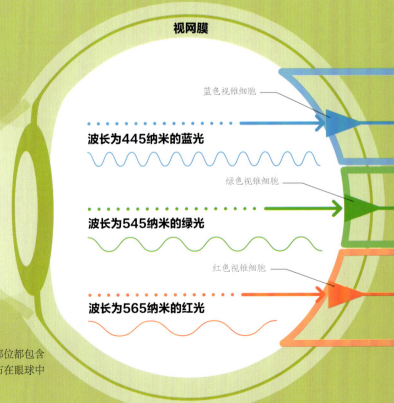

视网膜

蓝色视锥细胞

波长为445纳米的蓝光

绿色视锥细胞

波长为545纳米的绿光

红色视锥细胞

波长为565纳米的红光

蔚蓝的天空

天空看起来很蓝，这是因为大气分子对波长较短的蓝光的散射能力大大强于对其他波长较长的光，这种散射是沿各个方向发生的，其中部分经散射的光子射入我们的眼睛，我们就看到了蓝天。紫光也会被散射，但是只有少部分散射后到达人眼，且人眼对紫色本就不敏感天空是蓝色的。

白光进入大气层　大气分子散射蓝光

地球的大气层

洋红色并不是天然彩虹色的构成部分，但当眼睛探测到红光和蓝光时，却可以合成洋红色

蓝色

蓝绿色

绿色

黄色

红色

洋红色

混合色

当光线照射到物体上时，光线可以被吸收或反射。大脑根据反射的光线来给物体分配特定的颜色。例如，香蕉反射黄光而吸收其他颜色的光。这就是所谓的减色法，即利用光波的反射与吸收来获得色光。制造彩色墨水和颜料就常用这种方法。而加色法则与之相反，它指由不同颜色的光叠加混合形成新的颜色，例如舞台灯光的投放。

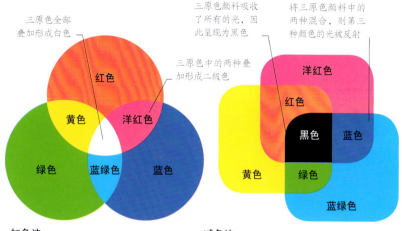

三原色全部叠加形成白色

三原色颜料吸收了所有的光，因此呈现为黑色

将三原色颜料中的两种混合，则第三种颜色的光被反射

三原色中的两种叠加形成二级色

红色　黄色　洋红色　绿色　蓝绿色　蓝色

洋红色　红色　黑色　蓝色　黄色　绿色　蓝绿色

加色法

加色法使用添加色光的方法来改变透射光的颜色。红、绿、蓝是三原色。三原色中的两种叠加形成二级色。若将三原色全部叠加则形成白色。

减色法

在减色法中，蓝绿色、洋红色和黄色颜料被用来产生反射光，每种颜料吸收一种原色光并反射其他两种原色光。添加另一种颜料就会将反射光减少到只有一种原色。

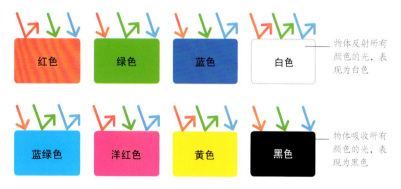

红色　绿色　蓝色　白色

物体反射所有颜色的光，表现为白色

蓝绿色　洋红色　黄色　黑色

物体吸收所有颜色的光，表现为黑色

反射光

当我们看到一个物体时，它总是表现为某种特定的颜色。这取决于材料的本来性质，即什么波长的光会被吸收和什么波长的光会被反射而到达人眼。

虾蛄身上有12种光线接收器，它可以看到从紫外线到近红外线范围内的所有光。

反射镜和透镜

光在同种均匀介质中沿直线传播，但是光传播到两种不同介质的分界面上时，会发生反射和折射现象，光的传播方向发生改变。反射镜和透镜就是利用这两个效应来改变和控制光的传播方向的。

海市蜃楼

海市蜃楼，简称蜃景，是自然发生的光学现象。比如夏季沙漠中由于折射率分布不均而出现闪光的湖水。这些"水"实际上是来自天空的强光被地面上的热空气层折射回来进入人眼而形成的虚像。

光的反射

光在两种物质分界面上改变传播方向又返回原来物质中的现象被称为光的反射。反射光线与入射光线、法线在同一平面上；反射光线和入射光线分居在法线的两侧；反射角等于入射角。其中，法线通常用一条垂直于反射平面的虚线表示。根据反射表面的粗糙度不同，又可分为漫反射和镜面反射。漫反射是指平行光线入射到凹凸不平的表面上时，反射光线射向各个方向。绝大部分物体表面形成的反射都属于这一类。镜面反射是指平行光线入射到光滑表面上时，反射光线也是平行的。

钻石为何闪闪发光?

切割后的钻石之所以闪闪发光是因为它们的表面被切割出许多角度，使任何入射到钻石表面的光都能被反射出去。

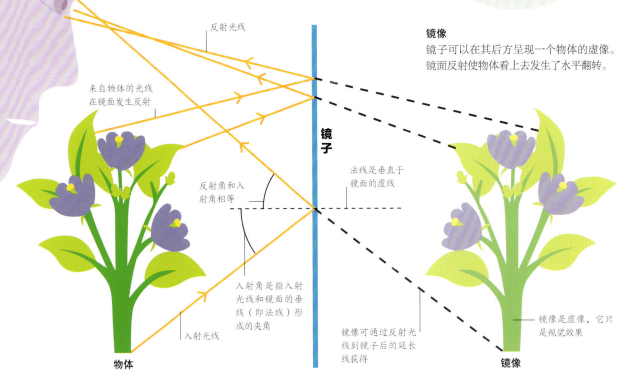

反射光线

来自物体的光线在镜面发生反射

镜子

镜像

镜子可以在其后方呈现一个物体的虚像。镜面反射使物体看上去发生了水平翻转。

法线是垂直于镜面的虚线

反射角和入射角相等

入射角是指入射光线和镜面的垂线（即法线）形成的夹角

入射光线

物体

镜像可通过反射光线到镜子后的延长线获得

镜像是虚像，它只是视觉效果

镜像

光的折射

光的折射是指光从一种介质进入另一种介质时，光的传播方向发生改变，或在同一种介质中传播，由于光束中不同部分光的折射率不同而使光的传播方向发生偏离的现象。

彩虹是光被空气中的小液滴反射和折射后，不同波长的光发生分解的结果。

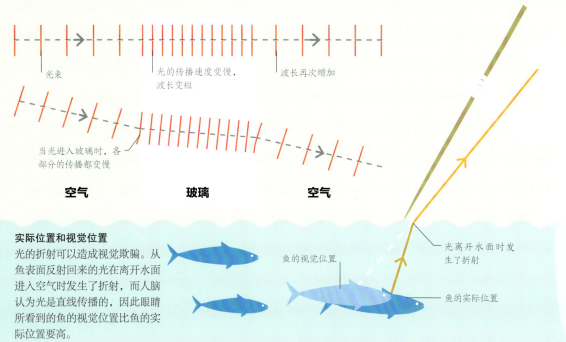

光束

光的传播速度变慢，波长变短

波长再次增加

当光进入玻璃时，各部分的传播都变慢

空气　　**玻璃**　　**空气**

光离开水面时发生了折射

实际位置和视觉位置
光的折射可以造成视觉欺骗。从鱼表面反射回来的光在离开水面进入空气时发生了折射，而人脑认为光是直线传播的，因此眼睛所看到的鱼的视觉位置比鱼的实际位置要高。

鱼的视觉位置

鱼的实际位置

聚光

由一块透明玻璃构成的透镜可以通过折射来改变光的传播方向。透镜表面是曲面，光通过透镜产生的折射也是各不相同的。透镜主要可分为两种：凸透镜（可以汇聚光线）和凹透镜（可以分散光线）。

凸透镜
平行光线通过凸透镜后，可在透镜的另一侧沿光线汇聚为一点，称为焦点。凸透镜和焦点之间的距离称为焦距。凸透镜可用于将小物体放大（参见第113页）。

凹透镜
凹透镜可使光线分散，因此平行光线看起来就像来自凹透镜之后的一个点，称为焦点。凹透镜可用于制造近视眼镜的镜片。

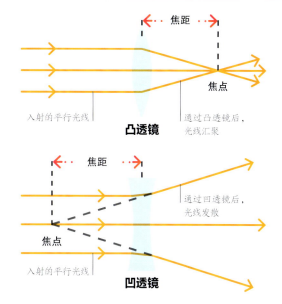

焦距

入射的平行光线

焦点

通过凸透镜后，光线汇聚

凸透镜

焦距

通过凹透镜后，光线发散

焦点

入射的平行光线

凹透镜

激光器

　　激光器是一种能产生强光束的装置。激光器产生的激光是相互平行且相干的，也就是说，激光中的光波是线性排列且彼此相连的，从而使激光的精度高、功率大。

激光

　　在晶体激光器中，光被引入一个人造晶体，如红宝石制作的导管。导管中的原子吸收这些能量并重新发射光子，附近的原子也都发射出光子并进入到光线中，且所有这些光子都有特定波长。光子在位于导管两端的镜子间来回反射，直到强度增大到能够从导管中逃逸出来形成一束很窄的光线，其强度甚至足以给钻石打孔。

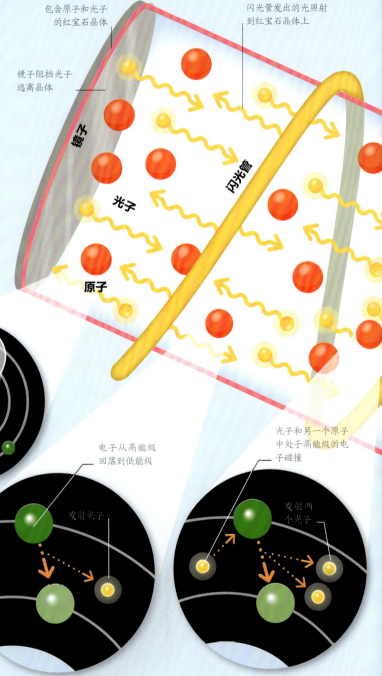

包含原子和光子的红宝石晶体

闪光管发出的光照射到红宝石晶体上

镜子阻挡光子逃离晶体

镜子

闪光管

光子

原子

电子

原子核

高能电子壳层

低能电子壳层

原子

电子从高能级回落到低能级

光子和另一个原子中处于高能级的电子碰撞

高能级

光子被吸收

电子从低能级跃迁到高能级

低能级

发射光子

发射两个光子

1　形成激发态
　　当原子吸收一个光子后，一个电子会从低能级跃迁到高能级，形成激发态。处在激发态的原子是不稳定的。

2　能量过剩
　　这些被激发的电子只能在高能级待上几毫秒，然后会释放出吸收的光子并回落到低能级。这些被释放的光子具有特定的波长。

3　充分释放
　　已经处在高能级的电子和其他光子碰撞，使每个电子都能释放出两个光子，而不是一个。这一过程被称为受激辐射。

激光应用

激光已被证明是现代世界用途最为广泛的发明之一。现今，激光在日常生活中有着非常广泛的应用，从卫星通信这样的特定领域到超市商品条形码扫描这样普通的日常应用，都离不开激光。

激光打印
激光通过将静电分散到纸上、吸引墨粉来实现打印功能。

烧录数据
光盘中的数据可以通过激光刻蚀编码图案的方式进行烧录。

闪光效果
舞台现场可以通过激光营造灯光氛围。

低　　　　中　　　　高

激光强度

医疗
在外科手术中，激光可以取代传统的手术刀切除或破坏组织。

切割材料
强激光可以用于切割硬度较高的材料。

精密测量
精密激光可用于精确的距离测试。

激光的功率有多强？

2015年，日本发明的一种激光设备可以生成2佩塔瓦激光波，几乎和同时间全世界的平均耗电量相等。

当更多的受激电子发射出更多的光子后，红宝石晶体中的光子数量增加

激光束包含特定波长的光子，它们相互平行且相继发射出来

光子在红宝石晶体的长轴方向来回反射

部分镀银的镜子

 4　光放大
一个受激光子每次都可以激发出两个光子，使光放大。这些光子在导管中来回反射。

 5　激光束逃逸
部分镀银的镜子使一些光子逃逸出晶体，并以一种能量非常集中且相干的形式形成激光束。

光学应用

光的行为，如反射和折射，有着很多强大的应用，使我们可以超越人眼极限来观察世界。

光的实践应用

光学仪器可用于观察超越人眼所见极限的微小物体，以反看清楚远处物体的细节。它们是通过收集物体反射回来的光线来看清物体的。对人眼而言，这些物体反射回来的光线呈现出的微弱图像太小而无法看清，但光学仪器可以收集到更多的光线使图像变亮，再用透镜放大到可以看清。

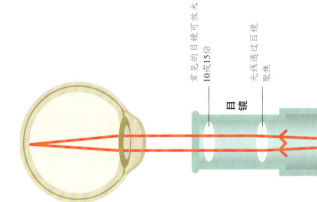

目镜

常见的目镜可放大10或15倍

光线通过目镜聚焦

光线交叉，成像翻转

旋钮

旋钮可用于调节镜筒到样品的距离，离样品距离越近则放大倍数越低。

不同放大倍数的物镜可以通过旋转来选择和定位。

光纤

超高速光缆是通过编码玻璃质光纤中的光脉冲来传送信号的。光线通过光纤内表面的全反射来传播。其中，光脉冲密度大大，光将不能反射，而是折射出光纤。

超高速光缆是通过编码玻璃质光纤中的光脉冲来传送信号。其中，光脉冲密度大，光将不能反射，而是折射出光纤。

表面的反射角度至关重要：如果入射角度大大，光将不能反射，而是折射出光纤。

多路复用

一根光纤中可传输多种不同波长（不同颜色）的光信号。

图例

● 光信号1
● 光信号2

干涉

和所有的波一样，光波会彼此干涉。当两束光波相遇时，如果这两束光波是同相位的，即它们的波峰（或波谷）位置完全一致，则它们可以相互加强，从而形成一束更强的光波；反之，如果两束光波是反相位的，即波峰对波谷，则它们会相互抵消。这种干涉效应会形成一定的图案，如在油上看到的彩色涡旋花纹就是光波相互干涉的结果。

两束光波同相位

相长干涉

两束光波反相位（即呈180°）

相消干涉

望远镜

天文望远镜用透镜和反射镜收集远处星体的光。地球上的望远镜使用透镜组收集到的星体图像是向上翻转的。

双筒望远镜

双筒望远镜是将两个相同或者镜像对称的望远镜并排连在一个架子上。使它们始终对准同一方向而成的望远镜。光线透过较宽的主镜后，被内部的反射镜反射并通过放大镜头进入人的眼睛。

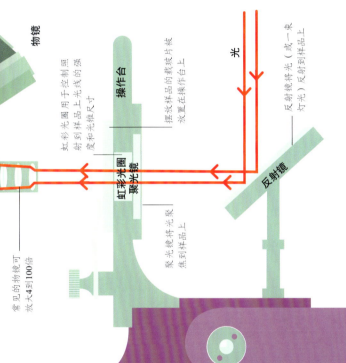

物镜

常见的物镜可放大4到100倍

虹彩光圈用于控制照射到样品上光线的强度和光锥尺寸

操作台

摆放置样品的载玻片被放置在操作台上

光

反射镜将光（或一束可见光）反射到样品上

虹彩光圈
聚光镜

聚光镜将光聚焦到样品上

反射镜

光学显微镜

光学显微镜可以收集和放大从样品传来的光。来自样品的光可以从选择的物镜进入。

加那利大型望远镜是

位于西班牙拉帕尔玛岛上由36个小镜片拼接而成、口径达10.4米的大型反射望远镜。

真实蜜蜂反射的光线

进入透镜

虚拟光线产生了一个放大的蜜蜂

虚像

蜜蜂

透镜

透镜改变了到达眼睛的光线的角度

更大的图像

观察者之所以看到一幅放大的图像是因为人脑总是认为光线是直线传播而来的。

物体是如何被放大的？

绝大部分装在显微镜下的都是凸透镜（参见第109页），用于形成样品的放大图像。如果物体被放置于透镜和其焦点之间，来自物体的光线就会在凸透镜的另一侧汇聚。增加透镜的曲率，则透镜的焦距会减小，结果，透镜的放大倍率就会增大。

声　音

　　声音的传播在本质上是声波的传播过程，其传播需要媒介，如空气。声波不同于光波和无线电波，声波是纵波，通过压缩和膨胀形成纵向波纹，从声源向外传播。

压力波

　　声波由于介质受到机械性压缩和膨胀作用而形成。例如，锥形扬声器中就使用一个电信号来驱动锥形振动膜高速来回地运动，从而带动周围空气来回运动，形成声音。每次推拉都会产生一组压缩和膨胀的波纹，并通过空气传递出去。每个运动周期中，锥形振动膜振动的幅度越大，其对空气产生的压力也越大，空气分子被压缩的程度也越大，因此声音就越大。

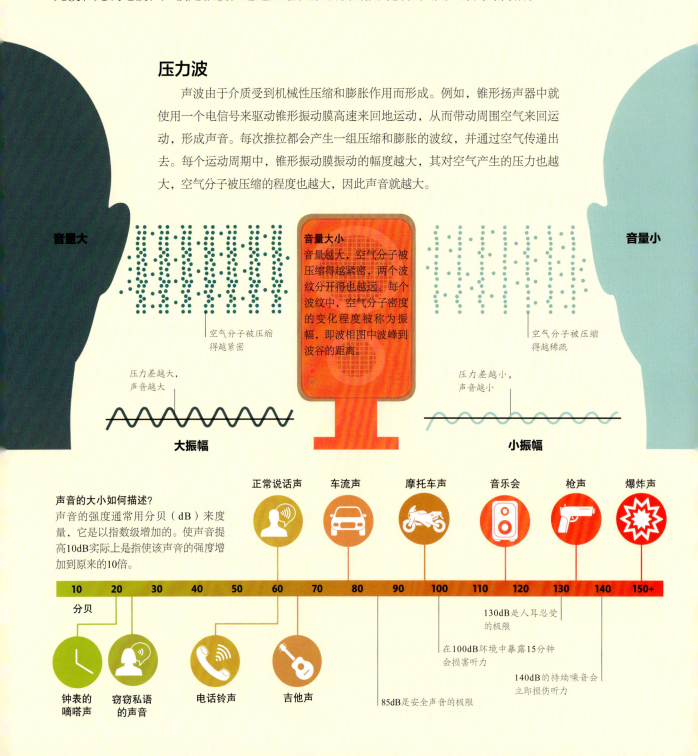

音量大

空气分子被压缩得越紧密

压力差越大，声音越大

大振幅

音量大小
音量越大，空气分子被压缩得越紧密，两个波纹分开得也越远。每个波纹中，空气分子密度的变化程度被称为振幅，即波相图中波峰到波谷的距离。

音量小

空气分子被压缩得越稀疏

压力差越小，声音越小

小振幅

声音的大小如何描述？
声音的强度通常用分贝（dB）来度量，它是以指数级增加的。使声音提高10dB实际上是指使该声音的强度增加到原来的10倍。

正常说话声　车流声　摩托车声　音乐会　枪声　爆炸声

| 10 | 20 | 30 | 40 | 50 | 60 | 70 | 80 | 90 | 100 | 110 | 120 | 130 | 140 | 150+ |

分贝

130dB是人耳忍受的极限

在100dB环境中暴露15分钟会损害听力

140dB的持续噪音会立即损伤听力

钟表的嘀嗒声　窃窃私语的声音　电话铃声　吉他声

85dB是安全声音的极限

多普勒效应

声波在空气中的传播速度是1238km/h，这已经很快了，但听者实际接收到的声波速度还受到声源相对于听者移动速度的影响。如果一辆鸣笛的车向听者迎面驶来，由于传播声波的空气受到挤压而变得更加稠密，那么听者接收到的声波频率相对于声源频率会被提高。相反，当车辆往远离听者的方向驶去时，传播声波的空气会受到拉伸，从而使接收到的声音频率有所降低。

声波竞速

赛车时，声波在车前扩散开后又被挤压在了一起，这是因为引擎在发出一段声波之后向前移动，使引擎在发出下一段声波时距离上一段声波的距离缩短。

车后方的声波在空间上分布均匀而整齐

每秒钟移动的波数增加，形成音高变高的声音

新声波与旧声波整合之后继续向前传播

车后方的人听到的声音音高变低

车前方的人听到的声音音高变高

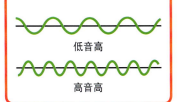

音高

声音的音高和声波的频率正相关：频率越高，音高越高。频率是指每秒钟通过某点的波峰和波谷数（即周期数），频率的测量单位是赫兹（Hz）。

低音高

高音高

在宇宙中，为何没人能听到你的喊叫声？

声音通过在介质中形成压力来传播，如空气分子介质。在真空中，由于没有空气等介质，声音不能传播。

超音速

许多喷气式飞机的飞行速度比声速还快，当它们从头顶飞过时，人们总能听到巨大的声音。这些声波被压缩得如此紧密，以至于形成了一种超音速的声音炸弹，即冲击波。

蓝鲸可以发出超过180dB的声音。

喷气式飞机前面的声波

声波合并

冲击波扩散

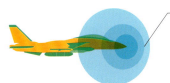

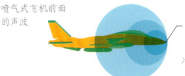

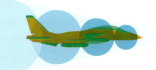

1 加速
当喷气式飞机从低速加速时，由于多普勒效应，向前扩散的声波被挤压得越来越紧密。

2 突破音障
当速度超过1238km/h时，飞机突破了音障。此时，这些被密集压缩的声波将合并成一个单一的冲击波。

3 声音炸弹
冲击波在飞机后面蔓延开来，就像一个膨胀的椎体。当这些冲击波到达地面时，会对地面形成撞击，因此听起来就像一个跟随飞机飞来的声音炸弹。

温度

温度是用来衡量物质热能多少的一个有一定的参温度量。物质的温度相对应。物质状态的变化通常均能量相对应。物质状态的变化通常发生在某些确定的温度点，比如水的沸点是100℃。这可以形成一定的参考，进而用于比较和衡量其他温度点。

木材燃烧
通风很好的木材火堆所产生的热量足以熔炼矿石，使之变成纯金属。

喷气式飞机尾气
喷气引擎的推力来自高速运动的气体分子，会产生很多热能。

铅的熔点
铅是第一个被提炼出来的金属，因为它的熔点相对较低。

家用烤箱的最高温
在该温度下长时间烘烤会使金属支架逐渐被破坏。

水的沸点
水的沸点是摄氏温标上部的固定点，因为该温度值很容易复制。

地表最高温
于2005年通过卫星研究分析，并从伊朗卢特沙漠的地表测得。

1112		752	621.5	482	212	159.3
873.15		673.15	523.15		373.15	343.85
600		400	327.5	250	100	70.7

热

热的物体有很多内能，这使物体中的原子和分子可以快速运动。这种内能就是通常所说的热能。一个具有很高热能的物体通常会很热，其热量会向热能较少，也就是较冷的地方扩散。

加速运动
当物体获得热能时，它的原子将加速运动。人们之所以能感觉到热量，是因为这种热能会向周围较冷的地方扩散。

热咖啡中，原子受热快速运动，四处扩散

冷牛奶

能量传递
当冷牛奶和热咖啡混合时，咖啡中的部分热量就传递给了牛奶。因此牛奶将会变热，而热咖啡则会变冷。

在冷的物质中，原子运动的距离很小，如冷牛奶

物质加热

加热时，固体和液体中的原子会来回运动。在气体中，这些原子则会四处游荡，彼此碰撞。物体的总质量保持不变，但原子间的距离增大使物体体积增大。

蒸腾雾

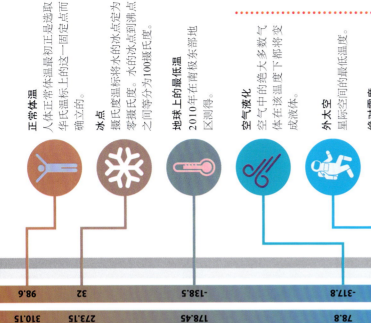

正常体温
人体正常体温最初正是选取华氏温标上的这一固定点而确立的。

冰点
摄氏度温标将水的冰点定为零摄氏度。水的冰点到沸点之间等分为100摄氏度。

地球上的最低温
2010年在南极东部地区测得。

空气液化
空气中的绝大多数气体在该温度下都将变成液体。

外太空
星际空间的最低温度。

绝对零度
理论上的最低温度。但实际上一个物体只能无限接近绝对零度，却不可能达到。

37℃
37℃是人体的正常体温，同时也是水在海拔18000米时的沸点温度。

°F	98.6	32	-138.5	-317.8	-454	-459.67
K	310.15	273.15	178.45	78.8	3.15	0
°C	37	0	-94.7	-194.35	-270	-273.15

温标
温标主要有三个，分别是摄氏度、华氏度和开尔文，它们分别是在1724、1742和1848年确立的。

潜热

随着物质中热能的增加，物质内原子和分子的运动也更加剧烈，甚至会破坏原子和分子间的结合键，导致物质状态的改变（参见第22~23页），比如水会沸腾。当物质发生这种变化时，继续加热将不会使物质变得更热，这些能量将隐藏起来，形成潜热。

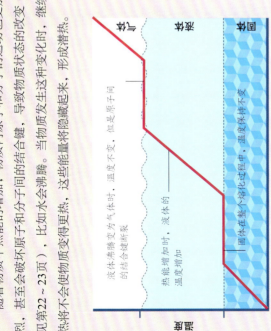

液体沸腾变为气体时，温度不变，但原子间的结合键断裂

热能增加时，温度虽增加

固体在整个熔化过程中，温度保持不变

气态

液态

固态

热能

温度

潜热效应
和使原子、分子运动加剧的热能不同，潜热是用来打破原子、分子间结合键的。在物质状态发生变化时，虽然热能一直在增加，但是温度几乎保持不变。一旦原子、分子间的结合键全部破裂，则温度再次随着热能增加而增加。

能量和温度

烟花燃烧时，其温度高达约1000℃。然而，烟花溅射出的热火花并不会烧伤皮肤。这是因为燃烧的烟花本身可能会、火花温度虽高，但是质量较小。其所携带的热量也较小，不足以对皮肤造成伤害。

铁、镁、铝等材料燃烧时，形成闪亮的小火花。

热传递

热量从一个物体传到另一个物体主要有三种方式：对流、传导和辐射。热量的具体传输方式取决于物体的原子结构。

热对流

热量通过液体或气体流动而传播的方式称为对流。该过程是通过热的流体上升和冷的流体下降来实现的。热量会使流体中的原子和分子扩散，从而使体积增加、密度减小。这就使流体热端上浮、冷端下沉，从而产生对流，以传输热量。

热空气在房间中扩散开来，将热量传递到周围的环境中

冷空气下沉，给热空气让出空间

热空气从火炉附近升起

加热空间
如用于给空间加热的火炉就是通过对流将热量传递到整个房间的。中央加热器也是如此。

下沉的冷空气降到炉子周围，变热并上升

当动能通过金属扩散的同时，锅里物品的温度也随之增加

动能通过碰撞传递给其他原子

热源使原子运动得更剧烈

微小并可自由移动的电子可以在原子间流动，从而将热量传递给整个金属

材料选择
锅通常是由金属制成的，这是因为金属中的原子结合得很松散，这些原子容易移动并和邻近的原子产生碰撞。

热传导

固体通过传导来传递热量。固体中较热部分的原子振动更剧烈，且振幅更大，对邻近原子的碰撞也越多。这种碰撞运动将能量传递到邻近原子，使它们变热。这个过程会一直持续，直到热量传递到整个固体中。

红外辐射可在真空中以光速传播。

热辐射的传播速度

不同于热传导和热对流，热辐射的载体并不是原子的运动而是电磁波，因此其传播速度和电磁波相同。

太阳

除了肉眼可见的光，太阳还能产生肉眼不可见的红外线

皮肤在红外线辐射下会产生生热的感觉，从而使人感知到红外线的存在

热辐射

　　热量传输的第三种方式是辐射。热量可以被一种肉眼看不见的辐射——红外线携带传播。红外线之所以不可见是因为它的频率低于可见红光（但高于无线电波）。所有热的物体都能发出红外线，或许太阳正是发射红外线最多的物体。物体的体表面积越大，辐射出的热量就越多，冷却速度也就比体表面积小的物体快。

热绝缘体

　　热绝缘体是通过阻止热量传输来工作的。诸如空气这样的气体导热性能就很差，因此充满空气的袋子就是某种形式的热绝缘体。衣服也是通过阻止身体周围的空气流动来保暖的。由于体热不能被空气导走，体温才得以保持。双层玻璃是在真空条件下，在两块玻璃间充入惰性气体或干燥空气而制成的，因此，双层玻璃窗是良好的热绝缘体，可以阻止热辐射和热对流。

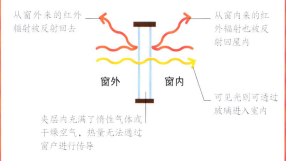

从窗外来的红外辐射被反射回去

从窗内来的红外辐射也被反射回屋内

窗外　　窗内

可见光则可透过玻璃进入室内

夹层内充满了惰性气体或干燥空气，热量无法通过窗户进行传导

热平衡

　　当两个物体发生物理接触时，热量会从较热的物体传到较冷的物体，反之则不行。这种热量的流动直到两个物体温度一致时才会停止，这时的状态被称为热平衡状态，此时热量将不再传输。

热量扩散，直到在整个物体中平均分布才停止

热　　　冷　　　　　　　　温暖

力

　　运动是通过一个力施加到有质量的物体上而实现的。力对物体的影响主要取决于物体的质量。力的测量单位是牛顿（N）。1牛顿的力相当于把一个质量为1千克的物体在1秒钟内加速到1米每秒。

为什么有的物体有弹性而有的则易碎？

柔韧的物体受到撞击时，表面会产生形变，而脆的物体则很难发生形变，因此受力时易碎。

能量转移

　　当两个物体发生碰撞时，它们的原子相互靠近，但是原子周围负电性的电子却相互排斥，因此两个物体并不会合并在一起，而会相互分开。这个力可以使能量从一个物体转移到另一个物体，但是总能量保持不变。通过物体间的能量转移，力可以改变物体的运动状态，如改变运动形式或改变物体的形状。

运动方向

作用到网球上的初始力

作用在网球运动反方向上的推力使网球减速

力作用到网球上

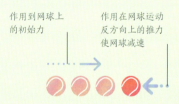

加速
一个力作用到网球上，使其开始向前加速运动。

减速
一个和网球运动方向相反的推力将使网球减速。

网球的初始运动方向

施加一个和初始运动方向呈一定角度的力

新的运动方向

施加的力越大，网球形变越严重

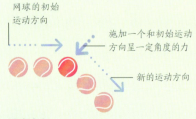
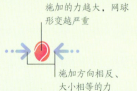

施加方向相反、大小相等的力

改变方向
当施加一个和初始作用力呈一定角度的力时，网球将改变运动方向。

改变形状
由于受到两个方向相反、大小相等的力的挤压，网球将发生形变。

历史上，网球发球速度最快高达263.4km/h。

抛物运动

由于作用在球上的合力，网球和其他任何做抛物运动的物体，其运动轨迹都为一条抛物曲线。在上升过程中，网球的动能逐渐转化为网球的重力势能（即存储在小球垂直方向上的能量），到达最高点之后的下落过程中，重力势能又逐渐转化为动能。

图例
- 垂直方向的速度
- 水平方向的速度
- 合速度
- 网球的运动轨迹

向上和向前的速度相等时，网球沿着45度角的方向运动

由于重力作用，网球向上的运动逐渐减弱

网球沿直角三角形的斜边运动

球拍给网球施加一个向上和向前的力，其中，向上的力用于克服向下的重力作用。

惯性

　　惯性是物体抗拒其运动状态被改变的性质，这里的运动状态可以是静止状态，也可以是匀速运动状态。要克服惯性就必须施加外力。物体的质量越大则惯性越大，要改变其运动状态所需的外力也越大。

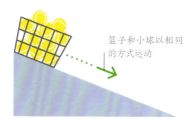

篮子和小球以相同的方式运动

相同的运动

篮子和小球以相同的速度向相同的方向移动。只有施加外力才能改变其运动状态。

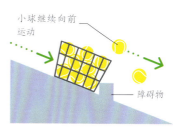

小球继续向前运动

障碍物

惯性运动

一个外力（障碍物）阻止了篮子的运动，但是这个力并没有阻止小球的运动，由于惯性作用，小球仍继续向前运动。

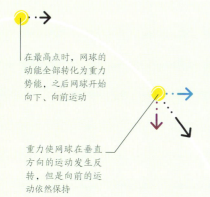

在最高点时，网球的动能全部转化为重力势能，之后网球开始向下、向前运动

重力使网球在垂直方向的运动发生反转，但是向前的运动依然保持

网球运动轨迹上的所有点所受重力处处相同

重力

合力

　　当多个力沿不同方向作用在物体上时，这些分力可以合并为一个等效合力。合力的计算遵循勾股定理。当两个分力相互垂直时（表示为直角三角形的两个直角边），合力的大小和方向可由直角三角形的斜边求得。

重力使网球加速下落，且垂直向下的运动速度超过了向前的运动速度

重力使网球一直加速向下运动，直至撞到地面

速度和加速度

速度是物体在特定方向运行的速率。要改变物体的速度就必须对其施加力的作用，而速度改变的速率则用加速度来衡量。

速度

速率是物体在一定时间内通过的距离，如一辆车在一小时内行驶了多远。

速度不仅能用来表示物体运行的快慢，还能够表示运动的方向。车辆如果以相同的速率向相反的方向行驶，则其速度相反。每个移动的物体都具有相对于其他移动物体的相对速度，该相对速度不同于其实际的速率。

无相对速度同向行驶
两辆车的行驶速率和方向都相同，即它们有相同的速度，那么，它们的相对速度为零，它们将一直保持着固定的距离。

赶超：以相对速度同向行驶
黄色的车行驶速率比绿色的车快30km/h。绿色也可以说黄色的车相对于绿色的车有30km/h的相对速度。

迎面行驶
两辆车行驶的速率相同但方向相反。此时，它们彼此间的相对速度都是60km/h。

该车辆以30km/h的速率行驶

该车辆以30km/h的速率行驶

该车辆以60km/h的速率行驶

该车辆以30km/h的速率行驶

该车辆以30km/h的速率行驶

航天飞机通常需要8.5分钟才能加速到28000km/h。

牛顿第一、第二、第三运动定律共同作用

发射火箭就是牛顿第一、第二、第三运动定律共同作用的一个例子。首先，根据牛顿第一运动定律，需要一个外力来改变火箭的初始静止状态，使之发射；然后，根据牛顿第二运动定律，火箭上升过程中的加速度取决于其自身质量和燃料提供的推力大小；最后，根据牛顿第三运动定律，引擎提供推力，会受到另一个大小相等、方向相反的反作用力。

牛顿第一运动定律

任何物体都会保持匀速直线运动或静止状态，直到外力迫使它改变运动状态。牛顿第一运动定律描述的是物体的惯性属性，并且力是改变物体运动状态的原因。

施加的力

回到原位

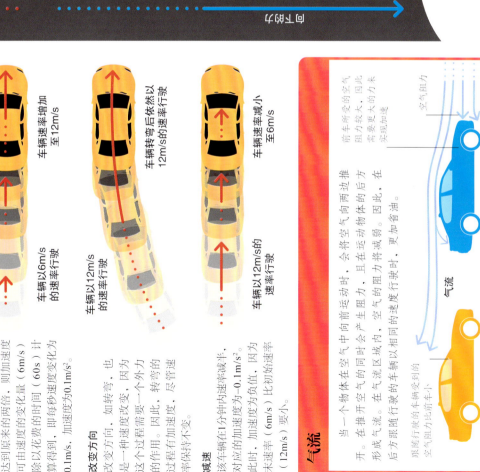

牛顿运动第二定律

物体加速度的大小跟作用力成正比，跟物体的质量成反比。

作用在物体上的力越大，其加速度越大。这可以表述为如下公式：

力＝质量×加速度

牛顿运动第三定律

相互作用的两个物体之间的作用力和反作用力总是大小相等、方向相反，并且作用在同一条直线上。

"作用"意味着施加力，而"相互作用"则表示大小相等、方向相反的力。该定律表明，力不能单独存在，而是两个物体间的相互作用。

牛顿运动定律

所有的运动都遵循以上描述物体质量、作用力和加速度之间关系的运动定律。这些运动定律是于1687年由牛顿发现的。它们在大部分情况下都是准确的，但是1905年时，爱因斯坦在其著名的相对论中指出，当物体的运动速度接近光速时，其正确性会有所下降。

向右

加速度

加速度是用来表示速度变化快慢的物理量，其测量单位是米每二次方秒（m/s²）。减速过程也可用加速度来描述。

加速度

如果一辆车在1分钟内速率达到原来的两倍，则加速度可由速度的变化量（6m/s）计算得到，即每秒速度变化为0.1m/s，加速度为0.1m/s²。除以花费的时间（60s）计算得到，即每秒速度变化为0.1m/s，加速度为0.1m/s²。

车辆速率增加至12m/s

车辆以6m/s的速率行驶

改变方向

改变方向，如转弯，也是一种速度改变，因为这个过程需要一个外力的作用。因此，转弯的过程有加速度，尽管速率保持不变。

车辆转弯后依然以12m/s的速率行驶

车辆以12m/s的速率行驶

减速

该车辆在1分钟内速率减半，对应的加速度为−0.1m/s²。此时，加速度为负值，因为末速率（6m/s）比初始速率（12m/s）要小。

车辆速率减小至6m/s

车辆以12m/s的速率行驶

气流

当一个物体在空气中向前运动时，会将空气向两边推开。在推开空气的同时会产生阻力，且在运动物体的后方形成气流。在气流区域内，空气的阻力将减弱。因此，在后方跟随行驶的车辆与相同的速度行驶时，更加省油。

跟随行驶的车辆所受到的空气阻力比前车小。

前车所受的空气阻力较大，因此需要更大的动力来实现加速。

空气阻力

气流

机 械

那些能把一种力转化为另一种力的设备就是简单机械。以下将给出六种简单机械的示例，它们有的看起来甚至根本不像机械。

飞机螺旋桨这一名字就来自达·芬奇早期设计的飞行器。

六种简单机械

和大多数机械设备一样，自行车是一种简单机械的组合。自行车中的某些简单机械，如链条和制动杆，是具有明确功能的机械，而另一些简单机械的功能则不明显，因为它们是用于调整、修复或便于爬坡的机械。总而言之，骑行并保持自行车稳定用到了六种简单机械，它们是杠杆、滑轮、轮轴、螺丝、楔子和斜面。

螺丝

螺母在螺纹上旋转并逐渐收紧

螺丝能将旋转运动转变为直线运动，将力矩转变为直线力。拧紧螺丝的过程是将大量的转动转变为少量而强大的压缩力的过程。

楔子

楔子用于将物件分开。将其置于轮胎下面，向前的推力转换成强大的向两侧分离的力，从而将轮胎取下。

楔子用于分离轮圈和轮胎

轮圈发挥了支点的作用

滑轮

轮子越小，转动越快

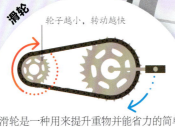

滑轮是一种用来提升重物并能省力的简单机械。自行车链条实质上是一种滑轮系统，即一个轮子通过拉动链条驱动另一个轮子。轮子的相对大小决定了它们的相对速度和力量。

轮轴

轮胎转动较快

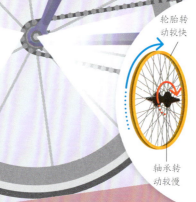

轮轴，顾名思义是由"轮"和"轴"组成的，是简单机械的一种。自行车的车轮就是一种轮轴系统。在该系统中，轮子绕固定的轴承转动，依靠杠杆原理克服摩擦力前进。它可以把轮子上大范围的运动转化为轴承上小而强的转动。

轴承转动较慢

机械增益

　　所有的机械设计都遵循机械增益原理，即力的放大。这意味着机械允许你将一个较大的运动转化为一个较小而力量较大的运动，比如用于开油漆罐盖的杠杆。当然，它也可以反向工作，比如垂钓者抛鱼竿时会在鱼竿的一端施加一个小而强的力，使其在鱼竿的另一端转换成一个较大的宽弧形运动。简而言之，就是用更小的力驱动更大的运动，反之亦然。

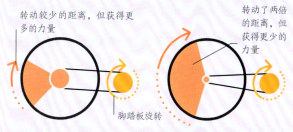

转动较少的距离，但获得更多的力量

转动了两倍的距离，但获得了更少的力量

脚踏板旋转

低速挡
骑自行车爬坡通常采用低速挡，将更多的脚踏板旋转转换为爬坡的力量，而不是速度。

高速挡
到达山顶后，转换为高速挡，脚踏板的旋转更多地转换为齿轮的转动，使速度增加。

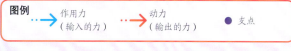

图例
- - → 作用力（输入的力）
- - → 动力（输出的力）
● 支点

杠杆类型

　　根据支点、作用力和动力所处的相对位置的不同，杠杆主要可以分为三类，用于增加不同方向的力量或运动。

杠杆

支点或转动点

　　杠杆是可以绕着支点旋转的硬棒。自行车的刹车把手就相当于一个省力杠杆。杠杆把小的力放大成大的力。拉动杠杆时，线缆收紧，迫使夹钳下压并固定住轮缘，起到刹车制动的效果。

第一类杠杆
动力和作用力分别在支点的两边。例如剪刀和虎口钳。

第二类杠杆
动力位于作用力和支点之间。例如胡桃钳。

第三类杠杆
作用力位于动力和支点之间。例如夹钳或镊子。

斜面

距离越短、坡度越大，骑行难度越大

　　让自行车直接爬上垂直的墙面是不可能的。通过减小倾角但增加骑行距离的方法来减小提升自行车高度所需要的力，从而实现了爬坡。

齿轮传动比

　　转动力通常通过齿轮间的"齿"互锁来传递。如果较大的驱动齿轮的齿数是较小齿轮的三倍，则小齿轮的转速将是大齿轮的三倍。

小齿轮转动得更快

驱动

齿轮传动比
用较大的齿轮驱动较小的齿轮转动时，小齿轮达到加速的效果，反之则需要更多的力。

摩 擦 力

当两个相互接触的物体发生相对运动或相对运动趋势时，在接触面上产生的阻碍相对运动或相对运动趋势的力叫作摩擦力。当推动一个物体通过液体或气体时，也会形成一种摩擦力，通常称为阻力。

方向相反的力

摩擦力是两种物体的表面相遇时产生的。在微观上，任何物体的表面不可能非常光滑，因此当两个表面向相反的方向移动时，这些表面的小凹痕就会相互阻碍运动。每个小凹痕都会产生一个微小的力，它们合起来就形成了阻力，这会使相互运动减慢，甚至停止。当两个表面相对移动时，它们之间的摩擦力会将动能转化为热能。

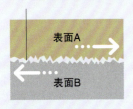

表面粗糙意味着两个表面不能轻易地发生相对滑动

水膜

冰球

水

冰

摩擦

摩擦力的大小与物体表面的粗糙度有关。表面之间的紧密接触来自上面物体的重力作用于下面物体。

滑动

冰的表面很光滑，因为其表面有一层水膜，使冰和其他物体的表面接触较少，形成的摩擦力也较小。

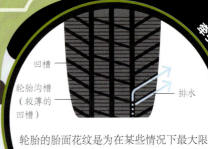

磁悬浮列车通过磁性将列车悬浮起来，以消除列车和铁轨之间的摩擦力。

抓住路面

轮胎表面覆有花纹，使其表面变得粗糙，从而增大和粗糙路面的接触面积，形成"抓地力"。轮胎表面的凹槽具有排水作用。黏附和形变则帮助轮胎抓住路面，但如果形变压力过大，超过轮胎的弹性形变承受范围时，会导致轮胎表面破裂而失去弹性。

牵引力

凹槽

轮胎沟槽（较薄的凹槽）

排水

轮胎的胎面花纹是为在某些情况下最大限度地增加牵引力而设计的，比如雨雪天气。普通轮胎可将雨水排出，减少轮胎和地面的接触，也不会造成牵引力不足的问题。

润滑油

机器上相互运动的零件常常由于摩擦而导致磨损，甚至会彻底损坏。为了减小这种摩擦损伤，可以在机器零件上涂抹润滑油。这会在零件表面间形成一个光滑的屏蔽层，并且润滑油的黏性足够在零件表面保持很长一段时间。

润滑油在齿轮表面形成一个光滑的物理屏蔽层

两个齿轮

抓地力和牵引力

汽车轮胎是通过增加轮胎和道路表面的摩擦力而抓住地面的。摩擦力为轮子提供牵引力，当轮子转动时，地面能够产生一个与之相反的推力，从而推动汽车前进。如果没有足够的抓地力，轮子就会打滑。

增加接触面积

重量较大的负载会将轮胎压得更贴近地面，从而增加轮胎和地面的接触面积，摩擦力也随之增加。

垂直方向较小的负载

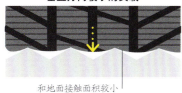

和地面接触面积较小

垂直方向较大的负载

和地面接触面积较大

钻木取火

摩擦取火是众多最常见的取火方式之一，例如用打火石摩擦形成火花。钻木取火的操作方法是在钻板的凹槽中装满木屑，快速地左右拉动弓钻，使硬木钻头在凹槽中摩擦，直到摩擦产生的热量可以点燃木屑。

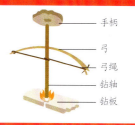

手柄
弓
弓绳
钻轴
钻板

减小阻力

阻力是物体在液体和空气中移动时形成的摩擦力。飞机机翼和船体的设计，其目标都是减小阻力。某些船体是通过减少船体和水的接触面积来减小阻力的，如三体艇和水翼船，而飞机翼尖则通过控制气流来减小阻力。

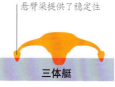

悬臂梁提供了稳定性

三体艇

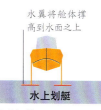

水翼将舱体撑高到水面之上

水上划艇

减少船体和水的接触面积
三体艇由三个小船体组成，这减少了和水接触的总表面积，从而减小了阻力。

提升船体
水上划艇使用翼状结构将舱体撑高至水面之上，以减小阻力。

翼尖旋涡

飞机上的翼尖可形成湍流旋涡，这会产生额外的阻力，降低燃料的使用效率。增加一个小翼可以减小翼尖的尺寸，从而减小湍流旋涡，减小阻力。

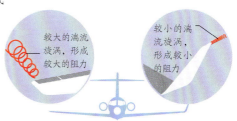

较大的湍流旋涡，形成较大的阻力

较小的湍流旋涡，形成较小的阻力

普通翼尖

混合小翼

黏附力

行进方向

轮胎

道路

分子间键的形成

分子间键的断裂

橡胶表面是由拥有剩余化学键的分子构成的。当橡胶与路面接触时，会与路面形成弱化学键，使橡胶和路面在这种化学键断裂之前黏合在一起。

形变

行进方向

轮胎

道路

道路表面的小凸起导致橡胶变形

轮胎的橡胶是很有弹力的。在坑洼的路面上，汽车的重量会使轮胎发生形变，这种形变使汽车的重量集中在这些凸起处，从而增强了车辆的抓地能力。

破裂

行进方向

轮胎

道路

破裂的橡胶

在发生永久性形变和破裂之前，橡胶可以被拉伸和压缩。然而，力越强，对轮胎表面的撕扯也越强，这会逐渐减弱其形变的能力，甚至产生裂纹。最终，轮胎需要更换，否则会爆胎。

弹簧和钟摆

弹簧是一种有弹性的物体，当被压缩或拉伸后，可以回复到原位。这主要源于一种称为回复力的力。简谐运动也源于回复力，即一个有质量的物体围绕一个中心点运动或振荡。钟摆的运动也有类似的特征。

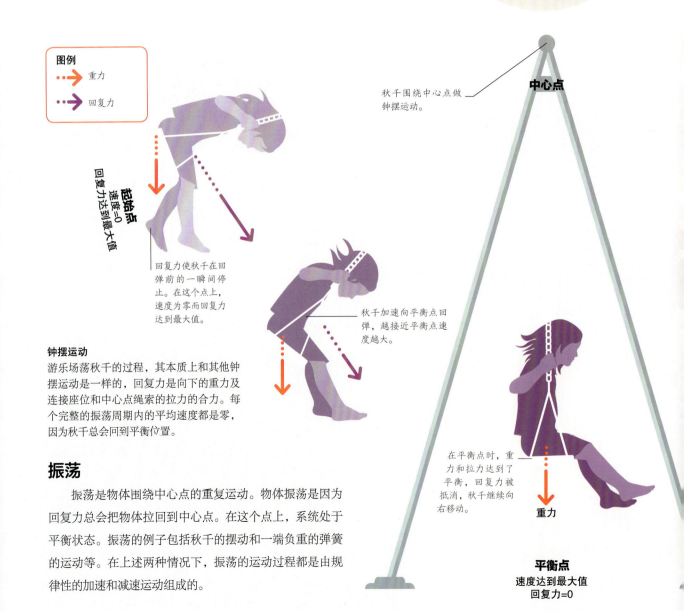

图例
- ⟶ 重力
- ⟶ 回复力

秋千围绕中心点做钟摆运动。

中心点

起始点
速度=0
回复力达到最大值

回复力使秋千在回弹前的一瞬间停止。在这个点上，速度为零而回复力达到最大值。

秋千加速向平衡点回弹，越接近平衡点速度越大。

钟摆运动
游乐场荡秋千的过程，其本质上和其他钟摆运动是一样的，回复力是向下的重力及连接座位和中心点绳索的拉力的合力。每个完整的振荡周期内的平均速度都是零，因为秋千总会回到平衡位置。

在平衡点时，重力和拉力达到了平衡，回复力被抵消，秋千继续向右移动。

重力

振荡

振荡是物体围绕中心点的重复运动。物体振荡是因为回复力总会把物体拉回到中心点。在这个点上，系统处于平衡状态。振荡的例子包括秋千的摆动和一端负重的弹簧的运动等。在上述两种情况下，振荡的运动过程都是由规律性的加速和减速运动组成的。

平衡点
速度达到最大值
回复力=0

弹力

　　弹簧是一种特别有弹性的物体，它能够在发生临时形变后回弹。当一个有质量的物体拉弹簧时，弹簧会伸长。这种拉伸会在弹簧上形成一个回复力。当回复力等于拉力时，弹簧将停止拉伸。

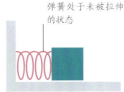

弹簧处于未被拉伸的状态

静止状态
此时，连在弹簧末端的有质量的物体没有在弹簧上施加力。该位置称为平衡点。

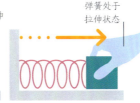

弹簧处于拉伸状态

拉力
当拉伸有质量的物体时，弹簧上会产生一个回复力，将弹簧拉回平衡点。

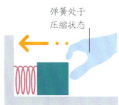

弹簧处于压缩状态

压力
压缩弹簧使有质量的物体超过其平衡点，回复力仍然会将物体推回至平衡点。

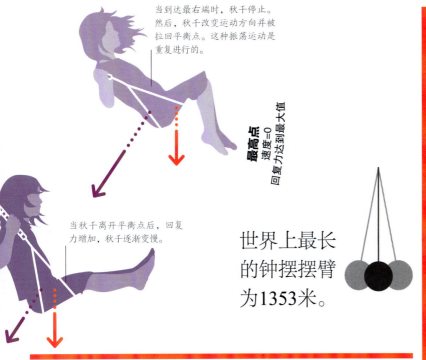

当到达最右端时，秋千停止。然后，秋千改变运动方向并被拉回平衡点。这种振荡运动是重复进行的。

当秋千离开平衡点后，回复力增加，秋千逐渐变慢。

最高点
速度=0
回复力达到最大值

世界上最长的钟摆摆臂为1353米。

杨氏模量

　　工程师常常需要知道物体的硬度才能了解如何使用它们来构建其他物体。物体的弹性可以通过测量其杨氏模量值来获得，用于表明需要多大的力才可使物体形变。其测量单位是帕斯卡，即压力单位。杨氏模量越大，物体越硬，拉伸时其形状越难改变。杨氏模量越小，物体所能承受的弹性形变越大。

物质	杨氏模量 （单位：帕斯卡）
橡胶	0.01~0.1
木材	11
高强度混凝土	30
铝	69
金	78
玻璃	80
牙齿瓷釉	83
铜	117
不锈钢	215.3
钻石	1050~1210

形变

　　某些力可以改变材料的形状。例如，拉力可以导致弹性形变。当这个力被移除之后，回复力会将物体拉回原来的形状。如果拉力增加到材料的形变超过其弹性形变的极限，则材料将发生永久性形变。

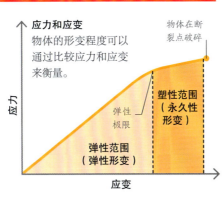

应力和应变
物体的形变程度可以通过比较应力和应变来衡量。

物体在断裂点破碎

弹性极限

塑性范围
（永久性形变）

应力

弹性范围
（弹性形变）

应变

压 强

压强是物体所受的压力与受力面积之比。压强可以通过媒介传导，比如水和空气。

气体压强

气体压强是指封闭容器内大量气体分子对容器壁进行持续的、无规则撞击所产生的压强。当对一个密闭容器中的气体施加压力时，气体的体积会被压缩。如果持续施压，气体分子间的距离会被压缩得越来越小。当分子间距离足够小时就会发生气态向液态的相变。这正是压缩气瓶可用于充装液化气体的原因。打开气阀释放压力时，气瓶中的液化气体就会变回气态。

密度变大

当空气等气体被压缩时，其质量不变，但体积变小，使气体的密度增大。

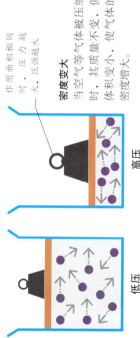

作用面积相同时，压力越大，压强越大。

低压　　高压

压力锅工作原理

在1个标准大气压下，水的沸点是100℃。此时，锅中的水蒸气是自然扩散到空气中的。压力锅利用了气态高、水的沸点高这一物理特性，把水密闭起来加热，构成高温高压的环境，提高水和食物的沸点，使食物蒸得更快、更透彻。

密闭空间中的水蒸气使压力增加

水的沸点提高到121℃

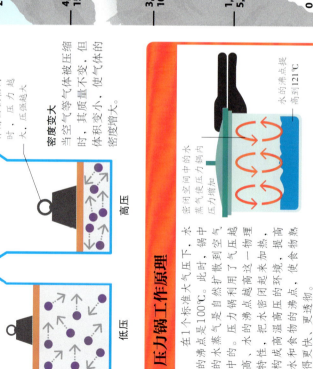

高山压强和深海压强

大气压强，简称气压，其测量单位是标准大气压（ATM）或帕斯卡（Pa）。温度为0℃、纬度为45度海平面上的气压称为1个标准大气压，数值为1 ATM。海拔越高，气压越低，因为空气密度随海拔升高而降低。海水压强则随海洋深度增加而增加，而水的密度保持不变。

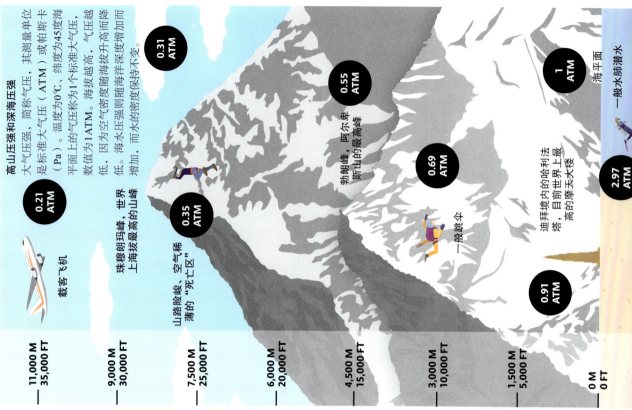

0.21 ATM	载客飞机	11,000 M / 35,000 FT
0.31 ATM		
0.35 ATM	珠穆朗玛峰，世界上海拔最高的山峰	9,000 M / 30,000 FT
	山路险峻、空气稀薄的"死亡区"	7,500 M / 25,000 FT
0.55 ATM		6,000 M / 20,000 FT
	勃朗峰，阿尔卑斯山的最高峰	4,500 M / 15,000 FT
0.69 ATM	一般跳伞	3,000 M / 10,000 FT
0.91 ATM	迪拜境内的哈利法塔，目前世界上最高的摩天大楼	1,500 M / 5,000 FT
1 ATM	海平面	0 M / 0 FT
2.97 ATM	一般水肺潜水	

液体压强

和气体不同，液体很难通过增压的方式压缩体积。液体具有传递压强的特性。如果将液体密封于管内，并在一端对液体施压，则这种压力会通过液体传递到任意位点。同种液体的深度越深，压强越大。

漏水水桶

深度越深，压强越大。由于洞的位置不同，压强不同，所以漏水的水流速度也不同。

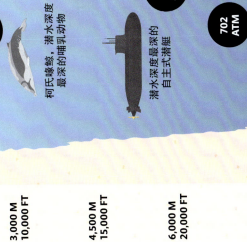

桶中最上部水平面处，压强很小。

位于水桶上部的洞，其所处位置的压强最小。从该洞流出的水的水流速度最小

位于水桶中部的洞，其所处位置的水重量增加，压强也有所增加。从该洞流出的水的水流速度有所增加

位于水桶下部的洞，其所处位置的压强最大。从该洞流出的水的水流速度最快，水流喷射而出

水桶底部水最深，压强也最大。

水力学

液体的不可压缩性使压强能够通过管道网络传递，进而驱动机器运行。比如要举起一个机器，宽口端的接触面积是窄口端的两倍，宽口端的压力也应增加到窄口端的两倍。

压强相同，宽口端的接触面积较大，其释放出的压力也更大

窄口端只需一个较小的力

挑战者深渊的压力大约是海平面压力的1099倍。

泰坦尼克号残骸

363 ATM

298 ATM

605 ATM

702 ATM

1099 ATM

柯氏喙鲸，潜水深度最深的哺乳动物

潜水深度最深的自主式潜艇

深海蜗牛鱼，鱼类家族中潜水深度最深者

挑战者深渊，太平洋马里亚纳海沟的最深处，也是世界上海洋最深处和地表最深处

5,000 FT

3,000 M
10,000 FT

4,500 M
15,000 FT

6,000 M
20,000 FT

7,500 M
25,000 FT

9,000 M
30,000 FT

11,000 M
35,000 FT

飞行原理

飞行技术主要是基于两种不同的工作原理实现的。自身重力轻于空气的物体可以自主地飘浮在空中，如气球和飞艇。它们靠在密闭气囊内填充密度小于空气的气体（如热空气、氢气和氦气等），通过空气浮力实现升空。除此之外的所有航空器，其自身总体密度是比空气高的，需要靠自身部件（如机翼和发动机喷气等）与空气相对运动时产生的空气动力升空飞行。

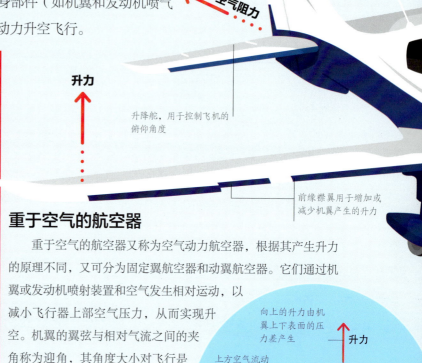

垂直尾翼上的方向舵，通过偏转改变尾翼受力大小，从而控制飞机偏航方向

空气阻力

升力

升降舵，用于控制飞机的俯仰角度

前缘襟翼用于增加或减少机翼产生的升力

轻于空气的航空器

普通气球之所以能够升空，是因为其内填充了密度比空气小的气体，其自身重量轻于空气。绝大多数热气球是通过热胀冷缩原理实现升空的，即当空气受热膨胀后，空气密度变小。飞艇则通常填充的是氢气或氦气。虽然氦气的密度是氢气的两倍，但不可燃、不易爆炸的特性增加了飞艇的安全性。

空气受热膨胀，密度变小

冷空气密度较大

气球内部的热空气比外部冷空气轻

上升

热气球升空原理
空气受热，空气分子剧烈运动，进而膨胀。气球内部的热空气密度低于外部冷空气的密度，气球由于受到浮力作用而上升。

重于空气的航空器

重于空气的航空器又称为空气动力航空器，根据其产生升力的原理不同，又可分为固定翼航空器和动翼航空器。它们通过机翼或发动机喷射装置和空气发生相对运动，以减小飞行器上部空气压力，从而实现升空。机翼的翼弦与相对气流之间的夹角称为迎角，其角度大小对飞行是非常关键的。飞机起飞和降落时，机翼襟翼展开，增加机翼面积，同时增加迎角角度，使升力达到最大值，以实现起飞。

飞行方向

向上的升力由机翼上下表面的压力差产生

升力

上方空气流动较快，形成的静压力较小

空气流动较快

机翼

空气流动较慢

下方空气流动较慢，形成的静压力较大

机翼上表面拱起，使空气流动较快

① **飞机是如何起飞的**
飞机是靠空气动力升空飞行的。在滑行跑道上，启动引擎使飞机由静止状态逐渐加速滑行，同时调整机翼和迎角。当机翼下表面的压力大大高于上表面的压力时，即可飞起来。

② **伯努利效应**
当流体的流速增加时，物体与流体接触的界面上的静压力会减小，称为"伯努利效应"。机翼的上表面是拱起的，机翼上方空气流动较快，而下面空气流动较慢，机翼受到一个向上的作用力，飞机就飞起来了。

几乎每时每刻都
有约9250架客机
在天上飞着。

升力

后缘襟翼用于在飞机起飞时增加升力，并在降落时增大阻力，以使飞机平稳起飞、降落。在飞机水平飞行时，后缘襟翼处于收起状态

螺旋桨旋转时把空气向后排，反作用力为飞机前进提供动力

向前的推力

重力

3 水平飞行

当飞机进入水平匀速飞行状态时，升力和重力正好相等并相互抵消，发动机的推力和空气阻力也正好相等并相互抵消而达到平衡。

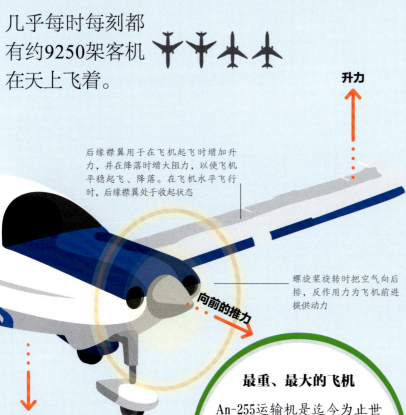

最重、最大的飞机

An-255运输机是迄今为止世界上重量最重、尺寸最大的飞机。其最大离陆起飞重量高达640吨，机身全长84米，主翼翼展88.74米，两主翼下共挂有6具大型发动机。

直升机飞行原理

与固定翼飞机不同，直升机采用旋翼设计，通过调节一个或多个水平旋转旋翼的旋转速度和旋翼迎角来提供向上的升力和推进力。其中，旋翼迎角可通过周期杆控制。

主旋翼

倾斜

倾斜器

机身倾斜，迎角增大，前进的动力也增大

飞行方向

由于旋翼的旋转平面发生倾斜，在水平方向上产生一个分力，从而使直升机沿该方向飞行

飞行员通过操控周期杆使机身倾斜

卡门线

众所周知，海拔越高，大气层越稀薄，此时航空器飞行时的空气阻力会大大减小，同时也需要更快的速度提供升力。卡门线位于海拔100km处，是公认的外太空和地球大气层的分界线。

热层 80 ~ 600 km
进入轨道

如果要保持物体在卡门线之上持续运行而不落回地球，就必须使物体进入轨道，然后在轨道上绕地球做曲线运动。此时，该物体做曲线运动的离心力大小与地球引力相等，方向相反，正好相互抵消。

29000 kph（18000 mph）

卡门线 100 km

当航空器的速度达到该值时，航空器就能进入轨道，围绕地球运行，而掉不下来了

中气层 50 ~ 80 km

平流层16 ~ 50 km

大多数大型客机在12km高度时的巡航速度

对流层0 ~ 16 km

900 kph
(560 mph)

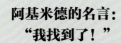

**阿基米德的名言：
"我找到了！"**

阿基米德发现，任何比水重的物体无论形状是否规则，体积都可以通过其浸入水中时所排出的水的体积测得。

钢铁船自重5000吨，方向竖直向下

重力

5000吨

船上的货物会使船的整体重量增加，但是由于货物间存在空气，因此其整体密度依然小于水的密度

空心船体内部充满空气

钢铁外壳

下沉的钢铁

钢铁之所以能沉入水中，是因为钢铁的密度比水大，大约是水的8倍。例如，当把一块5000吨重的钢铁浸入水中时，其排开水的重量大约只有625吨，即水能提供的向上浮力只有625吨，不足以抵消钢铁自身向下的重力，因此钢铁在水中下沉。

向下的重力

5000吨

实心钢铁，体积小、密度大

受重力作用下沉

水所给予的浮力为625吨，不足以抵消钢铁自身重力

向上的浮力

空心船体内部充满了空气，使其整体平均密度小于水的密度

水给予钢铁船的浮力为5000吨，和钢铁船自重相等，方向相反

向上的浮力

漂浮的钢铁船

钢铁船的大部分体积来自空心的船舱，船的平均密度比水的密度小。尽管其总重量为5000吨，海水所给予的向上浮力可达5000吨，正好能抵消船体自重。

浮力原理

　　浮力是指流体（如液体和空气）对浸入其中的物体给予一个向上的作用力。流体浮力大小与流体密度有关。若物体的密度大于流体的密度，则流体浮力将不足以阻止物体下沉。

浮力定律

　　当把一个物体放入流体中时，物体会把接触面周围的流体排开，所排开流体的体积与物体浸入流体中的体积相同，物体所获得的浮力等于物体所排出流体的重量。因此，若物体密度大于流体密度，则流体浮力不足以抵消物体自身重力，物体会下沉；若物体密度小于或等于流体密度，则物体重力被流体浮力抵消，物体在流体中漂浮或悬浮。

神奇的鱼鳔

　　鱼鳔是鱼体内可以胀缩的白色囊状器官，内含空气，可以调节鱼体的比重，帮助鱼儿在水中实现浮沉运动。吸气时，鳔囊膨胀，体积增大，鱼的平均密度降低，浮力增加，鱼儿上浮；呼气时，鳔囊收缩，体积减小，鱼的平均密度增加，浮力减小，鱼儿下沉。

鱼鳔

船舶的重量和密度

　　当船舶载重时，船舶上的空间会被一箱箱比空气重的货物填满，因此它的总密度会增加。每增加一箱货物，船舶的吃水深度就会有所增加，因为船舶的总体重量增加了，船舶必须通过排开更多的水来重新达到浮力和重力的平衡。船舶所允许的最大吃水深度可用吃水线来标示。

所有漂浮在水面上的
物体排开的水的重量
都等于物体的自重。

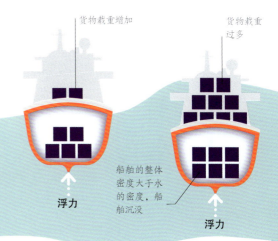

货物载重增加

货物载重过多

货物载重较轻

浮力

浮力

船舶的整体密度大于水的密度，船舶沉没

浮力

潜艇下潜及上浮原理

　　为了实现随意浮潜，潜艇通常使用给水舱充、排水的方法来调节自身重量，以实现下潜及上浮。在水下，潜艇是靠压缩空气来排水的。显然，只要有足够的动力，这是很容易做到的。只要在潜艇浮出水面时，吸入空气并将其压缩存储在空气罐中，将充水下潜后，就可再次利用这些压缩空气进行排水上浮。如此往复，就能完成浮潜运动。

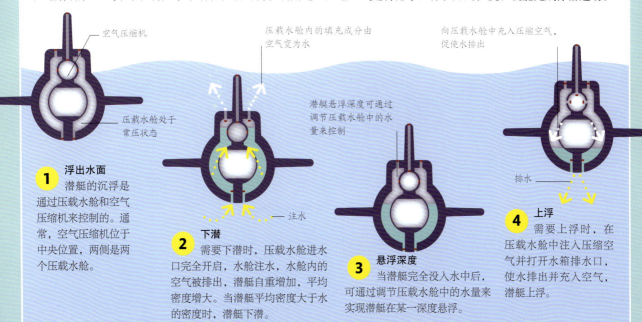

空气压缩机

压载水舱内的填充成分由空气变为水

向压载水舱中充入压缩空气，促使水排出

压载水舱处于常压状态

潜艇悬浮深度可通过调节压载水舱中的水量来控制

排水

1 浮出水面
潜艇的沉浮是通过压载水舱和空气压缩机来控制的。通常，空气压缩机位于中央位置，两侧是两个压载水舱。

注水

2 下潜
需要下潜时，压载水舱进水口完全开启，水舱注水，水舱内的空气被排出，潜艇自重增加，平均密度增大。当潜艇平均密度大于水的密度时，潜艇下潜。

3 悬浮深度
当潜艇完全没入水中后，可通过调节压载水舱中的水量来实现潜艇在某一深度悬浮。

4 上浮
需要上浮时，在压载水舱中注入压缩空气并打开水箱排水口，使水排出并充入空气，潜艇上浮。

真　空

　　理想状态下，真空是一种不存在任何物质的空间状态。实际上，气压为零的理想真空状态是不可能达到的，即便堪称最接近真空状态的外太空也包含着一些物质，并能在其中检测到气压。因此，通常所说的真空实际上都是部分真空，即气压小于大气压但不为零的空间状态。

何为真空?

　　17世纪，抽气泵的发明使获得真空变为可能，即用泵将密闭空间中的空气抽走。实验表明，在真空中，火焰会熄灭，声音也不能进行传播。

在空气中，蜡烛可以燃烧
把一根燃烧的蜡烛置于充满空气的容器内，蜡烛可以继续燃烧。这是因为空气中的氧气可以支持蜡烛燃烧。

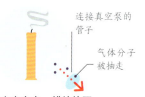

在真空中，蜡烛熄灭
密闭容器中的空气被抽走后形成部分真空，蜡烛会熄灭，因为有助燃效果的氧气随空气被抽走了。

环境	气压（帕斯卡）	每立方厘米中的分子数
标准大气压	101325	2.5×10^{19}
真空吸尘器	约80000	1×10^{19}
地球热气层	$10^{-7} \sim 1$	$10^7 - 10^{14}$
月球表面	1×10^{-9}	400000
行星间的空间		11
星系间的空间		1×10^{-6}

真空保温杯的工作原理

　　真空保温杯的制作一般用玻璃或不锈钢材料做成双层胆，两层之间抽成真空状态，并在表面镀银。真空状态可以避免热对流，而镀银层则可将容器内部向外辐射或由容器外部向内辐射的热能分别反射回去，从而达到使瓶内液体保温的效果。

塑料盖
密封塞
外胆
真空
液体
镀银内胆内表面

把物质放进真空会发生什么?

　　物质有自由扩散直至充满整个空间的特性。这正是吸尘器能够吸尘的原因。吸尘器工作时，尘埃和脏东西随气流被吸入吸尘器。在真空环境内，组成物质的分子会扩散，物质会膨胀，特别是液体，分子间的键可能会因扩散而断裂，直至变成气体。

无阻力
在真空中，由于没有空气阻力，所有物体的下落速度都是相同的。比如在空气中，较轻的羽毛的下落速度比较重的锤子慢，但在真空中两者下落速度一样。

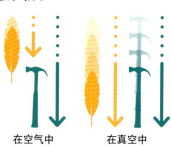

在空气中　　在真空中

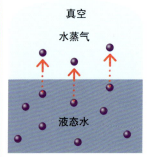

真空
水蒸气
液态水

理想真空
液态水放入理想真空中时，绝大部分液态水会蒸发为气态水分子并填满整个空间。

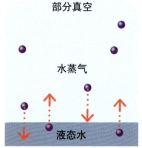

部分真空
水蒸气
液态水

部分真空
在部分真空中，液态水蒸发，气压增加，部分水分子重新结合为液态水。当两个方向相等时，系统达到平衡。

人体暴露在太空中会怎样？

外太空是一个非常接近理想真空环境的空间。宇航服用于防护低压环境及外太空中如宇宙辐射、低温等对人体的危害。如果宇航服或头盔等破裂而使宇航员直接暴露于真空中，那么死亡几乎是肯定的，但是会经历一定的过程，且这个过程并不像科幻小说中描述的那样剧烈。

缓步动物，又称水熊虫，是一种可以在太空真空环境中生存的微生物。

3 缺氧
在真空环境中，血液中的氧气会被快速抽离体外，身体里的组织器官将很快进入缺氧、失氧的状态。

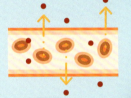

4 死去
在血液缺氧约15秒后，大脑会陷入无意识状态。如果持续缺氧达90秒及以上，则会造成大脑死亡。

2 体液蒸发
在太空近零气压的环境中，任何水分都会在几秒钟之内被蒸发到真空中。当人体暴露在太空中时，眼睛、口腔和鼻腔中的黏膜组织开始因为体液蒸发而变得干燥，皮肤表层会形成一层薄霜。

5 身体膨胀
人体开始分解，持续释放的体液和气体可使人体膨胀至正常情况下的两倍之多。

1 体内气体快速冲出
如果人体暴露在太空中，首先，肺和肠内的气体会被快速抽离，导致相关组织器官损伤。

6 冰冻
在太空中暴露几个小时后，人体会冷却到冰点以下，最终将被完全冻住，成为固体形态。

重力/引力

重力引力是指具有质量的物体之间相互吸引的作用力，也是物体重量的来源。在地球上，地球对地面附近物体的万有引力赋予物体以重量，并使物体落向地面。在宇宙中，也正是这种物体间的相互吸引力使天体能够在其轨道上运转，如地球绕太阳运动。牛顿在17世纪时给出了这种相互作用的数学描述，即万有引力定律。

重力特性

重力是一种物体间的相互吸引作用力。正如牛顿万有引力定律所述，吸引力的大小取决于两个因素：两个相互作用的物体的质量大小和它们之间的距离。重力是四种基本相互作用力中最弱的一种。但是，对于星体、星系这样质量巨大的物体，其相互间引力所发挥作用的距离也可以很大。

重力和质量

当两个物体间的距离（D）一定时，重力（F）大小和质量（M）大小成正比。如果其中一个物体的质量增加到原来的两倍（2M），则重力大小也相应地增加到原来的两倍（2F）。如果两个物体的质量都同时增加到原来的两倍，则重力大小增加到原来的四倍（4F）。

重力和距离

两个物体的质量保持不变时，重力大小和两个物体的距离（D）的平方成反比。距离加倍（2D），则重力减小为原来的四分之一（F/4）。距离减半（D/2），则重力增大至原来的四倍（4F）。

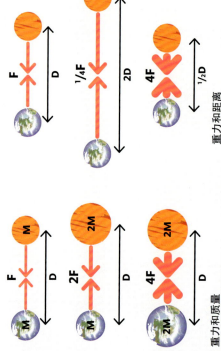

终极速度

物体自由下落时，重力会使物体加速运动，且越接近地面速度越快。物体同时会受到空气阻力，当空气阻力增加到和重力一样时，物体将稳定在一定速度，此时的速度为该物体所能达到的最大速度，即终极速度。

何为重力加速度？

可以把物体做加速运动时加速度的大小和地球的重力加速度来比较。人站在地球表面时的加速度为1G。

速度增加

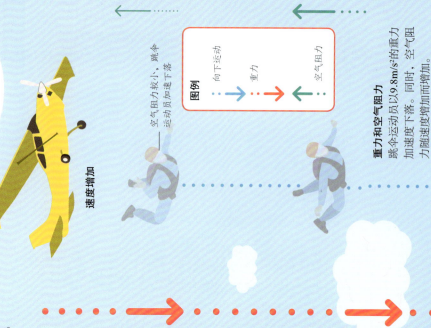

空气阻力较小，跳伞运动员加速下落

重力和空气阻力

跳伞运动员以9.8m/s²的重力加速度下落。同时，空气阻力随速度增加而增加。

图例
向下运动
重力
空气阻力

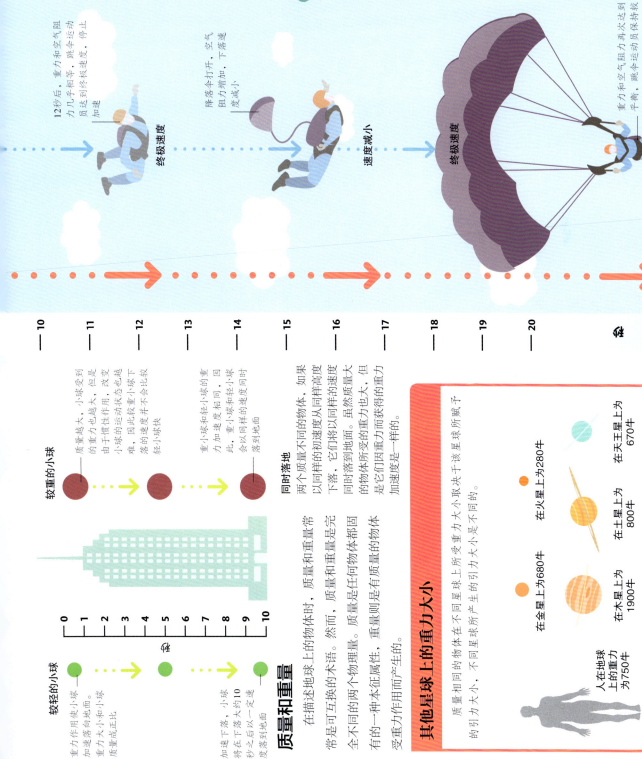

12秒后，重力和空气阻力几乎相等，跳伞运动员达到终极速度，停止加速

终极速度

降落伞打开，空气阻力增加，下落速度减小

速度减小

终极速度

重力和空气阻力再次达到平衡，跳伞运动员保持较小的终极速度

10 11 12 13 14 15 16 17 18 19 20

较重的小球

质量越大，小球受到的重力也越大，但是由于惯性作用，改变小球的运动状态也越难，因此较重小球下落的速度并不会比较轻小球快。

同时落地

两个质量不同的物体，如果以同样的初速度从同样高度下落，它们将以同样的速度同时落到地面。虽然质量大的物体所受重力也大，但是它们因重力而获得的加速度是一样的。

重小球和轻小球的重力加速度相同，因此，重小球和轻小球会以同样的速度同时落到地面。

质量和重量

在描述地球上的物体时，质量和重量常常是可互换的术语。然而，质量和重量是完全不同的两个物理量。质量是任何物体都固有的一种本征属性，重量则是有质量的物体受重力作用而产生的。

较轻的小球

重力作用使小球向地面加速下落。加速大小和重力大小成正比，重力大小和质量成正比

加速下落，小球将在下落大约10秒之后以一定速度落到地面。

0 1 2 3 4 5 6 7 8 9 10

其他星球上的重力大小

质量相同的物体在不同星球上所受重力大小取决于该星球所赋予该物体的引力大小。不同星球所产生的引力大小，不同星球所产生的引力大小是不同的。

人在地球上的重力为750牛

在金星上为680牛

在火星上为280牛

在木星上为1900牛

在土星上为800牛

在天王星上为670牛

狭义相对论

　　狭义相对论是爱因斯坦在1905年提出的区别于牛顿时空观的新的平直时空理论，是对描述物体在时空中运动的牛顿力学的革命性修正。其目的是为了解决当时物理学中的一个难题——光在真空中总是以特定速度传播，且该速度的大小与光源运动状态无关，这和经典牛顿力学中的速度叠加原理相矛盾。

狭义相对论与经典力学的矛盾

　　根据经典力学原理，物体的运动是相对其他物体而言的，因此速度具有可叠加性。然而，根据电磁场理论，光是以固定速度传播的。也就是说，光到达其他物体的速度总是相同的，且该速度不因光源与物体间是否有相对运动而改变。

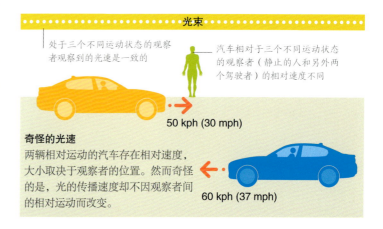

光束

处于三个不同运动状态的观察者观察到的光速是一致的

汽车相对于三个不同运动状态的观察者（静止的人和另外两个驾驶者）的相对速度不同

50 kph (30 mph)

奇怪的光速
两辆相对运动的汽车存在相对速度，大小取决于观察者的位置。然而奇怪的是，光的传播速度却不因观察者间的相对运动而改变。

60 kph (37 mph)

长度收缩

　　如同时间会变慢一样，高速运动的物体的周围空间会收缩。这种收缩是不可能被测量出来的，因为测量长度的仪器也必须达到同样的速度才不会产生同样的收缩。当物体以接近光速运动时，长度相对于观察者会急剧收缩，且时间会变得非常慢，以至于物体看起来像是完全静止的。

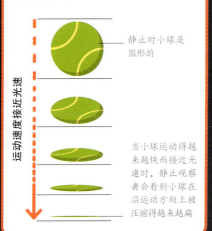

静止时小球是圆形的

运动速度接近光速

当小球运动得越来越快而接近光速时，静止观察者会看到小球在沿运动方向上被压缩得越来越扁

时间膨胀

　　爱因斯坦的狭义相对论在理论上指出，物体在空间维度中运动越快，在时间维度中运动越慢。这成功地解释了光速不变与其他物体运动时相对其参照系会变慢这两者之间的矛盾。这意味着，以不同速度运动的观察者观察到的时间长短是不一样的。也就是说，一个静止的观察者观察到的时间流逝速度远比接近光速运动的观察者观察到的要快得多。

光速不变原理
由于光速不变原理，在通过同样距离的以接近光速运动的宇宙飞船中，宇航员所测得的光束运动时间较短，而静止观察者测得的光束运动时间较长。

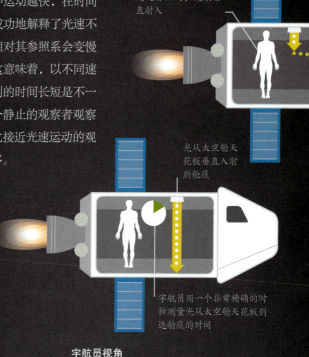

宇宙飞船中的宇航员以光速运动，相对于光是静止的，光束垂直射入

光从太空舱天花板垂直入射到舱底

宇航员用一个非常精确的时钟测量光从太空舱天花板到达舱底的时间

宇航员视角

质能关系

　　爱因斯坦在思考光速不变性的同时，也研究了质量和能量之间的关系。他意识到实际上物体的质量和能量是等价且可相互转化的，并提出了著名的质能方程$E=mc^2$来描述两者间的关系，其中，E是物体的总能量，m是物体的总质量，c是光速。当一个静止的物体获得动能时就会发生运动，物体的总能量增加。根据质能关系，运动物体的质量相对于静止时也会增加，因此会变得比静止时重。物体低速运动时，质量增加非常小，可以忽略不计。但是，如果物体的运动速度趋近或达到光速，则物体的质量就会增加到无穷大。

$$E = mc^2$$

根据质能方程，极小的物质由于存在质量都蕴藏着巨大的能量。核能正是通过使物质损失少量质量时释放出的巨大能量而产生的。

质量是物体所具有的一种物理属性，可用于衡量物体抗拒其运动状态被改变的难易程度。质量越大，其蕴藏的能量也越大，其运动状态也越难被改变。

光是一种无质量粒子的集合，因此它总是以其最快速度——光速运动。

"狭义相对论"这一术语是如何产生的？

爱因斯坦于1905年在其发表的题为《论动体的电动力学》一文中提出相对时空的思想。10年之后，爱因斯坦又对相对时空观加以发展，建立了关于时空和引力的广义相对论。为了区别，前者被称为"狭义相对论"，后者被称为"广义相对论"。

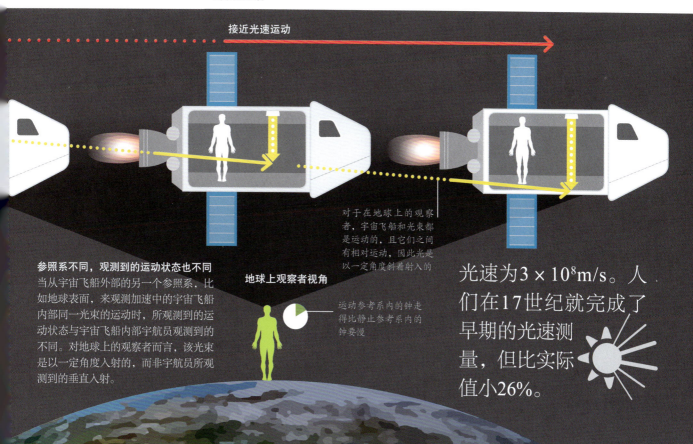

接近光速运动

参照系不同，观测到的运动状态也不同
当从宇宙飞船外部的另一个参照系，比如地球表面，来观测加速中的宇宙飞船内部同一光束的运动时，所观测到的运动状态与宇宙飞船内部宇航员观测到的不同。对地球上的观察者而言，该光束是以一定角度入射的，而非宇航员所观测到的垂直入射。

地球上观察者视角

运动参考系内的钟走得比静止参考系内的钟要慢

对于在地球上的观察者，宇宙飞船和光束都是运动的，且它们之间有相对运动，因此光是以一定角度斜着射入的

光速为$3 \times 10^8 m/s$。人们在17世纪就完成了早期的光速测量，但比实际值小26%。

广义相对论

引力相互作用（重力）是1687年由牛顿提出的。爱因斯坦的狭义相对论并没有考虑引力这种超距作用。经过多年思考，1916年，爱因斯坦找到了一种更广义的能把重力包括进去的时空理论。为了区别狭义相对论，该理论被称为广义相对论。

时间–空间

狭义相对论描述的是物体对时空的感知依赖于物体的运动，更确切地说是物体相对于真空中光速的运动。狭义相对论的重要意义在于指出了时间和空间是相互联系又对立统一的，建立了新的时空观。广义相对论描述的是物体在被称为时空的四维连续体中的运动，且时空会被大质量物体扭曲。质量和能量可以相互转换，因此物体中的所有能量都对质量有贡献。大质量会引起时空扭曲，从而产生引力场。星球间的引力正是这样形成的，比如月球在其轨道上绕地球运动。

广义相对论是如何被证明的？

1919年，天文学家亚瑟·爱丁顿（Arthur Eddington）团队在日全食时观测到了星光偏折现象，证实了爱因斯坦广义相对论中所预言的时空扭曲效应。

广义相对论成功地解释了行星近日点进动问题。

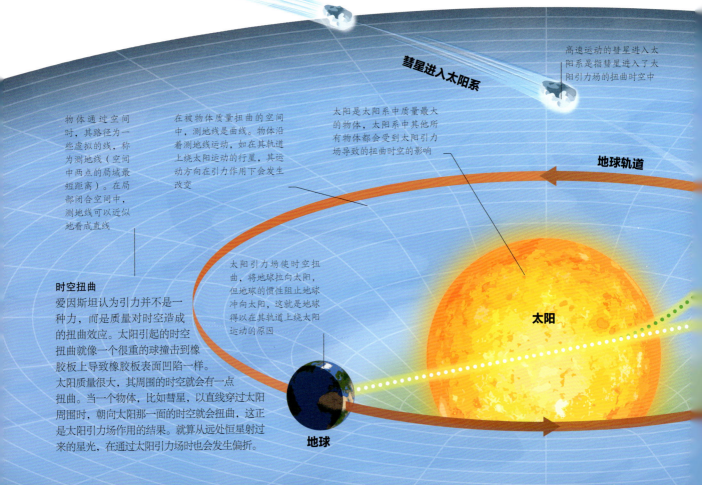

彗星进入太阳系

高速运动的彗星进入太阳系是指彗星进入了太阳引力场的扭曲时空中

物体通过空间时，其路径为一些虚拟的线，称为测地线（空间中两点的局域最短距离）。在局部闭合空间中，测地线可以近似地看成直线

在被物体质量扭曲的空间中，测地线是曲线。物体沿着测地线运动，如在其轨道上绕太阳运动的行星，其运动方向在引力作用下会发生改变

太阳是太阳系中质量最大的物体，太阳系中其他所有物体都会受到太阳引力场导致的扭曲时空的影响

地球轨道

时空扭曲
爱因斯坦认为引力并不是一种力，而是质量对时空造成的扭曲效应。太阳引起的时空扭曲就像一个很重的球撞击到橡胶板上导致橡胶板表面凹陷一样。太阳质量很大，其周围的时空就会有一点扭曲。当一个物体，比如彗星，以直线穿过太阳周围时，朝向太阳那一面的时空就会扭曲，这正是太阳引力场作用的结果。就算从远处恒星射过来的星光，在通过太阳引力场时也会发生偏折。

太阳引力场使时空扭曲，将地球拉向太阳，但地球的惯性阻止地球冲向太阳，这就是地球得以在其轨道上绕太阳运动的原因

太阳

地球

等效原理

　　为了理解引力问题，爱因斯坦提出了一个思想实验：想象你正悬浮在一个远离任何引力场的电梯内。突然，你掉落在地板上。你会认为电梯是被引力拉下来的吗？还是觉得电梯正往上加速？事实上，这两种效应会产生同样的结果，它们是等效的，这就是等效原理。爱因斯坦由此得出引力与惯性是等效的，进而延伸发展出了广义相对论。

爱因斯坦电梯实验

　　爱因斯坦还扩展了他的电梯思想实验：想象一束静止光线从电梯的左壁射向右壁，对电梯里的人而言，光线随电梯运动状态的不同存在如下图所示的三种可能情形。虽然置身电梯中的人不能区分电梯运动状态的改变是由于引力作用还是惯性作用，但是可以看到光的运动情况。当电梯加速到非常快或拉动电梯运动的引力非常大时，光线会弯曲，这表明空间也发生了弯曲。

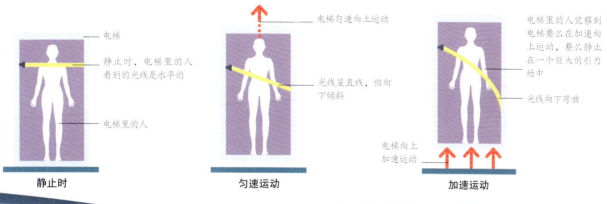

电梯

静止时，电梯里的人看到的光线是水平的

电梯里的人

电梯匀速向上运动

光线呈直线，但向下倾斜

静止时　　　**匀速运动**

电梯里的人觉察到电梯要么在加速向上运动，要么静止在一个巨大的引力场中

光线向下弯曲

电梯向上加速运动

加速运动

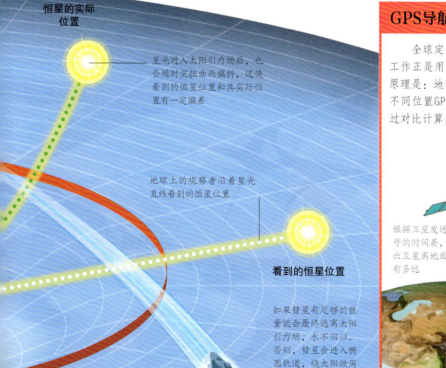

恒星的实际位置

星光进入太阳引力场后，也会随时空扭曲而偏折，这使看到的恒星位置和其实际位置有一定偏差

地球上的观察者沿着星光直线看到的恒星位置

看到的恒星位置

如果彗星有足够的能量就会最终逃离太阳引力场，永不回归。否则，彗星会进入椭圆轨道，绕太阳做周期性运动

GPS导航原理

　　全球定位系统（以下简称GPS）之所以能准确工作正是用到了广义相对论原理。GPS导航的基本原理是：地面上的用户终端接收地球上空至少四颗不同位置GPS导航卫星发射的时间和位置信号，通过对比计算出自己的位置，标示在地图上。

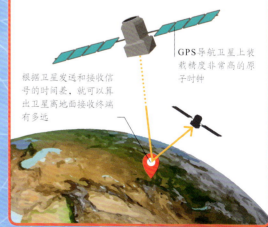

GPS导航卫星上装载精度非常高的原子时钟

根据卫星发送和接收信号的时间差，就可以算出卫星离地面接收终端有多远

引力波

广义相对论预言，当物体通过时空时，会产生涟漪，称为引力波。2015年，引力波被首次直接探测到。

什么是引力波？

当有质量的物体在时空加速运动时，会产生涟漪，从有质量物体的位置向外传播，这种时空的涟漪就是引力波。最大的引力波事件产生的引力波频率最低、波长最长、传播距离也最远。例如，宇宙大爆炸所产生的引力波的波长较长，可以传播到几百万光年处。引力波提供了一种不依赖于光的宇宙探索新方法，这为我们探测宇宙中一些"不可见"的天体提供了可能，如黑洞与黑洞并合时的物理过程。

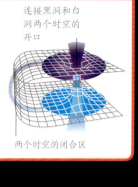
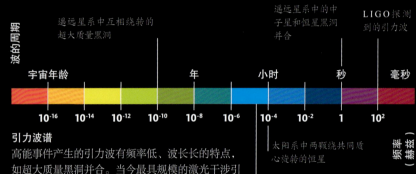

波的周期

遥远星系中互相绕转的超大质量黑洞

遥远星系中的中子星和恒星黑洞并合

LIGO探测到的引力波

宇宙年龄			年		小时		秒		毫秒

| 10^{-16} | 10^{-14} | 10^{-12} | 10^{-10} | 10^{-8} | 10^{-6} | 10^{-4} | 10^{-2} | 1 | 10^{2} |

频率（赫兹）

引力波谱

高能事件产生的引力波有频率低、波长长的特点，如超大质量黑洞并合。当今最具规模的激光干涉引力波天文台（LIGO）追踪的正是那些大质量高速移动物体所产生的高频段短波长引力波，如恒星黑洞产生的引力波。

太阳系中两颗绕共同质心旋转的恒星

小黑洞被大质量黑洞捕获

引力波是如何形成的？

首次探测到引力波是由LIGO完成的，其信号来自距地球13亿光年的双黑洞的并合事件。这些黑洞是被相互间的引力作用吸引到一起的。

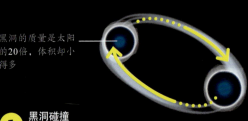

黑洞的质量是太阳的20倍，体积却小得多

① 黑洞碰撞

黑洞因巨大质量间的强大引力而相互"接近"。LIGO探测到的规律振荡表明两个发生碰撞的黑洞轨道都是近圆形的，它们以超过每秒15次的速度绕彼此运行。

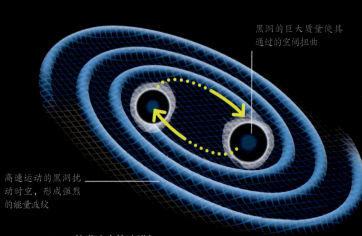

黑洞的巨大质量使其通过的空间扭曲

高速运动的黑洞扰动时空，形成强烈的能量波纹

② 轨道速度快速增加

当两个黑洞彼此接近时，它们的轨道螺旋式减小，并加速至接近光速。其周围所有有质量的物体都被加速至接近光速，形成了向周围各个方向扩散的引力波。

LIGO如何探测到引力波？

LIGO是通过调整臂长为4千米的这个超级迈克尔逊干涉仪的激光传输距离来探测引力波的。使被分光的两束反射光和投射光在探测器处形成半波长奇数倍的光程差会形成相消干涉。也就是说，没有引力波经过时，探测器是没有干涉条纹的。当引力波经过时，会使一条长臂增长，另一条长臂缩短，干涉条纹的图样和强度也会有相应的变化，从而被探测到。

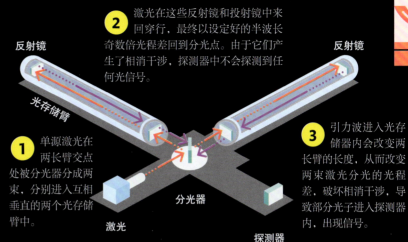

2 激光在这些反射镜和投射镜中来回穿行，最终以设定好的半波长奇数倍光程差返回到分光点。由于它们产生了相消干涉，探测器中不会探测到任何光信号。

反射镜

反射镜

光存储臂

1 单源激光在两长臂交点处被分光器分成两束，分别进入互相垂直的两个光存储臂中。

分光器

激光

探测器

3 引力波进入光存储器内会改变两长臂的长度，从而改变两束激光分光的光程差，破坏相消干涉，导致部分光子进入探测器内，出现信号。

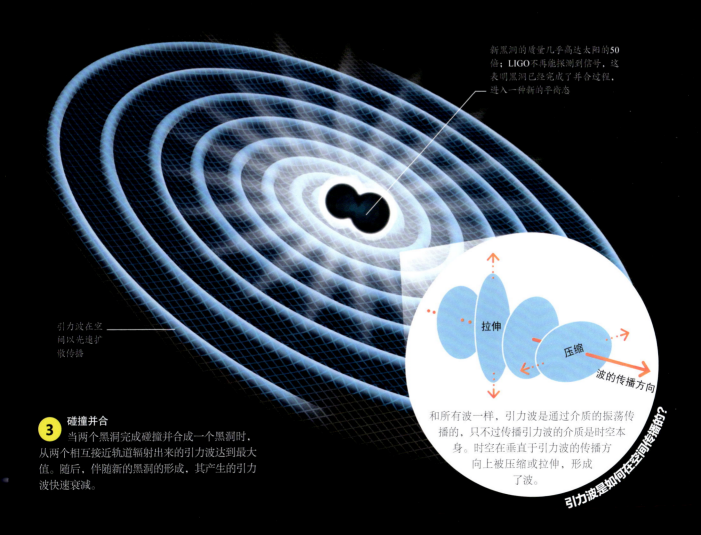

新黑洞的质量几乎高达太阳的50倍；LIGO不再能探测到信号，这表明黑洞已经完成了并合过程，进入一种新的平衡态

引力波在空间以光速扩散传播

拉伸

压缩

波的传播方向

3 **碰撞并合**
当两个黑洞完成碰撞并合成一个黑洞时，从两个相互接近轨道辐射出来的引力波达到最大值。随后，伴随新的黑洞的形成，其产生的引力波快速衰减。

和所有波一样，引力波是通过介质的振荡传播的，只不过传播引力波的介质是时空本身。时空在垂直于引力波的传播方向上被压缩或拉伸，形成了波。

引力波是如何在空间传播的？

弦　论

　　弦论是理论物理学的一个分支，其模型的构建是为了解决物理学中的一些重大问题，如在非常小的尺度下，引力是如何发挥作用的。弦论模型认为组成所有物质的最基本单位是一小段"能量弦线"，大至星际银河，小至电子、质子、夸克一类的基本粒子都是由这占有二维时空的"能量线"组成的。

每条弦线都对应一个振动频率

夸克

分子

质子

原子核

原子

不同的振动分别对应电子的速度、自旋和电荷

电子

弦并非粒子

　　直接观测到亚原子尺度的粒子是不可能的，对这些粒子的理解是通过观测与它们相关的效应而得到的。弦论主张粒子实际上是一些微小振动的弦线。每种基本粒子，如电子和夸克，都有自己独特的振动模式，这些振动模式和它们的性质如质量、电荷、动量等相互对应。目前，弦论只是一种从数学上来模拟粒子量子行为的猜想，还没有任何实验能对其证实。

能量弦线

根据弦论，自然界中的各种基本粒子，如电子和夸克，以及由它们构成的质子，都对应于某种独特的振动模式，即能量弦线。

量子引力

　　量子引力是对引力场进行量子化描述的理论，其研究方向主要是尝试将描述如天体等大质量物质运动方式的广义相对论和描述原子尺度物质运动方式的量子力学进行结合和统一。一般认为，量子引力效应只有在极小的尺度上才会变得显著，这一尺度被称为普朗克长度（Planck length）。

普朗克长度

任何两个物体，当两者的距离小于普朗克长度时，它们的具体位置将无法确定。因此，普朗克长度是有意义的最小可测长度。

弦论是一种万有理论

　　在原有的物理模型中，宇宙从极小尺度到极大尺度各自遵循一系列不同的物理规律运行。如果存在一种具有总括性、一致性的物理理论框架，即万有理论，能够解释所有物理奥秘，那么弦论将是其中很有希望的一种。

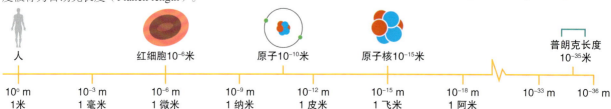

人　　　　　红细胞10^{-6}米　　　原子10^{-10}米　　　原子核10^{-15}米　　　　　　　　　　普朗克长度10^{-35}米

10^0 m	10^{-3} m	10^{-6} m	10^{-9} m	10^{-12} m	10^{-15} m	10^{-18} m	10^{-33} m	10^{-36} m
1米	1毫米	1微米	1纳米	1皮米	1飞米	1阿米		

多维度

弦论认为弦的振动存在于多个不同的维度，即除了肉眼可见的三个维度（长度、宽度和厚度），还存在其他至少七个以上的隐藏维度。这些维度是"卷缩"的，也就是说它们非常小，要到亚原子尺度上才可能被探测到。这些空间维度就在我们周围，且很可能成为揭开如暗能量、暗物质等神秘物质面纱的关键。

卡拉比–丘流形

根据一些弦论家的观点，除了日常生活中能感知到的四维空间，额外的多维空间以奇妙结构卷藏在宇宙中，这个结构被称为"卡拉比–丘流形"。下图展示的是一个六维空间流形（卡拉比–丘5次多项式流形）在二维空间的影射截面。

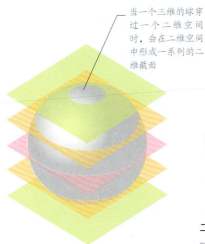

当一个三维的球穿过一个二维空间时，会在二维空间中形成一系列的二维截面

对于二维世界的观察者，当球的每个部分通过二维平面时，球的截面或片表现为一系列缩放的同心圆环

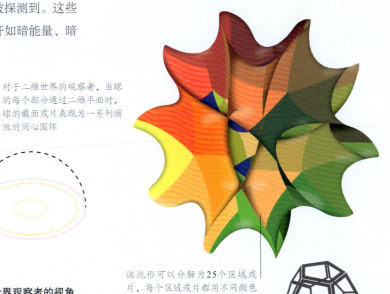

该流形可以分解为25个区域或片，每个区域或片都用不同颜色表示

三维的球在二维平面中
想象一个三维的物体在二维空间中的样子可以帮助我们更好地理解多维空间。比如，三维的球体在二维空间中看起来是一系列圆形的切片。

二维世界观察者的视角
一个二维世界的观察者是不能感知到向上或向下的，因此，当球体穿过时，他们看到的将是在二维平面上的一系列缩放的圆。这是由维度卷缩导致的奇异现象。

弦论认为宇宙存在10个不同的维度。

超粒子

超弦论认为，物质是能量的最轻柔振动模式，此外，空间中还存在着许多剧烈的弦振荡模式。不同的振荡模式位于不同的"音阶"，它们共同组成了宇宙，就像一支伟大的交响曲。这些剧烈的振荡代表超对称粒子，简称超粒子。一些弦论学家预言，这些只存在于高能状态的超粒子的质量非常大，可能高达其伴生基本粒子质量的1000倍以上。

组成物质的基本粒子和对应的可能超粒子		传递力的基本粒子和对应的可能超粒子	
基本粒子	**超粒子**	**传递力的粒子**	**超粒子**
夸克	超夸克	重力子	超重力子
中微子	超中微子	W 玻色子	超W子
电子	超电子	Z^0 粒子	超Z^0子
μ子	超μ子	光子	超光子
τ子	超τ子	胶子	超胶子
		希格斯粒子	超希格斯粒子

生　命

生命是什么？

　　生命恐怕是已知宇宙中最为复杂的事物了。从物质角度而言，生命体是分子的集合，但是这些集合间的协同运作方式却比任何形式的计算机都要复杂。要理解生命的本质，我们要把生命体简化到它的基本功能，以便了解是什么使生命体活着。

生命的特征

　　地球上的生物多种多样，千差万别，但它们都具有一些共同特征，称为生命的特征。换言之，只有表现所有这些特征的事物才可称为生物。生物需要食物，能够呼吸并释放能量和排泄代谢产物。它们可以移动，可以感知周围环境，可以生长并繁殖。非生物可能具有其中的一两个功能特征，但不具有以上全部特征。

生命是复杂的结构

　　构成生命体的复杂化学物质都是以碳原子作为基本框架构建起来的。某些组成生命体的化学物质是目前已知的最大分子。其中，DNA链和纤维素可长达几厘米。植物可以利用如二氧化碳和水这样的简单成分来合成所需的有机分子。动物则需要通过摄入食物来获取构建生命体的原料和能量，其食物的来源可以是其他生物或它们的代谢产物。

 能导致肺炎的细菌是结构最为简单的有机生命体之一，仅由687个基因组成。

晶体
晶体分子在环境中成核之后，可以根据其成核的化学结构复制生长成大块固体，但是它缺乏复杂的新陈代谢过程，因此不是有机生命体。

繁殖
繁殖使生命体制造出下一代，使生命得以延续。生物的遗传是由基因决定的，即DNA能够根据遗传密码进行自我复制。生物的某些性状会发生变异，没有可遗传的变异，生物就不可能进化。

生长
生命体具有不断生长、发育的特征。细胞体积可以增加和分裂，进而构建出更多的有机分子。细胞通过不断增生，可以生长为巨大的多细胞有机生命体，如参天大树或鲸。

生物对外界环境的变化较为敏感，如光、温度的改变或化学变化。每一种外界刺激都会使生命体产生一系列特定的应激反应。

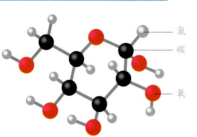

食物分子
葡萄糖分子是由24个原子组成的，这已经是组成食物的分子中最简单的了。和其他生物分子一样，其基本框架是由碳原子组成的。

氢
碳
氧

计算机
计算机可以探测和对外界刺激做出响应，并完成类似动物大脑的信息存储。然而，和生命复杂而有序的应激反应相比，计算机的这一特性是有限而微不足道的。

应激反应

生物文氏图
有机生命体是指能实现全部生命功能的个体，其范围非常广泛，包括任何活的细菌、植物及动物等。所有的有机生命体都具有7个共同的生命特征。

生物的一生都需要不断从外界获得营养物质来维持生存。大多数生物通过蛋白质和碳水化合物等物质获得合成这些营养物质所需的分子。

需要营养

能运动

从稳定流动的体液、微观层面上的细胞组成成分到具有强大收缩功能的动物肌肉，有机生命体的所有组成部分或多或少都是可以运动的。

除了我们这些碳基生物，还有别的吗？

科幻作品中常常认为硅元素很可能是另类生物的有机基础物质，即可能存在硅基生物。然而，地球上迄今为止已知的生物都是碳基的，即碳元素是构成各种复杂分子及有机生命体的基石。

有机生命体

眼虫藻是一种喜欢生活在池塘中的单细胞微生物，它们既可以像植物那样通过光合作用进行自养，也可以像动物一样靠溶在水中的物质异养。

排泄

构成生命体的成千上万的细胞无时无刻不在进行着各种化学反应，这些化学反应会产生如二氧化碳这样的废物。排泄是生物将这些代谢废物排出体外的过程。

什么是新陈代谢？

新陈代谢是维持生命所必需的、生物体内全部有序化学变化的总称。分子的改变是通过一系列化学反应完成的，每一步都有被称为酶的特定蛋白质进行催化。每个有机生命体都有自己独特的新陈代谢过程，这是由DNA遗传密码所携带的酶序列所决定的。

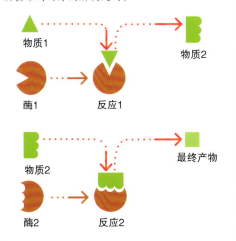

物质1   物质2

酶1   反应1

物质2   最终产物

酶2   反应2

绝大多数生物都需要通过化学反应消化食物以获得能量，就像内燃机燃烧燃料产生能量一样。呼吸作用是指细胞把有机物氧化分解，并转化为能量供生命体使用的化学过程。

呼吸

内燃机

内燃机可以通过吸入并燃烧燃料来实现运动和"排泄"废弃物。它具有四个生命特征，但是它不能感知周围环境、生长和繁殖，因此不是有机生命体。

生物分类

分类是我们理解世界的方式之一。当涉及生物分类时，现代科学分类方法的一个目标是通过生物分类来描绘生物在形态结构和生理功能等方面的相似性，以厘清不同物种之间的亲缘关系和进化关系。

生命树

即便像细菌和动物这样在形态结构上完全不同的生物也具有一些相似性，特别在细胞和基因方面。这表明所有的生命都来自一个共同的祖先。数十亿年来，生物逐渐进化成一棵巨大的生命之树。科学家将生物分成一系列更小的群，以反映它们是如何在演化过程中从生命之树的躯干上分化出来的。最老的树干代表整个生命王国的基石，最外层的树枝代表数以百万计地球上的物种。

一茶匙的土壤中就可能包含超过10万种微生物。

学名

在科学界，每种植物都有一个独特的学名。学名能够精确地描述植物的种类，如日常所说的树石楠和巨石楠就很难表示出植物的种类，因为实际上这两者分属于同一类目欧石楠。学名通常是描述性的，且由两部分构成。前一部分，如欧石楠，是属名，定义的是一群近缘的物种。第二部分是种名，如纵枝欧石楠或树状欧石楠。

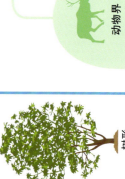

树形杜鹃

纵枝欧石楠

树状欧石楠

卢卡

共同祖先——由进化论推导出来的假设，是地球上所有生命的共同起源。

古细菌界
形状和大小与细菌有很多相似之处，但进化历程和基因与细菌不同。

假菌界
包括含有叶绿素a和叶绿素c的藻类、纤毛虫、有孔虫及其近亲等，绝大多数是单细胞生物。

植物界和相关的藻类
所有含有叶绿素a和叶绿素b的植物，包括绿藻和陆生植物。

七界系统
生物分类方法有很多不同的系统。早期人们对生命之树各分枝间的关系理解较少，主要靠生物体的外形、构造与生理等特征进行分类；现代则主要依据生物的遗传和进化关系进行分类。其中，根据生物体细胞的相似性，至少可以分为7个不同的群类，称为七界系统。

细菌界
最简单的单细胞生物。

原生动物界
由单细胞构成的原生动物，包括变形虫及其近亲。

真菌界

动物界

自然和非自然群体

很多生物在进化过程中巧合地发展出了一些相似的外部特征，比如鸟类和昆虫都各自进化出了翅膀，人们习惯将它们都称为"有翅膀的动物"。现在通过生物科学分类法是按照自然群体或支系进行分类的。

种群内的群

如果我们严格按照亲缘关系分类，则分类系统中还必须反映出物种的进化关系，如鸟类是从有兽脚亚目，即一群包括霸王龙在内的双足直立恐龙演化而来的。这意味着鸟类是恐龙的一个亚群，且属于爬行动物。

无脊椎动物

海绵动物，包括海绵

刺胞动物，包括海葵和水母

原口动物，包括节肢动物、软体动物和绝大部分端虫

无脊椎后口动物，包括海星类及其近亲

无脊椎动物是一个非自然群体

无脊椎动物这个名词并没有分类学上的意义，因为除了没有脊椎，无脊椎动物间并没有太多共同之处。在形态上，它们有的简单，有的复杂，有完整的，也是不完整的，因为它不包含后口动物中的有脊椎动物。

鱼类

无颌鱼（七鳃鳗和八目鳗）

鲨鱼、鳐鱼及其近亲

辐鳍硬骨鱼

肉鳍硬骨鱼，包括肺鱼

鱼类也是一个非自然群体

所有的鱼类都有共同的祖先，但是其中的一类（肉鳍硬骨鱼）最终进化出了四条腿，成为四足动物。而不再是鱼类。因此，和无脊椎动物一样，鱼类也不能形成一个分支。然而，不同于无脊椎动物，鱼类在其复杂程度上是类似的，并且有很多共同的独特特征，因此它们可以很方便地被称为一个样类，即级。

恐龙、鸟类和现代爬行动物

鳄鱼

海龟

蜥蜴和蛇

鸟

兽脚类恐龙

蜥臀龙

鸟臀龙

恐龙和鸟

四足动物

鸟类和现代爬行动物——所有四足动物的祖先。

两栖动物

陆生脊椎动物——所有四足动物的祖先。

哺乳动物

病　毒

　　病毒能够自我复制。病毒不能独自存活，它们是一些具有感染性的粒子，个头只有小的基因包那么大。它们通过感染宿主细胞，并在宿主细胞内自我复制。有些病毒的危害较小，有些病毒则是地球上最可怕的疾病的根源。

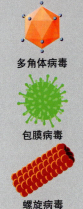

生物病毒种类

　　病毒形状各异，但是它们都有相同的基本组成，即一团被蛋白质包裹着的基因。有的遗传物质是DNA，有的是RNA。RNA是一种用于使蛋白质正确表达的物质。值得注意的是，某些病毒和其宿主细胞的相关性比其他病毒高，实际上是脱离宿主染色体的一小团变异基因。

多角体病毒

包膜病毒

螺旋病毒

复合型病毒

病毒的生命周期

　　所有的病毒都靠寄生生活，它们可以通过接触、空气和食物进行传播。它们是介于生命体和非生命体之间的有机生物，因为它们必须在宿主细胞内才可以进行自我复制。如同它们所寄生的生命体一样，它们的行为方式是由基因控制的，这决定了它们感染宿主并实现自我复制的行为方式。每种病毒都有其独特的感染方式，从能引起普通流感的病毒到致命的埃博拉病毒，它们的感染方式各不相同。

细胞核

细胞核中有宿主细胞的DNA

粗面内质网，其表面附着核糖体

核糖体，其主要功能是合成蛋白质

核酸脱出
病毒进入细胞不久，病毒的蛋白质衣壳就会降解破裂，释放出基因物质——核酸。

3

该病毒中的基因物质是RNA（橙色部分），在另外一些病毒中，基因物质也可以是DNA

病毒附着在细胞膜上

蛋白质（橙色三角形和蓝色球形部分），构成了包裹病毒基因的衣壳

病毒渗入细胞膜

充满液体的小泡泡，被称为膜泡

病毒附着
1
病毒表面分子首先与宿主细胞表面特定分子结合，使病毒附着在宿主细胞上，这就解释了为什么病毒只感染某些特定类型的细胞，而不感染其他细胞。

进入细胞
2
一些病毒首先在细胞膜上产生一个膜泡，这些膜泡与细胞膜重新融合时，病毒也随之进入宿主细胞。

新病毒释放，感染其他细胞

7 新病毒释放
组装完成的新病毒颗粒从宿主细胞中脱离，准备去感染其他的细胞或扩散到新宿主中。病毒释放的过程可能会破坏细胞膜，导致宿主细胞死亡。

细胞膜破裂

新的病毒颗粒脱离细胞膜

内质网

储存在内质网中的病毒RNA

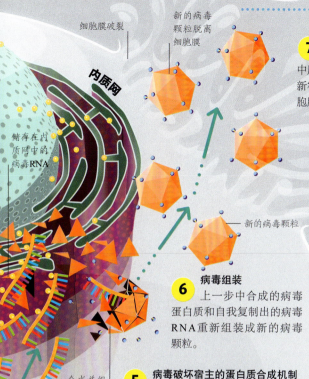

— 新的病毒颗粒

6 病毒组装
上一步中合成的病毒蛋白质和自我复制出的病毒RNA重新组装成新的病毒颗粒。

合成并组装新的病毒衣壳蛋白质

5 病毒破坏宿主的蛋白质合成机制
病毒的RNA和宿主中附着在粗面内质网上负责合成蛋白质的核糖体结合，进而使用核糖体合成的蛋白质来繁殖新的病毒。

病毒基因自我复制

4 病毒基因自我复制
病毒的基因物质开始自我复制。RNA式病毒携带自己的酶首先合成出DNA，然后简单地自我复制。DNA式病毒则直接将DNA释放到细胞核中，进而插入宿主细胞的DNA中。

细胞膜

天花病毒是目前唯一一种通过疫苗免疫消灭了的传染性病毒。

与病毒战斗

病毒侵入人体后，人体的免疫系统首先会动员血液中的白细胞与之战斗。一些白细胞负责释放抗体蛋白质来与病毒结合，使之失去感染活性。而另一些"杀手细胞"则会杀死那些被感染的细胞。通过疫苗制造"假"感染以激发免疫系统，可以预防病毒感染。

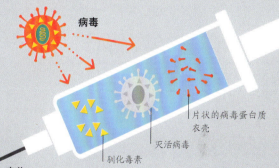

病毒

片状的病毒蛋白质衣壳

灭活病毒

驯化毒素

疫苗
疫苗是病原微生物经过人工减毒、灭活或利用基因工程等方法制成的生物制品。它能够激发免疫系统，却对人体无害。它在人体中"实战"前，充当入侵者与人体免疫系统进行"演练"。如此之后，当有朝一日病原微生物入侵时，免疫系统便会遵循已有的记忆，更迅捷地制造出保护物质来阻止病原微生物的伤害。

病毒，不单单是"祸害"

病毒也不单单是"祸害"，它与特定细胞结合的特性可被有效利用。某些病毒，从基因层面进行修改后可用于给特定的细胞载药，以对癌症实施靶向治疗。DNA式病毒也可用于将"健康"的基因加载到宿主细胞中，以实现基因治疗（如右图所示）的目的。还有一些病毒具有抵抗致病性细菌的潜力，为制造抗生素的替代品提供了可能。

新基因

新基因片段被植入病毒中

细胞

病毒将基因片段插入宿主细胞的DNA中

细 胞

　　几乎每个生物体的任何部分都是由一些活的微小基本单元组成的，这些基本单元称为细胞。细胞可以消化食物、生成能量、感知周围的环境、成长和自我修复。它们生存在一个句号五分之一大小的空间中。

细胞结构和功能

　　细胞内充满了一些微小的结构——细胞器。就如同人体中的器官一般，每个细胞器都负责发挥某些独特的功能，而这些功能对于维持细胞正常生存是至关重要的。所有细胞都从周围环境中获得原料，经细胞器加工成丰富的复杂物质。

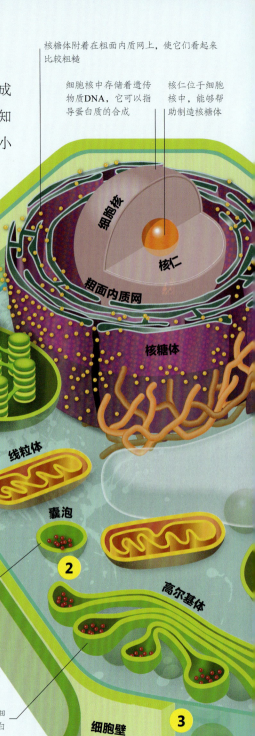

核糖体附着在粗面内质网上，使它们看起来比较粗糙

细胞核中存储着遗传物质DNA，它可以指导蛋白质的合成

核仁位于细胞核中，能够帮助制造核糖体

植物细胞

细胞核

核仁

粗面内质网

核糖体

细胞壁

线粒体

囊泡

高尔基体

线粒体是细胞进行有氧呼吸的重要场所，它为所有的细胞活动提供能量

囊泡负责运输蛋白质等物质

高尔基体是细胞内的一种细胞器，负责分类和包装蛋白质及其他分子

细胞壁

囊泡释放蛋白质

1 蛋白质合成工厂
细胞需要一些特定的蛋白质，而蛋白质是根据遗传信息在核糖体上合成的。核糖体是附着在粗面内质网上的细胞器，主要负责合成蛋白质。

2 分类和包装
内质网上的核糖体初步形成蛋白质后，就会分泌出小囊泡，将包裹着的蛋白质送达高尔基体。高尔基体如同细胞内的收发室，对蛋白质进行分类和包装，并决定将它们送往何处。

3 运输
高尔基体将不同的蛋白质放入不同的囊泡中，这就相当于给它们贴上了标签。然后，高尔基体分泌出包裹着蛋白质的出芽小泡，小泡漂到细胞膜那里，与细胞膜融合，并将蛋白质释放到细胞外。

每平方毫米的叶子表面约含有80万个叶绿体。

粗面内质网是合成蛋白质的场所，且可以传输蛋白质

光面内质网表面不带有核糖体，为管状结构，是细胞内脂类物质合成的场所，如脂肪、脂肪酸和胆固醇等

细胞能活多久？

细胞的寿命各不相同，这和它们来自哪个器官部位有关。动物表皮细胞平均每几个星期就更新一次，而血液中的白细胞则可存活长达一年，甚至更久。

液泡

液泡是一种囊状的单层膜细胞器，作用是存储水和营养液，以及降解细胞中的废物和有害物质

叶绿体是绿色植物进行光合作用的场所

叶绿体

细胞质是液体，它是很多细胞内化学反应发生的场所

细胞膜控制着进出细胞的物质

溶酶体

溶酶体是"消化车间"，内含多种水解酶，能分解衰老、受损的细胞器，能吞噬并杀死入侵的病毒或细菌

细胞膜

细胞类型的多样性

动物细胞不同于植物细胞，它没有起约束和支撑作用的细胞壁，也不能长到植物细胞那么大。然而在某些方面，动植物细胞具有相似的特点，它们的细胞结构形态都取决于需要完成的功能。动物通常比植物更有活力，大多含有更多的线粒体；动物是异养型，细胞中缺乏能够进行光合作用的叶绿体。

动物细胞也各不相同

平滑的皮肤细胞通常是片状的，且它们不需要制造很多蛋白质，因此皮肤细胞中的线粒体含量较少。相反，白细胞中则含有很多线粒体，因为白细胞主要负责人体的免疫系统，丰富的线粒体提供了足够的能量帮助白细胞对病毒入侵做出快速反应。

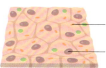

较少的线粒体和囊泡

细胞核中包裹着DNA

皮肤细胞

较多的线粒体和囊泡

血液中的白细胞

细菌细胞

细菌细胞既不像动物细胞，也不像植物细胞。细菌的进化历史比动植物甚至单细胞藻类都要长。细菌细胞是原核细胞，细胞内没有细胞核。

DNA物质松散地分布在细胞内

细胞壁使细菌细胞有坚固的外形，就像植物细胞一样

细菌细胞

细胞分裂增殖

多细胞生物体的细胞是通过多次自我复制的方式来实现增殖的。细胞进行自我复制的过程称为有丝分裂。这个过程并不容易，因为每个细胞都有一组包含生长成生物体所需的全套DNA指令。每一次分裂成子细胞之前，都需对母细胞的DNA进行完全复制。

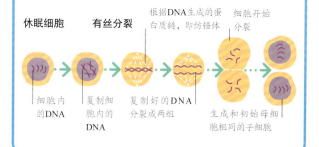

休眠细胞　　　有丝分裂

根据DNA生成的蛋白质链，即纺锤体　　　细胞开始分裂

细胞内的DNA　　　复制细胞内的DNA　　　复制好的DNA分裂成两组　　　生成和初始母细胞相同的子细胞

基因工作原理

DNA包含了控制生物生长和生命延续的编码信息。这些指令被翻译成有机体所需要的特定蛋白质。带有蛋白质编码信息的DNA片段被称为基因。

合成蛋白质

生命体细胞的活动过程需要数百种蛋白质参与。其中，部分蛋白质被称为酶，起到了催化和加速细胞内化学反应过程的作用；还有一些可以转运材料，以完成其他生物活动的关键过程。所有的蛋白质都是根据DNA片段组成的基因编码信息合成的。在合成蛋白质的过程中，基因中的编码信息首先被复制转录到一种被称为RNA的分子中，因此，该RNA分子带有来自细胞核的蛋白质表达指令。

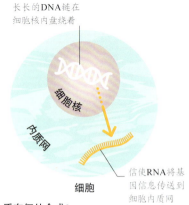

长长的DNA链在细胞核内盘绕着

细胞核

内质网

信使RNA将基因信息传送到细胞内质网

细胞

蛋白质在何处合成？
DNA分子是巨大而复杂的，只存在于细胞核内，而蛋白质需要在细胞内质网上合成，因此，DNA上的基因密码转录为RNA，以传送到细胞内质网，指导蛋白质合成。

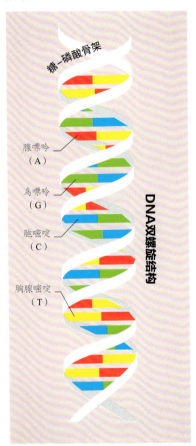

糖—磷酸骨架

腺嘌呤（A）

鸟嘌呤（G）

胞嘧啶（C）

胸腺嘧啶（T）

DNA双螺旋结构

1 DNA结构
DNA分子包含两条分子链，组成双螺旋结构。四个基本碱基单元两两配对，形成碱基对。配对规则：腺嘌呤（A）与胸腺嘧啶（T），鸟嘌呤（G）与胞嘧啶（C）。

解开DNA双链

暴露的碱基序列可以作为构建新链的模板

2 DNA解螺旋
遗传密码被编码在DNA链中的一条碱基序列中。带有蛋白质编码的DNA片段被称为基因。当需要解析该蛋白质时，DNA双螺旋链就会在对应位置解螺旋，暴露出需要的基因。

与鸟嘌呤（G）结合

尿嘧啶（U）

鸟嘌呤（G）和胞嘧啶（C）配对

3 生成RNA
沿着暴露出来的基因，根据碱基配对规则就可生成对应的RNA链。唯一不同的是，在RNA中，尿嘧啶（U）代替胸腺嘧啶（T）与腺嘌呤（A）进行配对。

遗传密码是一种通用语言

每种生物都有自己的一套独特的基因，但是DNA中碱基序列对不同氨基酸的编码规则在所有生物中都是相同的，无论细菌、植物还是动物，都是如此。它的基本规则是：每三个碱基对编码一个氨基酸。例如，AAA代表赖氨酸，AAC代表天冬酰胺等。

AGC CAT TCA GGA CGT ...

当DNA在人体细胞中复制时，约每秒可复制50个碱基。

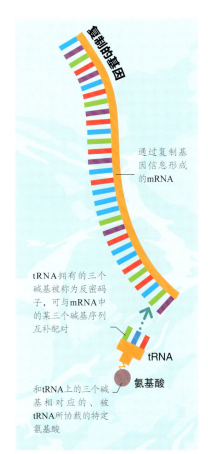

复制的基因

通过复制基因信息形成的mRNA

tRNA拥有的三个碱基被称为反密码子，可与mRNA中的某三个碱基序列互补配对

tRNA

氨基酸

和tRNA上的三个碱基相对应的、被tRNA所协载的特定氨基酸

4 基因离开细胞核

mRNA（信使RNA）实际上是基因的一面镜子。mRNA脱离细胞核并进入细胞质，并吸引具有反密码子信息的tRNA（转运RNA）。

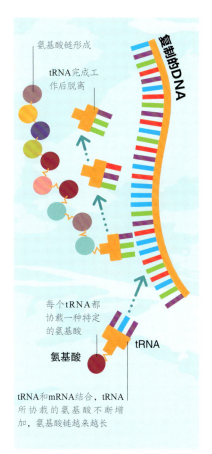

氨基酸链形成

tRNA完成工作后脱离

复制的DNA

每个tRNA都协载一种特定的氨基酸

氨基酸

tRNA

tRNA和mRNA结合，tRNA所协载的氨基酸不断增加，氨基酸链越来越长

5 翻译成氨基酸

tRNA识别mRNA上的密码子并与之结合。每个tRNA都协载一种特定的氨基酸，随着mRNA上的密码子不断被识别出来，越来越多的碱基密码序列被翻译成氨基酸。

很多蛋白质，包括蛋白酶，都是复杂的球形

蛋白质

不同种类的氨基酸用不同颜色表示

6 氨基酸折叠形成蛋白质

从基因碱基序列翻译成的线性氨基酸链进行折叠或卷曲之后就形成了蛋白质。其折叠方式也是由基因控制的，且折叠方式决定了蛋白质的形状和功能。

繁　　殖

　　繁殖是所有生物的基本现象之一。生物以各种不同的方式尽可能多地将它们的基因一代代地传下去。有些生物仅依靠片段就能繁殖，但大多数生物需要通过性行为来繁殖下一代，这为遗传带来了多样性。

无性繁殖

　　所有生物在细胞分裂时都进行了DNA复制。在某些情况下，生物以一种自我复制的简单方式来制造新个体。无性繁殖直接由母体细胞分裂产生新个体。新个体和母体保持完全的一致性，也易患和母体同样的疾病。但是这种简单复制也是快速繁殖的最理想方式。

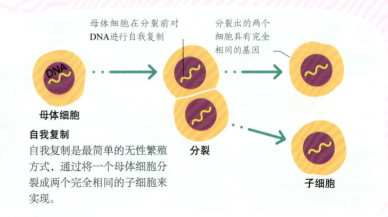

母体细胞在分裂前对DNA进行自我复制

分裂出的两个细胞具有完全相同的基因

母体细胞

分裂

子细胞

自我复制
自我复制是最简单的无性繁殖方式，通过将一个母体细胞分裂成两个完全相同的子细胞来实现。

出芽生殖
某些简单动物，如海葵，可以通过从母体分出芽体的方式繁殖后代。

母体长出芽体

成熟的芽体从母体分离出来

单性生殖
单性生殖也称为孤雌生殖，指动物或植物的卵子不经过受精过程，而单独在雌性个体内发育成正常的新个体。

蚜虫可独自生育后代

营养繁殖
营养繁殖是植物繁殖方式的一种，指利用植物体的根、茎、叶等营养器官或某些特殊组织长出新植株的生殖方式。

通过植物枝条长出的新植株

繁殖策略

　　繁殖策略有两种：许多后代和少量后代。前者会通过多产卵的方式来保证物种的延续，因为它们绝大多数都没有活下来的机会。后者则繁衍较少量的后代，但它们的父母很有奉献精神，每个新生后代都能因得到很好的照料而茁壮成长。

许多后代
青蛙每次都会排出数百个卵子，且每年都会产卵。它们的卵大部分都会成为其他动物的食物而无法存活。

少量后代
加州秃鹫长到8岁时才开始产蛋，每次只产一枚，且要隔年才产一次。

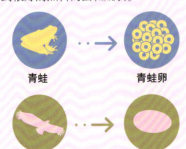

青蛙　　　　**青蛙卵**

秃鹫　　　　**秃鹫蛋**

繁殖障碍

　　不同物种之间不能或不易交配成功，因为它们因基因差异而存在生殖壁垒。鸟类只会对来自同类的"求爱歌"做出回应。老虎和狮子也由于栖息的地理位置和生活习性的不同而进化成不同物种，彼此间不能繁衍后代。当然，也有一些偶然机会使不同物种出现了杂交后代，但这些杂交后代通常生育能力都较差，几乎不能产生新的后代。但是，通过人为干预，这种繁殖障碍也有可能被突破而形成新的杂交物种，如狮虎。

狮虎是雄狮和雌虎交配后产生的后代。

有性生殖

有性生殖是指由亲本产生有性生殖细胞，经过两性生殖细胞的结合产生受精卵，再由受精卵发育为新个体的生殖方式。这种生殖方式产生的新个体和其父母有所不同，因为它们的基因来自精子和卵子的独特组合。这意味着，这些后代可能由于基因的强化而更容易适应变幻莫测的环境。

母体细胞

DNA

每个细胞都包含一对互补的基因

母体细胞二等分，基因随之减半

精子含有父亲一半的基因

一半基因来自母亲，另一半来自父亲

精子

卵子

生殖细胞（卵子）

受精卵

1 减数分裂

生殖细胞（卵子和精子）是通过减数分裂的方式来获得单倍体细胞的。减数分裂时，细胞的染色体数目减半，基因也随之重新分配。

2 融合（受精）

生物体通常产生很多小的、可移动的雄性性细胞（精子）和少量、较大的雌性性细胞（卵子）。它们一旦相遇并融合，就会形成具有混合基因的受精卵，该过程称为受精。

3 新个体

受精卵是单倍体细胞精子和卵子的结合，结合后其内的基因恢复到正常值，成为新个体的独特基因。这些新的基因组合被新个体的每个细胞所复制，指导生成新个体。

植物有性生殖

当雄性成熟花粉附着到雌蕊柱头上后，会萌发形成花粉管，将雄性生殖细胞传送到胚珠内形成受精卵，进而长成果实。

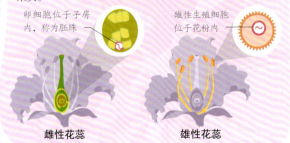

卵细胞位于子房内，称为胚珠

雄性生殖细胞位于花粉内

雌性花蕊　　　雄性花蕊

动物有性生殖

精子通常有一个头和一条或多条尾巴，以推动精子朝卵子游动，实现受精。许多水生动物是体外受精，精子和卵子在水中结合形成受精卵。陆生动物则多采取体内受精方式。

较大的卵子　　　较小的精子

雌性动物　　　雄性动物

太阳鱼产卵量极多，每次产卵数可多达3亿粒，是脊椎动物中产卵数最多者。

基因传递

基因传递是指代与代（亲本与子代）之间基因信息的传递。每当细胞分裂时，基因就会被复制，这些来自卵子和精子的基因信息就会被一代一代地传下去。受精时，分别来自父母的不同基因会相遇并融合成新的基因。正是这种基因的可传递性实现了遗传。

遗传基础

最简单直接的遗传方式是由父母通过亲缘关系将一基因对应的特征直接遗传给子代。比如，虎皮颜色就是由某个基因控制的。一个正常基因的显性遗传会使虎皮呈现橙色，而隐性遗传则使虎皮呈现白色。生物体内的每个细胞内都至少含有分别来自父亲和母亲的两套互补基因。显性遗传特征总是优先被表达的。因此，只要从父母任意一方获得橙色皮基因，就表现为橙色皮虎；有且仅当从父母双方获得的都是白色虎皮基因时，后代才会表现为白色或

白老虎并不是新物种，它和橙色孟加拉虎并无区别，它们可以正常交配并繁殖后代。

1 来自父母的遗传
有些基因是父母所共有的，就虎皮颜色而言，它们各自有橙色基因和白色基因。但是，还有一些基因则分别来自父亲或母亲。

天生还是可后天培养？

某些特征，如血型，确实是由基因决定的，且来自遗传。但是，某些特征则受遗传和环境共同作用的结果。比如，基因确实会影响皮肤颜色和肌肉数量，但不能决定它们达到的程度。环境也同样会对其造成影响，比如暴晒会让皮肤变得更黑，而运动则可帮助肌肉增长。

运动后

运动前

雌性孟加拉虎（母亲）

体细胞

基因表达为橙色皮肤的染色体

体细胞

基因表达为白色虎皮的染色体

雄性孟加拉虎（父亲）

祖先色能遗传给你?

表观遗传指在DNA序列不发生改变的情况下，如一些DNA上的化学吸附等导致基因表达特征的一些变化。有时，这种表观遗传也可以遗传给下一代，也发生在隔代父母间。

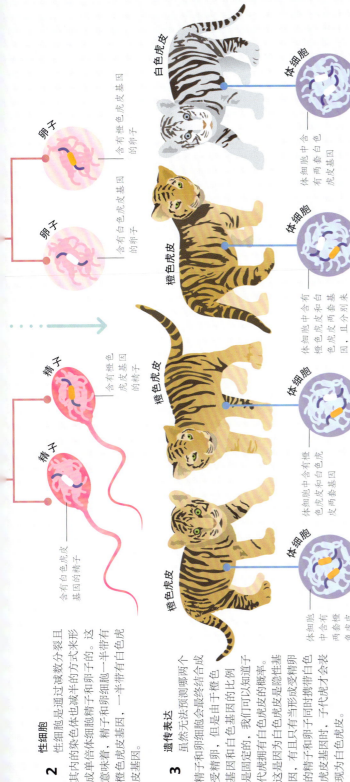

含有白色虎皮基因的卵子

含有橙色虎皮基因的卵子

卵子 卵子

含有白色虎皮基因的精子

含有橙色虎皮基因的精子

精子 精子

2 性细胞

性细胞是通过减数分裂且其内的染色体也减半的方式形成单倍体细胞精子和卵子的。这意味着，精子和卵细胞一半带有橙色虎皮基因，一半带有白色虎皮基因。

3 遗传表达

虽然无法预测哪两个精子和卵细胞会最终结合成受精卵，但是由于橙色基因和白色基因的比例是固定的，我们可以知道子代拥有白色虎皮的概率。这是因为白色虎皮是隐性基因，有且只有当形成受精卵的精子和卵同时携带白色虎皮基因时，子代虎才会表现为白色虎皮。

白色虎皮
体细胞
体细胞中含有两套白色虎皮基因

橙色虎皮
体细胞
体细胞中含有橙色虎皮和白色虎皮两套基因，且分别来自父母

橙色虎皮
体细胞
体细胞中含有橙色虎皮和白色虎皮两套基因

橙色虎皮
体细胞
体细胞中含有两套橙色虎皮基因

平滑变异

并非所有的特征都是如虎皮颜色那样由单一基因控制且具有固定概率那样简单遗传。事实上，绝大部分生物的特征都是多个基因相互作用的结果，其表达也是相互影响的。例如，人的身高就受人体骨骼和肌肉生长的多组基因共同作用，这使人类身高在在一代代遗传中也发生着平滑的变化。

孩子的身高是遗传父母的吗?

人类身高不仅受多种基因的影响，还受其他因素影响，如饮食。总体而言，父母身高较高，其子女很可能身高较高。但这并不是完全确定的，实际身高很难以预测的。

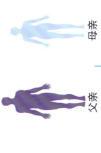

父亲 母亲

子女的身高有很多可能

生命起源

　　也许我们永远也无法确定生命究竟是如何从非生命物质中产生的。但是，我们仍然可以从周围的岩石和现存的生物体中发现一些关于生命起源的线索。这些线索表明，约在数十亿年前，地球环境就开始孕育一条分子装配线，随着复杂分子越来越多，就逐渐形成了第一个细胞。

生命的成分

　　生命在地球上形成的初期，地球环境非常恶劣，和今日的面貌截然不同。那时，活火山遍布地表，不时喷发的火山释放出许多有毒气体，稀薄的大气层也不足以遮蔽太阳强烈的紫外线。然而实验表明，正是这种极端的高能环境，使一些简单的化学物质如二氧化碳、甲烷、水和氨气等得以结合，形成了最初的有机分子。

　　当这些生命基础物质在早期的海洋中聚集时，生命的出现就不仅仅是偶然，而是不可避免的了。

原汤

40亿年前，地壳很热且不稳定，且伴随着小行星的轰击和火山持续喷发，地球上空常常雷电交加。然而，水却一直在地球上存在，形成了第一个海洋，第一个生命的家园。

无机物质

二氧化碳　氨气

氧气　水　甲烷

1 早期的地球大气是很多气体的复杂混合物，氧气含量很低。混合气体还包括二氧化碳、氨气和其他一些包含生命物质基本元素如碳、氢、氧和氮的气体。

能量输入（来自地热和闪电）

简单有机分子

氨基酸

糖

2 当足够的能量使无机物质带电之后，它们就能相互反应，生成一些组成生命体的基本物质，如氨基酸和单糖。这些稍微复杂的分子被称为有机物，这意味着它们是含碳元素的，具有发展成生物体的潜能。

生命火花

　　1952年，史丹利·米勒和哈洛德·尤里在芝加哥大学做了一场探索生命起源的实验，以测试复杂有机分子可以由简单无机材料合成的想法。他们尝试塑造出原始地球的迷你模型，在一个封闭的系统中加入水、氢气、氨气、甲烷和二氧化碳等气体来模拟地球早期的环境，并通过热与火花来刺激这些无机混合物质。几个星期过去后，他们在水中发现了氨基酸——组成有机生物体蛋白质的基本单元。

冷凝在容器壁上的复杂分子

模拟闪电

混合液体

沸水、甲烷、氨气和氢气　热　收集水中的合成物质

米勒–尤里实验

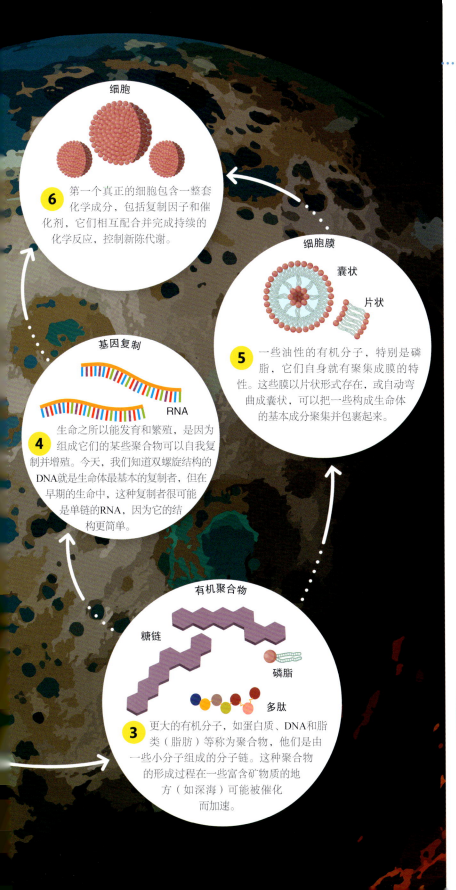

细胞

6 第一个真正的细胞包含一整套化学成分，包括复制因子和催化剂，它们相互配合并完成持续的化学反应，控制新陈代谢。

细胞膜

囊状

片状

5 一些油性的有机分子，特别是磷脂，它们自身就有聚集成膜的特性。这些膜以片状形式存在，或自动弯曲成囊状，可以把一些构成生命体的基本成分聚集并包裹起来。

基因复制

RNA

4 生命之所以能发育和繁殖，是因为组成它们的某些聚合物可以自我复制并增殖。今天，我们知道双螺旋结构的DNA就是生命体最基本的复制者，但在早期的生命中，这种复制者很可能是单链的RNA，因为它的结构更简单。

有机聚合物

糖链

磷脂

多肽

3 更大的有机分子，如蛋白质、DNA和脂类（脂肪）等称为聚合物，他们是由一些小分子组成的分子链。这种聚合物的形成过程在一些富含矿物质的地方（如深海）可能被催化而加速。

迄今为止，地球大约有45.4亿岁，而有记录可寻的生命痕迹大约可回溯到42.8亿年前。

生命始于非生命物质

最简单的有机分子是不足以形成细胞的。小的有机分子必须彼此链接才能形成更大的分子，如蛋白质和DNA。由于此时还没有那些捕食性的生物体存在，这些大分子能够存在足够长的时间，以等待偶然的机会被油性膜所包裹。直到今天，深海及火山口仍被认为具有富含那些能够催化生命体化学反应过程的矿物质，它们就像"孵化场"一样，可以以无机物质为原料形成生命体的原始细胞。

为何太阳系中没有其他生命？

太阳系中，只有地球上的环境（既有陆地又有海洋）是最适合生命生存的。这种刚刚好的适合性也被称为"金发女孩效应"。

生命演化

　　各种各样的生物，从橡树、人类到海螺，基因非常相似。这具有深远的科学意义，即所有生命都是从一个共同祖先进化而来的，就如同一棵巨型的生命之树，经过无数代的演化之后，这棵树形成了很多分支，这也正是生命多样性的来源。

巨型加拉帕戈斯象龟

　　如果物种被隔离到偏远的岛屿上，就会进化出一些独特的差异性，加拉帕戈斯象龟就是一个例子。DNA分析表明，巨型加拉帕戈斯象龟和其他陆龟是近亲，只不过几百万年前，随着各种各样独岛的形成，不同岛屿上的生态环境具有差异性，使不同亚种的象龟具有不同的形态。

1　变种
　　基因突变指DNA在复制时出现了错误。基因突变的随机性促使不同物种出现。单个基因发生变异的概率很小，但局部变异可以长期累积。这种变异会使龟在尺寸、外形和颜色上都发生一些变化。基因突变是物种进化的基础。

2　分散
　　目前已经灭绝的、最大的南美洲龟很有可能正是当今巨型加拉帕戈斯象龟的祖先。部分早先生活在南美洲西海岸的陆龟，随太平洋洪保德洋流抵达加拉帕戈斯群岛，最终进化成象龟。

3　隔离
　　登陆后，这些龟就被隔离开了。那些适应陆地干旱栖息环境的龟在干燥的加拉帕戈斯群岛上幸存下来，并在群岛间繁育后代。

能否看到进化如何发生？

　　自然进化非常缓慢，直接观测不太可能，但实验室可以加快种群繁殖，从而观测到生命的演化过程。比如改造果蝇基因可以产生一种不能与野生同类品种繁育后代的新品种。

南美洲

加拉帕戈斯群岛

不同颜色代表龟的不同进化种群

颜色随自然产生变化

随太平洋洪保德洋流抵达加拉帕戈斯群岛的龟

体型较大的龟逐渐适应了干燥的陆地生活

3　加拉帕戈斯群岛

平塔岛龟在2012年灭绝了；每个岛屿的物种都是独特的，可能是为了保证其物种自身的权益

平塔

热那亚

马切纳

圣地亚哥

费尔南

平松

圣克鲁兹

伊萨贝拉

弗洛雷纳岛

圣克里斯托瓦尔

诺拉

最大的岛屿，具有多种不同栖息地，具有多个品种的象龟

可能是第一个被龟占领的岛屿

图例

- 湿润的栖息地
- 干燥的栖息地
- 干旱的栖息地
- 早期的大陆龟种
- 具有圆形壳的巨型龟
- 具有鞍形壳的巨型龟

适者生存

　　基因变异可以决定生物的生死。比如，对于一种食叶的绿色昆虫而言，绿色能够帮助它们更好地掩藏起来而不被捕食，而彩色的变异则会破坏它们在绿叶中的伪装。因此，那些绿色的昆虫更有可能存活下来，而彩色的则逐渐被淘汰。这就是自然选择，也正是著名的达尔文进化论之精髓。这解释了物种的进化原则，即那些能更好地适应环境的物种会最终存活下来并繁殖出更多的后代。受此启发，维多利亚时代的思想家赫伯特·斯宾塞提出了"适者生存"。

颜色是可遗传的

其他颜色由基因突变产生

非绿色的毛毛虫更容易被吃，因此它们的数量一直很少

被吃

被吃

被吃

被吃

捕食者

被捕食者选择
绿色的毛毛虫有天然的颜色伪装而免于被捕食。因变异形成的灰色和棕色毛毛虫与环境颜色不匹配，容易暴露而被捕食。

绿色的毛毛虫大多得以存活并繁殖

在这种情况下，捕食者扮演一个自然选择的代理人的角色

新物种的形成

　　自然选择本身并不会产生新物种。要形成新的物种就必须使它们无法和已有的物种交配繁育，这可以通过地理隔离、行为隔离或生殖隔离等来实现。这一过程通常是由于种群被分开而实现的。任何物种，只要将它们分开并给予足够的时间让它们分别进化，通常都会产生新的物种。

物种1　　山区　　物种2

物种中的个体极少发生变化，但是它们之间可以交配繁育

被隔离的种群（具有独特的进化方向）

新物种出现，无法和原先的物种交配繁育

新物种如何形成
自然选择使蝴蝶在山脉两侧往不同的方向独自进化。在经历了足够长的时间之后，它们之间的差异使它们不再能够交配繁育，形成了生殖隔离。此时，新物种就出现了。

宏观进化

　　生物体一些微小的变异在长达数百万年的时间里可以逐渐积累为更大的变异，因此，分离后的物种完全可能独自进化成新的物种。这是一种大规模进化，被称为宏观进化。已灭绝物种的化石向我们展示了不同物种是如何形成的，比如巨型红杉和太阳花其实都来自同一个祖先。

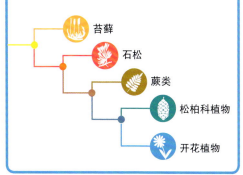

苔藓

石松

蕨类

松柏科植物

开花植物

基因可以突变，但概率非常低，约每100万个精子或卵子才有1个突变基因。

生命动力源

在这个星球上，食物链上几乎所有的生物都靠绿色植物光合作用所产生的糖类得以生存。因此，植物的光合作用也可被称为生命的动力源。植物细胞中含有数十亿个微小的"太阳能电池板"，它们可以利用太阳能把最简单的成分，如水和二氧化碳，合成食物。

太阳

光合作用可以把来自太阳的光能转化成化学能，储存在糖类中

为什么叶绿素是绿色的？

在光合作用中，叶绿素吸收和利用的主要是红光和蓝光，对绿光的吸收则较少，绿光大多被反射回来并进入人眼，因此，叶绿素呈现为绿色。

植物的茎上有很多微型的导管，用于传输糖类

化学反应过程

90%以上的有机食物分子都是由碳、氢、氧三种元素组成的。植物从空气中吸收二氧化碳以获得碳和氧，又从土壤中吸收水分以获得氢。首先，绿色的叶绿素吸收光能后，从水中得到活性。然后，这些氢和二氧化碳结合后就形成了糖。整个过程是在被称为叶绿体的胶囊内完成的。

类囊体由片状膜囊堆叠而成

原料制造车间

叶绿体中悬浮着由膜囊堆叠而成的类囊体。叶绿素附着在类囊体的片状膜囊和基质中都富含驱动化学反应发生的酶。因此，类囊体是植物的养料制造车间。

光进入叶绿体

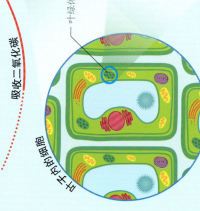

叶绿体

光合作用工厂

叶绿体主要集中分布在上层叶肉细胞中，且呈一定角度分布，以尽可能多地吸收阳光。每个细胞中都含有几十个叶绿体，每片叶子中则含有数十亿个叶绿体。

生命的细胞

释放氧气

吸收二氧化碳

气孔是植物叶子上许多小的开孔，用于控制气体进出植物

植物叶子中的酶可以将二氧化碳转化为食物，是地球上最丰富的蛋白质。

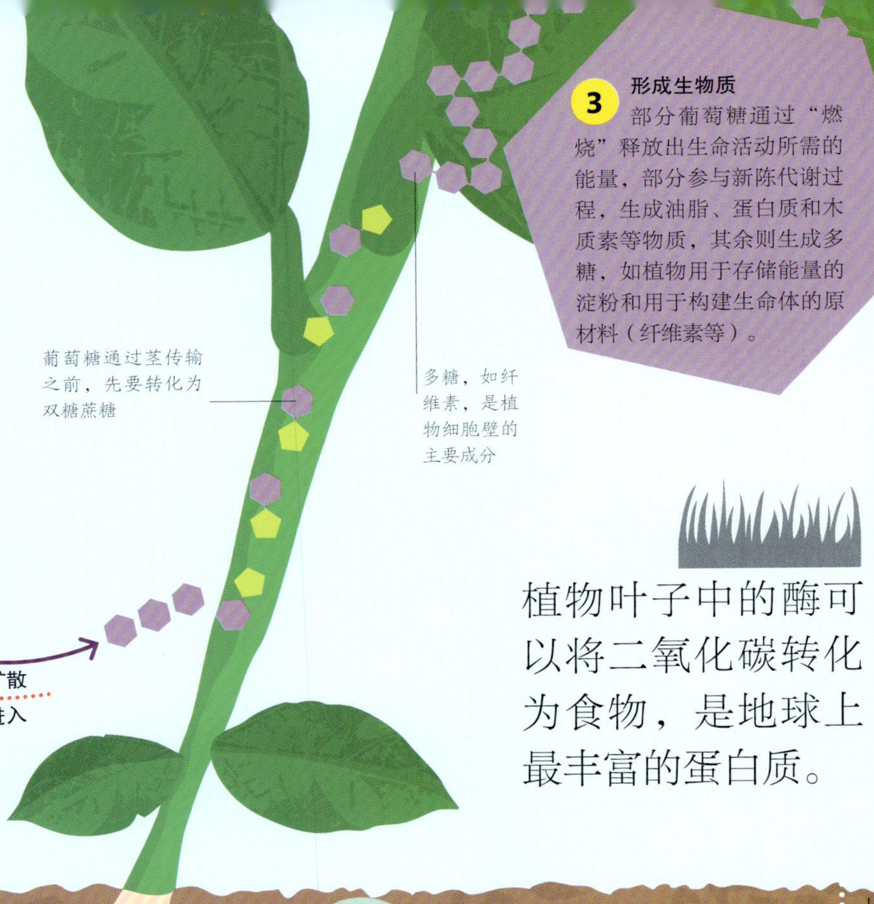

3 形成生物质

部分葡萄糖通过"燃烧"释放出生命活动所需的能量，部分参与新陈代谢过程，生成油脂、蛋白质和水等物质，其余则生成多糖。如植物用于存储能量的淀粉和用于构建生命体的原料（纤维素等）。

多糖，如纤维素，是植物细胞壁的主要成分

葡萄糖通过茎传输之前，先转化为双糖蔗糖

1 光分解水

每个盘状堆叠的类囊体上都载有一簇叶绿素和从水中萃取氢所需的酶。这意味着光能被有效地转移到氢中。

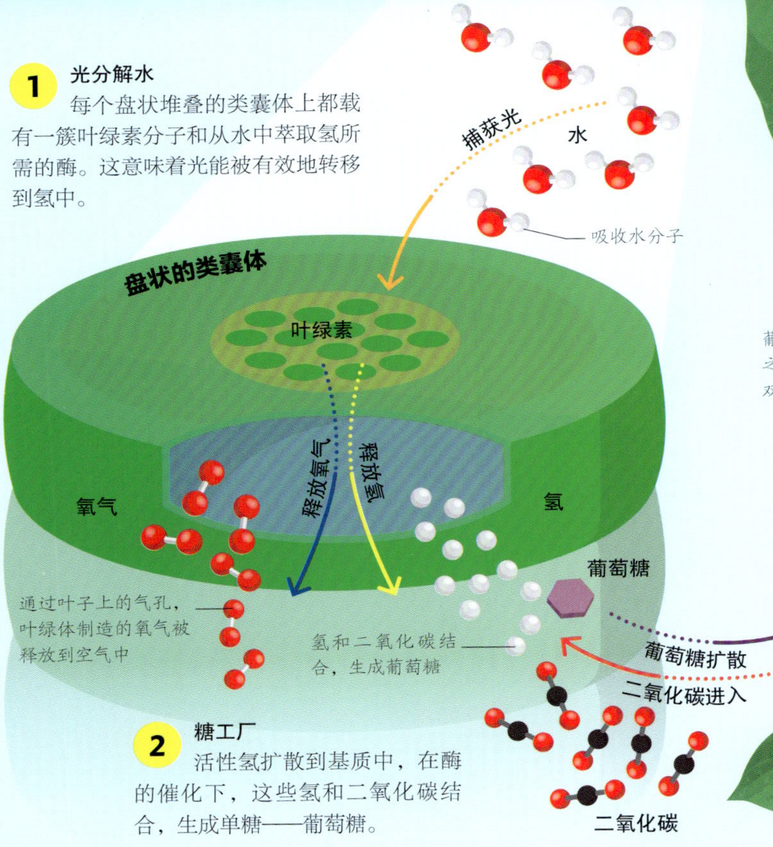

吸收水分子
水
捕获光

盘状的类囊体

叶绿素
释放氧

氢
葡萄糖
葡萄糖扩散
二氧化碳进入
二氧化碳

2 糖工厂

活性氢扩散到基质中，在酶的催化下，这些氢和二氧化碳结合，生成单糖——葡萄糖。

氢和二氧化碳结合，生成葡萄糖

氧气

通过叶子上的气孔，叶绿体制造的氧气被释放到空气中。

钙　镁　硫
钙离子　镁离子　硫酸根离子
钾离子
硝酸根离子　磷酸根离子　钾
氮　磷

生命元素

生命元素是指生命所必需的元素。除了碳、氢、氧、为了维持生命体细胞的活性，一些其他元素也是生命体所必需的。植物主要通过根从土壤中吸收矿物质（溶解的离子）的方式来获得这些元素。例如，多以硝酸盐形式存在的氮是生成氨基酸所必需的，而氨基酸又是构建蛋白质的基本模块。此外，磷有助于合成细胞中的遗传物质DNA。

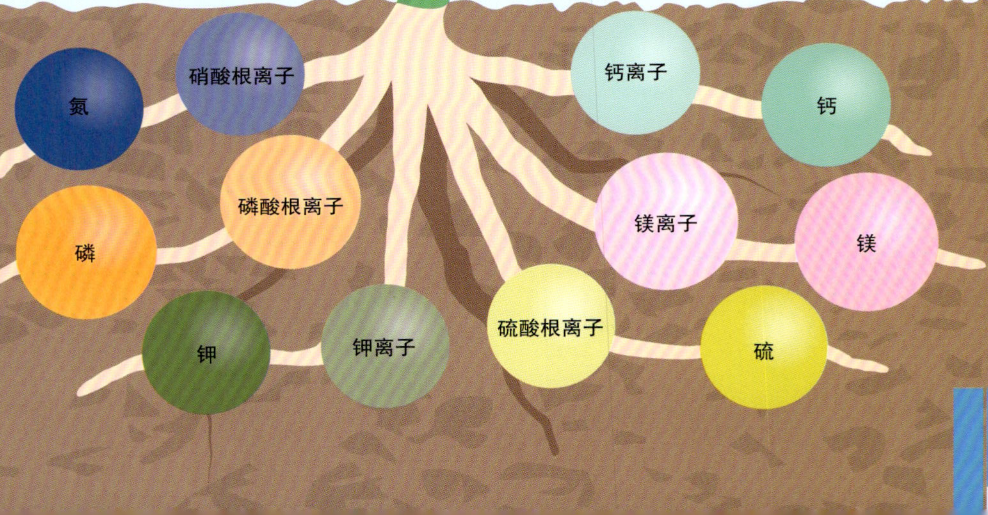

植物的生长过程

　　某些物质精确地调控着植物的生长过程，包括从种子发芽到开花结果的方方面面。这些调控植物生长的物质被称为植物生长调节剂，它们的量很少，却深深地影响着成熟植物的最终形态。

树木年轮

　　植物的生长速度因温度和降雨量的不同而不同。夏天树木生长较快，冬天树木几乎停止生长。树木由于周期性生长速度的不同而形成的同心轮状结构被称为年轮。热带地区虽然没有温带的四季分明，但由于雨季、旱季的相互交替也会形成如温带树木的清晰年轮。然而，四季气候变化不大的地区的树木的生长速度差别不大，年轮也不明显。

浅色环区代表夏季的快速生长，深色环区代表冬季的缓慢生长，中心的环是最早形成的

树干的横截面

刺激生长

　　在植物生长的每个阶段都会产生不同的生长调节剂，以保证植物的协调生长。它们由芽、根或叶子中的细胞产生，并扩散到周围的组织中，随植物的汁液被输送到植物的各个部分。最终，植物的生长结果取决于两种或更多的生长调节剂间的平衡。某些生长调节剂是彼此互斥的，某些则会彼此加强。同种生长调节剂在植物的不同部位也可能产生完全不同的效果。

图例
- 水
- 植物激素
- 赤霉素
- 细胞分裂素
- 开花素

顶芽

侧芽

生长素是由植物茎部的生长区域产生的，这些生长区域被称为分生组织

生长素主要刺激茎部顶端，促使植物向上长出顶芽，并抑制其向侧面长出侧芽

3 顶端优势
　　生长素主要由顶芽产生。顶端优势是指植物的顶芽优先生长，对侧芽萌发、侧枝生长起抑制作用，也包括对侧枝、叶子生长角度的影响。同时，顶端优势的形成也和细胞分裂素有关。

1 种子发芽
　　水被种子吸收后会刺激胚胎产生一种被称为赤霉素的生长调节剂。赤霉素反过来又会激活酶，将种子内储存的淀粉分解成小分子糖，为植物的生长提供能量并促使种子发芽。

2 生长素促进植物生长
　　植物茎部顶端会产生一种被称为生长素的植物生长调节剂。生长素可以使细胞壁软化膨胀，以促使茎部向上生长。部分生长素被输送到根部，促使根部向下生长。

芽

根

胚胎

种子

胚胎中的赤霉素刺激种子发芽

部分生长素通过导管被输送到根部，以刺激根部生长

赤霉素是一种促进植物生长和种子发芽的生长调节剂，由生长区域产生，如茎部顶端和根部末端

细胞分裂素刺激细胞分裂，使根部增生

从土壤中吸收水分

植物的向光性

在部分植物中，茎部的向光性是由生长素造成的。当光从一个方向照射时，受光面的生长素会向背光面移动，背光面含有更多的生长素而生长较快，因此植物的茎部会朝向阳光弯曲并尽可能地使叶面正对太阳。植物的这种向光性响应是非常快的，可以追踪太阳在天空中的运动轨迹。

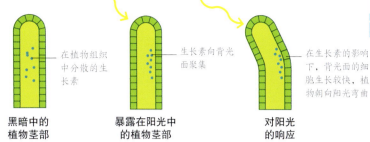

在植物组织中分散的生长素

黑暗中的植物茎部

生长素向背光面聚集

暴露在阳光中的植物茎部

在生长素的影响下，背光面的细胞生长较快，植物朝向阳光弯曲

对阳光的响应

赤霉素和生长素协同作用，促使植物茎部生长

叶子通过光合作用滋养植物生长

植物茎部

持续产生的生长素会抑制侧枝的生长，剪掉顶端可以移除生长素源并刺激植物侧枝生长

6 开花
性成熟时，植物的叶子会分泌一种称为开花素的生长调节剂。开花素的产生受环境影响，如日照时长。开花素通过汁液传输到茎端，并刺激茎端开花，而非叶子。

花是从可繁殖的茎端发展而来的

花

开花素是由叶子产生的，开花的最佳时间取决于植物种类

可繁殖的茎

4 分支
一些细胞分裂素通过植物的汁液向上移动到向上生长的枝条，并在这里克服生长素的影响，促使植物向外分支。分支使植物更加茂盛，可以生长更多的叶子来捕获光能。

侧生分生组织分裂的细胞形成新的传输导管，成熟之后成为木质层

侧生分生组织分裂的部分细胞形成韧皮层，即树皮

树皮

木质

传输导管

5 变粗
植物生长调节剂的共同作用使植物躯干变粗，以支撑越来越多的树叶的重量。在木本植物中，圆柱形的分裂细胞（侧生分生组织）可以向不断地向分裂增生以穿过植物的茎，从而在茎部中心形成木质层。

细胞分裂素和生长素对植物芽和根的生长起相反的作用

据观察，某些种类的竹子每天可以长高90厘米，平均每小时可以长好几厘米。

呼吸作用

生命体需要能量来维持正常活动。在细胞层面上，生命的微观机器一直都在加工处理食物、合成新的材料，并对各种变化做出响应。所有这些化学反应统称为呼吸作用，是生命体的细胞把有机物氧化分解并转化为能量的一系列化学过程。

线粒体

肌肉细胞

细胞燃料

几乎所有形式的生命，从微生物到橡树，都需要通过分解葡萄糖来获得能量。该过程最有效的方式就是将葡萄糖完全分解，即将含有6个碳原子的葡萄糖分子分解为6个二氧化碳分子。但是，这一过程需要氧气的参与，就如同燃烧过程需要氧气一样。动物通过血液循环系统将氧气和葡萄糖运送到细胞内。一旦它们进入细胞内，一系列的化学反应过程就从细胞基质中开始了，并最终在线粒体中完成分解。线粒体就如同细胞中的小小"发动机"，在消耗氧气和水的情况下，将食物中的能量彻底释放出来，转变为细胞生命活动所需的能量。

血管

释放能量

①燃料输送
大型动物需要通过血管将细胞所需的燃料输送到身体各处，其中氧气主要通过肺或鳃来获得，而葡萄糖则主要在肠道中吸收。植物和微生物可以直接从周围环境中吸收细胞所必需的物质。此外，绿色植物可以通过细胞的光合作用制造出葡萄糖。

葡萄糖沿血管传输

6个氧气分子

丙酮酸

在有氧呼吸阶段，每个葡萄糖分子分解需要消耗6个氧气分子

线粒体

③有氧呼吸彻底释放葡萄糖能量
丙酮酸进入细胞内的线粒体，经过一系列有氧参与的复杂化学反应后，被彻底分解并释放所有能量。

葡萄糖

葡萄糖可以通过分解糖原获得

丙酮酸

能量释放

②无氧呼吸
呼吸作用的第一步发生在细胞基质中，当葡萄糖进入细胞后，在细胞基质中首先被分解为丙酮酸。这一过程不需要氧气参与，被称为无氧呼吸，释放出的能量大约仅为葡萄糖完全分解的总能量的5%。通常生命体靠有氧呼吸来获得能量，但在紧急情况下，如果细胞供氧不足，无氧呼吸也会快速做出响应并提供能量。

氧气

糖原

糖原是多糖的一种，由葡萄糖脱水缩合而成

肌肉细胞

④ 代谢产物

线粒体中的化学反应释放出二氧化碳和水。部分水分子被重复利用，而二氧化碳气体则通过血液循环系统运输到呼吸器官，以排出体外。

6个
二氧化碳
分子

水可以被身体再利用，也可以通过汗液或尿液排出体外

6个水分子

释放能量

丙酮酸

通过分解丙酮酸释放出原葡萄糖总能量中剩余95%的能量

能量都去哪了？

所有生物都需要能量来维持细胞的正常工作，即基础代谢。同时，其他的过程如运动、成长和繁殖也需要能量。动物用于运动的能量比例比植物大得多，因为动物的肌肉收缩和伸展都需要消耗能量。温血动物是其中消耗能量最多的，因为维持恒定的体温需要很多能量。

图例
- 新陈代谢
- 繁殖
- 产生体热
- 生长
- 运动

植物
植物虽然可以通过光合作用把光能转化为养分，但是它们依然需要释放能量来维持关键的生命过程。

冷血的蛇
和其他动物一样，蛇的大多数能量都用于运动。然而，由于蛇是冷血动物，主要靠光照来维持体温，因此不需要消耗呼吸作用产生的能量来维持体温。

温血的成年鼠
小型的温血动物更容易丢失能量，因此需要消耗更高比例的能量来维持体温。

植物是否呼吸二氧化碳？

不。在阳光下，植物吸收二氧化碳来制糖，但二氧化碳不能用于呼吸。植物也像动物一样吸收氧气并释放二氧化碳，这个过程类似于呼吸。

红树林生长在空气含量很低的泥泞土地中，根会长得很大，以获得氧气。

气体交换

和通常的理解不同，呼吸作用并不等同于平常所说的呼吸。通过呼吸作用释放能量的过程发生在所有生物的细胞中，但是通常所说的呼吸指动物肺部运动。从技术上讲，呼吸有助于为身体带来新鲜的氧气并排出二氧化碳。

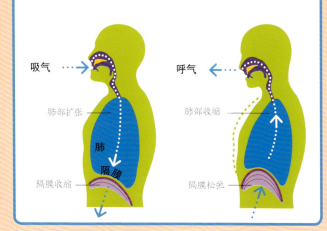

吸气　　　　　　　　　　呼气

肺部扩张　　　　　　　　肺部收缩

肺

隔膜

隔膜收缩　　　　　　　　隔膜松弛

碳 循 环

碳循环是指碳元素在自然的各个存储库（大气、海洋、生物圈、化石燃料等）之间不断交换的生物–地质–化学循环。这些能够无限累积及存储碳化合物的天然或人工"仓库"称为"碳汇"。碳元素可以通过各种方式在各个碳存储库间循环流动。

自然平衡

每年绿色植物和藻类都会通过光合作用从空气中吸收二氧化碳并将其加工为养分。呼吸作用和自然燃烧则将碳元素重新释放到空气中。这两个过程中吸收和释放的碳元素总量是基本平衡的。岩石中碳元素的转化速度很慢，需要数百万年的时间。但是，人类通过燃烧化石燃料释放二氧化碳的过程则快得多，加快了碳元素从陆地到大气的转化速度，导致每年约有82亿吨的碳被释放到大气中。

大气层
仅含有约0.04%的二氧化碳

6530亿吨

82亿吨

人为燃烧

包括化石燃料在内的有机物在燃烧过程中会产生二氧化碳。人类通过燃烧化石燃料获得能量的过程很快，因此通过这一过程释放到大气层中的二氧化碳要比自然过程产生的多得多。

火山活动

2000亿吨

呼吸作用

绝大部分生物在呼吸作用中都会产生代谢产物二氧化碳。细菌呼吸和尸体分解等自然过程会产生大量的二氧化碳。此外，野火燃烧等自然过程也会产生大量二氧化碳。

自然过程

化石燃料
碳长时间储存在地下就会变成化石燃料。

37500亿吨

植物

活物和死物
所有形式的生命内都含有碳，包括死后的生命也一样。

27200亿吨

死物

石化

如果死后的生物被埋藏在地下，则会由于缺氧而分解不完全，其内的碳也得以保存在地下。数百万年以后，这些来自史前的沼泽森林和海洋浮游生物就形成了煤、石油和甲烷气体。

风化

岩石
某些类型岩石中的碳会在火山喷发过程中被排放到空气中。

超过68×10^{15}吨

地质作用

形成岩石需要数百万年的时间，而溶解岩石需要同样长的时间。溶解在海水中的碳可以固化为海洋动物的白垩色硬壳。岩石风化又使碳重新进入水中。

沉积

图例
部分碳元素循环可以在我们的生命周期内完成。还有一些碳元素的循环则需要数百万年的时间。

— 缓慢的（数百万年）

— 快速的，自然的（生命周期内）

— 快速的，人工的（生命周期内）

碳捕获技术

　　大量的人类活动会影响自然的碳循环过程。每年，人类通过燃烧和呼吸作用释放到大气中的二氧化碳约有2082亿吨，而植物光合作用吸收的二氧化碳约为2040亿吨，两者平衡之后还会余下约42亿吨的二氧化碳。这些二氧化碳正是温室气体之一，它们在空气中的含量升高导致全球变暖，形成温室效应。工业生产可以通过技术方法来捕获二氧化碳，而非将之直接排放到空气中。

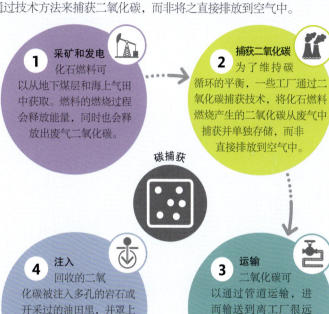

1 采矿和发电
化石燃料可以从地下煤层和海上气田中获取。燃料的燃烧过程会释放能量，同时也会释放出废气二氧化碳。

2 捕获二氧化碳
为了维持碳循环的平衡，一些工厂通过二氧化碳捕获技术，将化石燃料燃烧产生的二氧化碳从废气中捕获并单独存储，而非直接排放到空气中。

碳捕获

4 注入
回收的二氧化碳被注入多孔的岩石或开采过的油田里，并罩上不透气的"帽子"，从而使二氧化碳被捕获并被存储起来。

3 运输
二氧化碳可以通过管道运输，进而输送到离工厂很远的地方储存或将其注入一些孔洞结构中。

陆地上的植物可以利用光能将二氧化碳吸收到体内并转化成更大、更复杂的分子，比如糖。单细胞藻类在空气和海水间的空气交换过程中起着举足轻重的作用。它们合成的有机碳会进入食物链。

光合作用

动物

2040亿吨

海气交换

二氧化碳很容易溶解在海洋中，与水分子结合后形成碳酸和碳酸盐混合物。这个过程可逆，水和空气中的碳交换是平衡的，并且交换过程非常缓慢。

单细胞藻类

海洋
海水中的碳以二氧化碳、碳酸、碳酸氢钠、碳酸盐等形式存储。

339000亿吨

海洋酸化

　　当空气中的二氧化碳含量升高，就会有越来越多的二氧化碳进入海洋中并和水反应生成更多的碳酸。自1750年以来，海洋酸度升高了30%，已经对海洋生物的生命造成了重要影响，例如对贝壳类动物造成腐蚀，使一些珊瑚岩枯萎。

健康的贝壳

被酸腐蚀的贝壳

衰　老

和由许多部件组成的机器一样，生物也会衰老。不过生物可以自我检查和自我修复，但是随着时间的推移，生物体还是会出现一些故障。

什么是衰老？

随着年龄增长，生物的生理功能也会随之下降，这一过程可追溯到细胞、染色体和基因功能的衰退。多细胞生物的细胞一直通过持续不断的分裂过程来生成新细胞，但通常经过50轮分裂之后，新细胞的产量就开始下降，直至完全停止分裂。这与基因随年龄的增长变得越来越不稳定有关，最终会导致身体生病并逐渐衰亡。许多衰老现象都是衰退的结果，譬如受伤后恢复减慢及阿尔茨海默病。

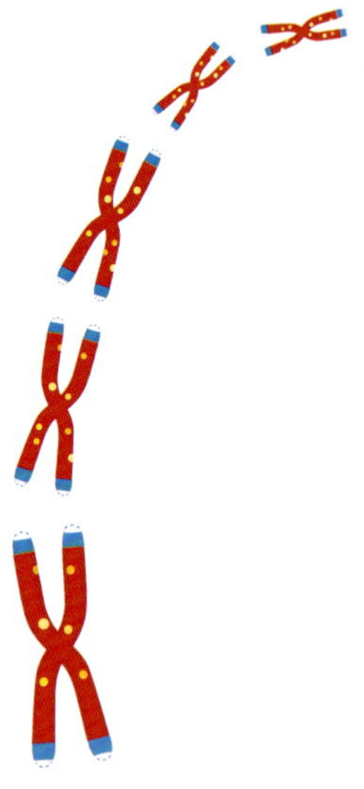

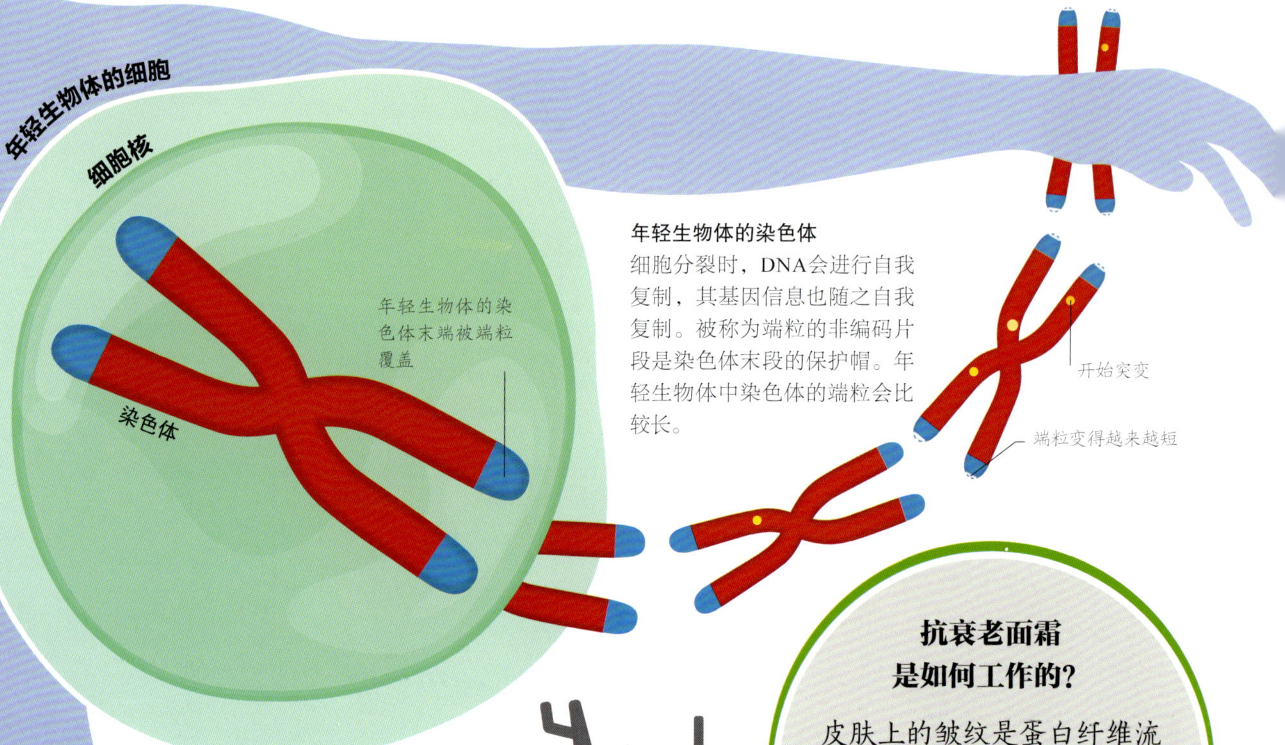

年轻生物体的细胞

细胞核

染色体

年轻生物体的染色体末端被端粒覆盖

年轻生物体的染色体

细胞分裂时，DNA会进行自我复制，其基因信息也随之自我复制。被称为端粒的非编码片段是染色体末段的保护帽。年轻生物体中染色体的端粒会比较长。

开始突变

端粒变得越来越短

刺果松是目前地球上寿命最长的生物之一，估计其寿命高达5000年以上。

抗衰老面霜是如何工作的？

皮肤上的皱纹是蛋白纤维流失造成的。抗衰老面霜含有抗氧化剂和生成蛋白质的物质，可以增加蛋白纤维的产量，从而使皮肤更加紧致。

染色体衰退

染色体突变（复制错误）随时间积累，会使DNA在复制过程中端粒逐渐变短。一旦这种突变发生在DNA编码部分，基因功能就会出错。

老年生物体的细胞

细胞核

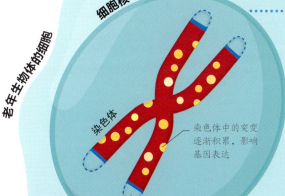

染色体

染色体中的突变逐渐积累，影响基因表达

一旦端粒耗尽，细胞就不能再继续分裂了

细胞分解

基因编码蛋白质控制着从驱动化学反应到截获信号等一系列过程，因此，错误的基因必然导致错误的蛋白质功能。随着时间的推移，细胞的工作效率越来越低。

错误的蛋白质链折叠会导致其功能出现故障

线粒体

释放较少的能量

化学信息素，如荷尔蒙，可以触发低效率的响应

荷尔蒙

错误折叠的蛋白质

对葡萄糖等营养物质的感知和吸收效率降低

营养物质

成年阶段

退化

是否真有永生?

在细胞层面上，DNA的自我复制实际上是不朽的，因为它的遗传信息可以通过精子和卵子持续不断地传递下去。但是，是否有一种生物可以真的抵抗衰老依然存在争议。但是，海葵和水母等刺胞类动物确实没有显示出随年龄增长而逐渐衰老的迹象。据报道，被称为"灯塔水母"的微型海洋生物被认为是一种不死水母，它甚至有"返老还童"的神奇本领。

沉在海底

新的少年形态

延缓衰老

目前，实验室已发现一些可以抵消或修复DNA损伤的药物，将来这些药物甚至会通过基因治疗来重启衰老的细胞。然而，延缓衰老，甚至逆转衰老过程的尝试，都还未经证实且存在争议。良好的生活习惯，如经常锻炼和规律饮食仍然是减少生病的最好方法，从而起到延年益寿的作用。

 药物　 基因疗法

 饮食　 锻炼

基 因 组

生物的遗传信息包含在DNA中，一套完整的DNA被称为基因组。在实验室中对基因组进行分析，可以让我们精准定位基因，了解它们是如何工作的，甚至生成每个人特有的"DNA指纹"。

DNA是如何排列的?

DNA中的基因为制造蛋白质提供了信息。细菌内的DNA分子游离于细胞基质内，但是很多复杂生物，如动物和植物，具有许多长DNA链，被包裹在细胞核内。细胞分裂期间，DNA链会高度螺旋化，形成染色体，以防止缠结。

基因1

蛋白质编码片段

内含子（非蛋白质编码片段）

基因间的非编码DNA片段包含控制基因"开"和"关"的指令

蛋白质编码片段

基因2

内含子

基因中的蛋白质编码片段指导细胞中的蛋白质合成

非编码DNA是指穿插在功能基因之间的DNA序列

基因间的DNA

染色体是由高度螺旋化的DNA链组成的

每对染色体中都包含同类型的基因

染色体

细胞

细胞核

人类基因
完整的人类基因是由23对染色体组成的。

垃圾DNA

基因通常含有一些不含蛋白质编码的DNA片段，这些非编码DNA控制着基因的开关，可以帮助细胞完成不同任务。动物和植物的DNA中通常还含有一些非蛋白质编码的片段，称为内含子。在翻译蛋白质之前，这些信息会被删除。内含子可以帮助编辑基因的不同编码部分，从而使一个基因表达出不同的蛋白质。然而，某些位于基因间和基因内的DNA都没有可辨别的功能，通常被称为"垃圾DNA"，它们可能在进化过程中失去了功能。

DNA纹印

个体DNA中的化学碱基序列是独一无二的，同卵双胞胎除外。这意味着当血液、唾液、精液或其他生物样本需要与个体匹配时，DNA是一种强大的辨别工具。DNA纹印或DNA指纹分析是指通过比较DNA中的重复片段，即个体间长度差异较大的短串联重复序列（STRs）来识别个体。

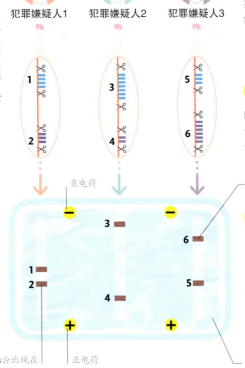

1 样本收集

DNA样本是从凶器上或用口拭子从犯罪嫌疑人身上采集的。DNA被一次次复制，以便最大限度地增加样本量。

犯罪嫌疑人1　犯罪嫌疑人2　犯罪嫌疑人3

2 DNA碎片化

为了从DNA中挑出那些特定的STRs片段，首先要将DNA做碎片化处理，而碎片尺寸的大小则取决于STRs的长度。

DNA指纹与第三个犯罪嫌疑人的DNA指纹相匹配

4 DNA匹配

如果从凶器上采集到的DNA指纹与从犯罪嫌疑人身上采集到的DNA指纹相匹配，就可识别出凶手。

凶器

从凶器上采集的DNA指纹

较短的STRs会出现在凝胶下部

负电荷

较长的STRs会出现在凝胶上部

3 碎片分离

在凝胶两端施加电压，分离带负电的DNA片段。碎片越小，向正极移动的速度越快，移动的距离也就越远。然后对含有碎片的凝胶进行染色，就会形成因人而异的条带图案。

正电荷

DNA链在凝胶中可以移动

基因3

与其他基因一样，基因3中只有一小部分用于编码蛋白质

基因中的内含子可能控制着基因什么时候被激活，或者包含一些无用的"垃圾"DNA

如果人类细胞中的DNA被解开，伸展后的长度会超过2米。

人类基因组计划

2003年，人类基因组计划完成，这是1990年开始的一项国际合作，旨在测定人类DNA的30亿个碱基序列。尽管个体间的特定序列不同，但该项目使用并发布了几个匿名捐赠者的平均序列，这项工作为更好地理解人类基因铺平了道路。

基因工程

基因信息和生物的身份信息密切相关，操纵这些基因信息似乎是一件很神奇的事情。然而，科学家已经能够通过改变基因信息来改变生物特征了，并可以造福医学和其他领域。

重写基因数据

基因工程通过添加、移除或改变基因来改变生物的基因组成。由于基因是编码蛋白质的DNA片段，以精确的方式改变基因，也就改变了蛋白质表达，从而改变了生物体特征。靶基因可以从染色体上剪下或从被称为RNA的遗传物质中复制而来，每个步骤都由被称为酶的特殊化学催化剂来催化。

在美国，在黑暗中发光的转基因鱼被当作宠物出售。

制造胰岛素

生产胰岛素的基因编码可以从人体细胞中提取，然后插入细菌（可为糖尿病患者提供胰岛素）中。这段基因编码是从细胞的RNA中复制的，它比DNA更容易提取，而且经过编辑后可以去除其中的非编码部分。

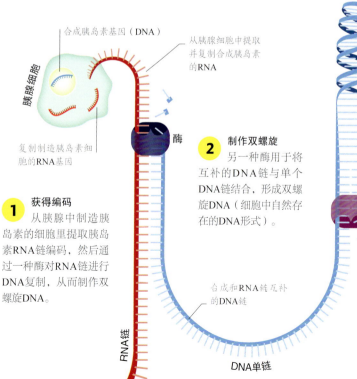

DNA双螺旋

合成胰岛素基因（DNA）

从胰腺细胞中提取并复制合成胰岛素的RNA

胰腺细胞

复制制造胰岛素细胞的RNA基因

胰岛素基因变为双螺旋结构

DNA双螺旋链被解开，基因开始复制

3 复制基因
含有胰岛素基因的双螺旋链被解开并被进行多次复制，以形成许多基因副本，这模仿了自然DNA的自我复制。

含有胰岛素基因的DNA

1 获得编码
从胰腺中制造胰岛素的细胞里提取胰岛素RNA链编码，然后通过一种酶对RNA链进行DNA复制，从而制作双螺旋DNA。

酶

2 制作双螺旋
另一种酶用于将互补的DNA链与单个DNA链结合，形成双螺旋DNA（细胞中自然存在的DNA形式）。

酶

DNA解旋酶

合成和RNA链互补的DNA链

添加合成DNA的单元，以形成双螺旋结构

RNA链

DNA单链

为何我们想要改变基因?

基因工程非常有用，不仅可以在微生物工程领域制造医学上重要的蛋白质，还可以在农业生产中让动植物获得理想的特性。此外，基因疗法还有治疗遗传疾病的潜力。

基因工程的例子

 医药产品
与源自动物的蛋白质不同，通过基因改造微生物可以批量生产蛋白质。

 转基因动植物
改良植物和动物，以提高它们的营养价值或增强其对干旱、疾病或害虫的抵抗力。

 基因疗法
对于那些携带遗传疾病的细胞，可以通过插入一个功能性基因，使其暂时恢复正常工作。

插入的基因能否被传播?

一直以来，人们对种植带有外源基因的植物都心存忧虑，担心它们会传播失控，以致在野外长成"超级杂草"。转基因农作物甚至可能会意外地为自然生长的野生植物授粉，从而长成对农作物具有破坏性的植物。目前，转基因植物和非转基因植物间的"基因流"一直在被追踪记录着，但其对环境的潜在影响尚无科学共识。

4 准备结合
被称为质粒（自然存在于细菌内部）的DNA环被一种特殊的酶切开，这种酶在具有特定碱基序列的切割端留下悬挂的单链。

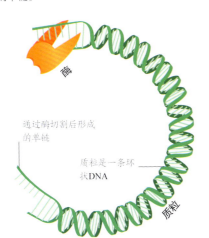

通过酶切割后形成的单链

质粒是一条环状DNA

酶

质粒

5 插入基因
包含基因信息的DNA需要添加到单链末端，而这些质粒含有互补的碱基对，因此这些位点很容易结合。该结合过程由另一种结合酶进行催化完成，结合完成后就形成了含合成胰岛素基因的质粒。

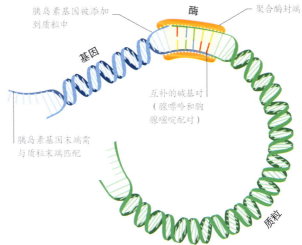

胰岛素基因被添加到质粒中

酶

聚合酶封端

基因

互补的碱基对（腺嘌呤和胸腺嘧啶配对）

胰岛素基因末端需与质粒末端匹配

质粒

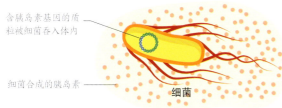

含胰岛素基因的质粒被细菌吞入体内

细菌合成的胰岛素

细菌

6 生产胰岛素
细菌吞入经基因工程改造后含有胰岛素基因的质粒。这些质粒随细菌的繁殖而复制。细菌生产胰岛素，胰岛素可以从培养物中分离和纯化出来。

基因治疗

　　某些疾病需要特别复杂的治疗方法，如基因疗法。基因疗法利用分子生物学的方法将目的基因导入患者体内，从而使疾病得到治疗。

基因疗法是如何起作用的？

　　基因是DNA的一部分，指导细胞制造特定种类的蛋白质。通过在细胞中插入一个基因，基因疗法可以替换那些不能产生有效蛋白质的错误DNA，或者引发一项对抗疾病的新任务。该技术可用于治疗由单个基因引起的疾病（如囊性纤维化）。治疗基因被载体颗粒携带进入细胞。这些颗粒可以是失活的病毒，也可以是脂质体油滴。

患有囊性纤维化病的人

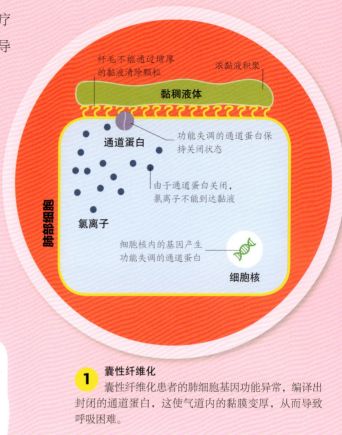

纤毛不能通过增厚的黏液清除颗粒

浓黏液积聚

黏稠液体

通道蛋白

功能失调的通道蛋白保持关闭状态

由于通道蛋白关闭，氯离子不能到达黏液

肺部细胞

氯离子

细胞核内的基因产生功能失调的通道蛋白

细胞核

① 囊性纤维化
囊性纤维化患者的肺细胞基因功能异常，编译出封闭的通道蛋白，这使气道内的黏膜变厚，从而导致呼吸困难。

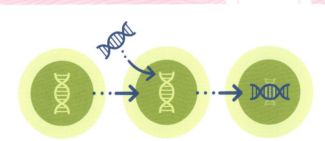

有缺陷基因的细胞　　　植入新的基因　　　新基因抑制缺陷基因

基因抑制
引入的基因能产生抑制致病基因活性的蛋白质，可用于抑制某些类型的基因，因为这些基因会引发无法控制的细胞分裂，从而导致癌症发生。

细胞功能恢复正常

目前，基因治疗研究主要针对特定类型的癌症。

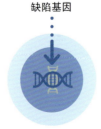

基因疗法是永久性的治疗方法吗？

基因治疗的细胞经过多次分裂之后最终也会死亡，并被其他患病细胞所替代。因此，目前基因疗法的效果只是暂时性的，需要多次治疗。

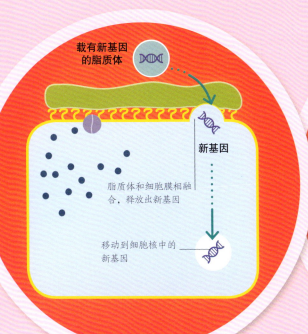

载有新基因的脂质体

新基因

脂质体和细胞膜相融合，释放出新基因

移动到细胞核中的新基因

氯离子通过通道蛋白

黏液吸收水分后，就变得更稀了

较稀的黏液

新的通道蛋白

新的通道蛋白可以打开，允许氯离子通过

新基因指导组装可以正常工作的通道蛋白

2　基因加载
载有功能化通道蛋白基因的脂质体通过气道时，被内衬细胞吸收，然后，这些基因再和细胞核内的其他DNA结合。

3　基因恢复功能
新基因指导细胞重新制造功能性的通道蛋白，允许氯离子进入黏液。更咸的黏液从细胞中吸收水分，使黏液变稀，呼吸通畅。

杀死特定细胞
专门针对患病细胞的自杀基因可使这些细胞自毁，或将其标记为免疫系统攻击的目标。

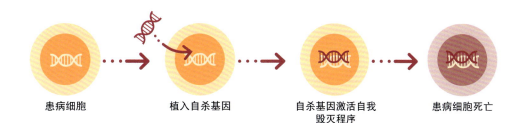

患病细胞　　　　植入自杀基因　　　　自杀基因激活自我
毁灭程序　　　　患病细胞死亡

新基因能遗传吗？

　　常规基因疗法又称为体细胞基因疗法，指将基因插入不参与生产卵子或精子的体细胞中。当这些细胞繁殖时，复制的基因留在患病的组织中，不会传递给后代。另一种在精子或卵子中植入基因的方法被称为种系基因疗法，可以遗传，被广泛认为是有悖于伦理道德的疗法。

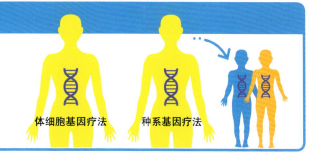

体细胞基因疗法　　　种系基因疗法

干细胞

　　动物身体由很多有特殊任务的细胞组成，这些细胞可携带氧气或传导神经脉冲信号。从胚胎长成成人之后，身体会保留一小部分未分化的原始细胞，称为干细胞，它们保留产生其他类型细胞的能力，这种潜能可以用来治疗疾病。

干细胞种类

　　众所周知，胚胎细胞的最大潜能是能够形成不同的组织器官。一小团胚胎细胞就能发育成身体的所有部分。随着身体各部分的形成，这些组织细胞会失去多功能性，而主要致力于完成各自的特殊任务。只有身体的某些部位，如骨髓，会依然保留干细胞，但分化能力有限。

收集干细胞的伦理之争

　　胚胎干细胞具有最大的治疗潜力，但是许多人认为收集并使用胚胎干细胞在伦理道德上是不可接受的，甚至在某些国家从胚胎中采集人体干细胞是非法的。成年人的干细胞可从骨髓或脐带中获得，绕过这些伦理问题，它们的潜力是有限的，对研究治疗糖尿病和帕金森病等疾病并无多大用处。

肌肉细胞　神经细胞　胎盘细胞　皮肤细胞　白细胞　红细胞　脂肪细胞　上皮细胞

桑椹胚（胚胎）

最早的胚胎干细胞
当它还是一个被称为桑椹胚的实心球时，这个早期的胚胎细胞具有最大的发育潜能。每个所谓的"全能"干细胞都有形成胚胎任何部分的潜力，且大多数哺乳动物中都含有一层膜，最终会形成胎盘。

干细胞疗法

　　利用干细胞的发育潜力可以再生健康组织来治疗疾病。例如，骨髓移植依靠成人干细胞的血细胞形成能力来治疗白血病等血液疾病。干细胞疗法也可用于恢复糖尿病患者的胰岛素分泌细胞。在实验室中，通常用化学方法处理来自动物胚胎或人体的干细胞，以增加它们的潜力。

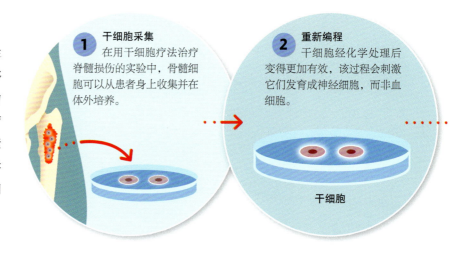

1 干细胞采集
在用干细胞疗法治疗脊髓损伤的实验中，骨髓细胞可以从患者身上收集并在体外培养。

2 重新编程
干细胞经化学处理后变得更加有效，该过程会刺激它们发育成神经细胞，而非血细胞。

干细胞

临床实验中，用干细胞疗法治疗脊柱损伤，50%的病人恢复了部分运动功能。

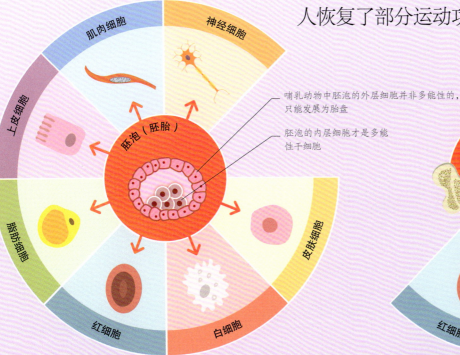

哺乳动物中胚泡的外层细胞并非多能性的，只能发展为胎盘

胚泡的内层细胞才是多能性干细胞

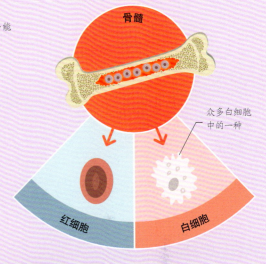

众多白细胞中的一种

早期胚胎细胞

一旦胚胎发育到桑椹胚的下一阶段，即形成具有中空结构的胚泡，细胞就完成了分化的第一步。在大多数哺乳动物中，最外层的细胞会形成胎盘，只有包含"多能性"干细胞的内部细胞团才能形成胚胎的各个部分。

成体干细胞

干细胞存在于成人身体的某些部位，但是它们仅能发育成有限的细胞类型，并被认为是"多潜能的"。例如，身体大部分骨骼的骨髓中都含有这种多潜能干细胞，这些干细胞可分化成各种血细胞。

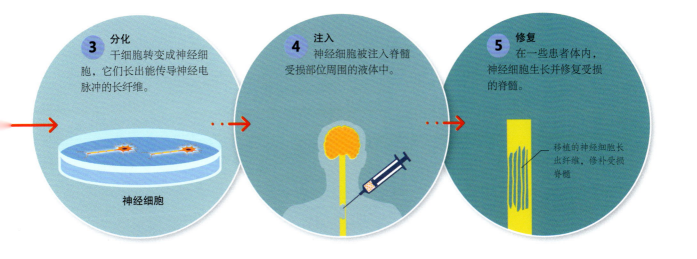

3 分化
干细胞转变成神经细胞，它们长出能传导神经电脉冲的长纤维。

神经细胞

4 注入
神经细胞被注入脊髓受损部位周围的液体中。

5 修复
在一些患者体内，神经细胞生长并修复受损的脊髓。

移植的神经细胞长出纤维，修补受损脊髓

克　　隆

克隆体指基因与本体相同的生物。在技术上，克隆可以通过人工操纵来实现，这对医学等领域的发展有着深远的影响。

克隆原理

克隆的核心是DNA的自我复制。它可以驱动细胞分裂，使任何能够无性繁殖的生物繁殖。实验室克隆技术远不止于此，通过操纵特定种类的非特化细胞和组织，可以产生非自然的克隆体。

同卵双胞胎是克隆体吗？

是的，同卵双胞胎是克隆体。一个受精卵在子宫内分裂成两个独立的细胞，进而发育成基因相同的胚胎。

自然克隆

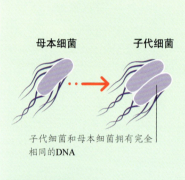

母本细菌　　　子代细菌

子代细菌和母本细菌拥有完全相同的DNA

微生物无性繁殖
细菌等微生物通过自我克隆进行无性繁殖。在细胞分裂前，DNA首先进行自我复制，相同的DNA进入每一个子代细胞中。

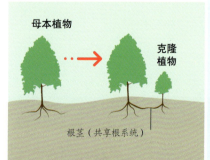

母本植物　　　　克隆植物

根茎（共享根系）

植物无性繁殖
植物的地下根系统又称根茎，包含一些可以萌发出新植株的组织。这些新植株和母本植物的遗传信息完全相同。白杨树正是通过自我克隆造就了地球上最大的克隆系统。

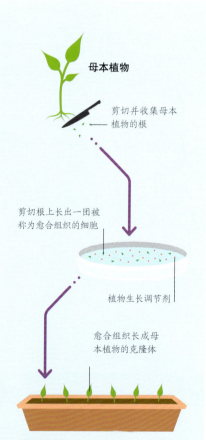

母本植物

剪切并收集母本植物的根

剪切根上长出一团被称为愈合组织的细胞

植物生长调节剂

愈合组织长成母本植物的克隆体

组织培养
移植到土壤之前，用一种叫作生长调节剂的化学物质处理植物的部分组织，可以促使它们长成新的植株。

人工克隆

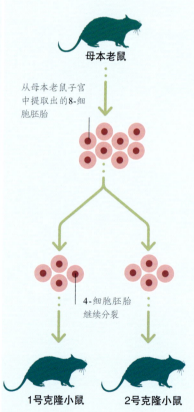

母本老鼠

从母本老鼠子宫中提取出的8-细胞胚胎

4-细胞胚胎继续分裂

1号克隆小鼠　　　2号克隆小鼠

胚胎分裂
第一个成功的动物克隆技术始于胚胎分裂。如果在足够早的阶段进行，胚胎的无特异性细胞可以保留形成身体所有部分的潜能。

比利牛斯野山羊是第一个复活的已灭绝物种，但是仅存活了7分钟。

灭绝物种真能起死回生吗？

保存完好的标本为复活灭绝种提供了诱人的前景。然而，DNA会随着时间的推移而降解，这意味着那些过于古老的DNA可能缺乏使胚胎成活的指令。虽然科学家从冷冻的猛犸象组织中获得了非常完整的DNA序列，但被破坏和不完整性使克隆工作无法进行。科学家们正计划将猛犸象和亚洲象（猛犸象的近亲）的基因结合起来，创造出可以在人工子宫中培育的杂交胚胎。然而，这引发了伦理问题。

长毛猛犸象

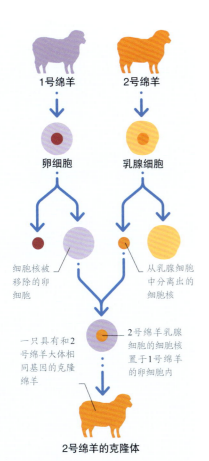

1号绵羊　　2号绵羊

卵细胞　　乳腺细胞

细胞核被移除的卵细胞　　从乳腺细胞中分离出的细胞核

一只具有和2号绵羊大体相同基因的克隆绵羊

2号绵羊乳腺细胞的细胞核置于1号绵羊的卵细胞内

2号绵羊的克隆体

体细胞核转移

克隆体可以由身体组织（体细胞）产生。一个被去除细胞核的卵细胞与供体的体细胞核结合，就有可能产生一个供体的克隆体。克隆羊多莉便是通过这种技术克隆出的。

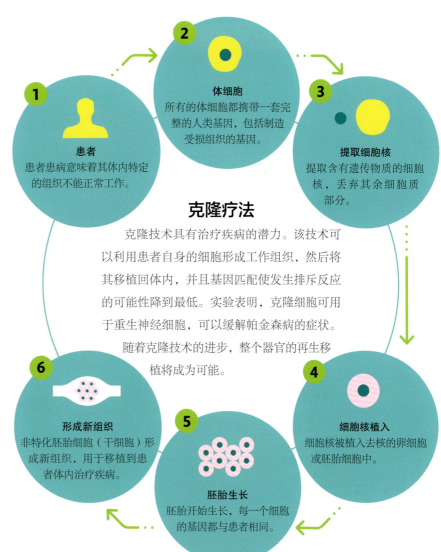

1
患者
患者患病意味着其体内特定的组织不能正常工作。

2
体细胞
所有的体细胞都携带一套完整的人类基因，包括制造受损组织的基因。

3
提取细胞核
提取含有遗传物质的细胞核，丢弃其余细胞质部分。

克隆疗法

克隆技术具有治疗疾病的潜力。该技术可以利用患者自身的细胞形成工作组织，然后将其移植回体内，并且基因匹配使发生排斥反应的可能性降到最低。实验表明，克隆细胞可用于重生神经细胞，可以缓解帕金森病的症状。

随着克隆技术的进步，整个器官的再生移植将成为可能。

4
细胞核植入
细胞核被植入去核的卵细胞或胚胎细胞中。

5
胚胎生长
胚胎开始生长，每一个细胞的基因都与患者相同。

6
形成新组织
非特化胚胎细胞（干细胞）形成新组织，用于移植到患者体内治疗疾病。

太空

恒　　星

恒星是一个巨大的气态发光球体，当中心的核反应被点燃时，一颗恒星就诞生了。质量越大的恒星越明亮，但衰变也越快。此外，恒星的质量决定了其死亡后的归宿。

恒星的诞生

恒星诞生于被称为星云的低温星际尘埃和气体中。气团破裂成碎片后，如果它们变得足够致密，就会在自身重力的作用下坍塌，并释放热量。如果产生的热量足够诱发热核聚变，一颗恒星就诞生了。这个过程需要数百万年才能完成。

恒星寿命一般有多长？

恒星的寿命取决于它的大小。最大的恒星可能只会存在几十万年，而最小的恒星可能会燃烧数万亿年。

尘埃和气体（主要为氢）

在自身重力作用下，内核坍塌

物质坠落

向外发射的恒星风暴

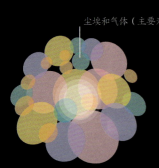

1 分子云
接近绝对零度时，气体会以分子的形式结合在一起，且分子云的密度越大，越不稳定，且容易碎裂。

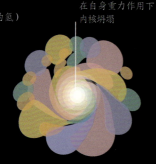

2 碎片坍塌
致密的气体碎片会坍塌，使中心温度升高。角动量使碎片形成一个旋转的圆盘。

3 原恒星形成
致密的中心区域形成原恒星，而圆盘则有可能形成一个行星系统。随着周围物质逐渐坠入原恒星，其最终尺寸会增大100倍。

4 核聚变开始
当内核压力增加至热核聚变开始时，物质停止坠入。原恒星燃烧氢，会产生强烈的恒星风暴。

恒星的形成和演化

大多数原恒星将继续演变成普通恒星或主序恒星。随着年龄的增长，恒星的大小、温度和颜色都会发生变化。有些恒星会逐渐消失，有些会终结于超新星爆炸，为新的恒星和行星提供物质。宇宙中的大多数元素来自恒星的核反应。可以说，我们的世界是由恒星尘埃构成的。

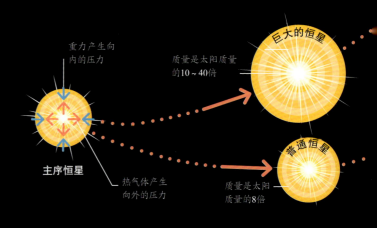

重力产生向内的压力

巨大的恒星
质量是太阳质量的10～40倍

主序恒星

热气体产生向外的压力

普通恒星
质量是太阳质量的8倍

质量最大的恒星
会变成黑洞

黑洞

中子星

超新星爆炸后留下的致密内核仅由
中子组成，并快速旋转

恒星耗尽燃料后，
其外层物质就会向
内核坍塌，并最终
以每秒30000千米
的速度向外爆炸

超新星

来自超新星的残骸
在爆炸之后的数百
万年里会分散到附
近的气云中

黑矮星

白矮星持续冷却、变暗，最终变
成黑矮星。黑矮星的形成所需时
间远超目前的宇宙年龄，因此现
今的宇宙中尚不可能存在黑矮星

碎片和灰尘

白矮星

这是行星状星云的核
心，由于燃烧而非常热

恒星膨胀并冷却，
颜色变为红色

行星状星云

红超巨星

在这一相对较短的阶段里，恒星
释放出一圈热气层，使其看起来
像一颗行星

红巨星

氢燃料耗尽
时，恒星会膨
胀并冷却

恒星循环

　　大爆炸只形成了氢、氦和少量的锂。几乎全部其他元素都
来自恒星燃烧或超新星爆炸。超新星爆炸释放出的物质又逐渐
演变为新的恒星和行星。

4 恒星释放物质，
开始新的循环
周期

1 重元素进入分子云
中，分子云坍塌

3 恒星形成，其
内进行着稳定
的热核反应

2 坍塌的气体碎片
释放热量，形成
原恒星

一茶匙中子星物质的重量超过
50亿吨。

太　阳

太阳是离我们最近的恒星。它是一颗中等尺寸的黄矮星，通过热核聚变反应产生能量。据估计，太阳目前处于中年期，很可能在未来50亿年的时间里继续保持稳定。

太阳的内部和外部

太阳主要由等离子态的氢和氦组成，这些气体很热，以至于它们的原子失去电子而被电离。太阳由内到外可分为6个区域：最里面是发生核聚变的核心，被辐射层和对流层包围，再外一层是光球层，被色球层和日冕层包围。

日冕层
色球层
光球层
对流层
辐射层
核心

核聚变反应发生的主要区域，这里的温度高达1500万摄氏度，所有的光和热都来自这里

在辐射层中，光子在粒子间跳跃，最后向外逃逸

在对流层中，热等离子体气泡向外移动，温度降到150万摄氏度

氢
70.6%

氦
27.4%

重元素 2%
包括氧、氮、碳、氖、铁等

太阳质量
约太阳质量的四分之三都是氢。太阳的总质量约为地球质量的33万倍。

日冕层是太阳的最外层，延伸到太空中

太阳黑子是光球层中温度较低、亮度较暗的区域，是由太阳磁场活动引起的，它会抑制热量向外传播

太阳是太阳系中最接近完美球形的星体。

太阳活动对地球的影响

　　在地球上可以感受到太阳表面的活动。当日冕物质抛射出的高能带电粒子到达地球时，会穿透航天器的器壁，对宇航员造成伤害，还会干扰卫星通信和地面电力传输等。太阳黑子的活动也会对地球气候造成影响。当太阳黑子活动处于峰值时，太阳辐射略有增强。反之，太阳黑子活动消失，则会使地球上出现极寒天气。

太阳的能量来源

　　太阳的巨大质量造就了核心区域的高温高压环境。在这里，只含有一个质子的氢原子核和另一个氢原子核结合，形成氦原子核。该过程会释放出其他的亚原子粒子，并以辐射的形式释放出巨大的能量。

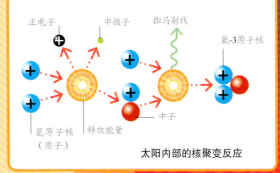

正电子　　　中微子　　　伽马射线

氦-3原子核

氢原子核
（质子）　释放能量　　中子

太阳内部的核聚变反应

太阳耀斑是一种最剧烈的爆发，伴有强烈的电磁辐射，和太阳黑子的活动有关

日珥是喷出的炽热的等离子体气流，与光球层相连

日冕物质抛射是一种大规模的等离子体抛射现象

冕洞是日冕中密度较低、温度较低的黑暗区域

色球层是一个薄薄的气层，在日全食期间，它会显示出一个红色的边缘

我们看到的太阳光来自5500摄氏度的光球层辐射

太阳发出的光要多久才能到达地球？

光子从太阳核心到达太阳表面需要几十万年的时间。然而，太阳表面的光子到达地球只需要8分钟。

太阳系

太阳系以太阳这颗恒星为中心，八颗轨道行星围绕太阳旋转。此外，太阳系还包括170多颗卫星、几颗矮行星、小行星、彗星和其他宇宙天体。

你知道太阳系的年龄吗？

太阳系大约有46亿年的历史，这是通过测量坠落到地球上的陨石的放射性衰变估算的。

太阳系是如何形成的？

太阳系的形成始于一团被称为星云的寒冷气体和尘埃，它们凝结并旋转，形成太阳系。太阳在旋转的圆盘中心形成，而离中心较远的物质则形成了行星和卫星。只有岩石物质才能抵御太阳周围的高热环境，继而形成内行星，而寒冷的气态物质则沉积在圆盘外部区域，形成外行星。

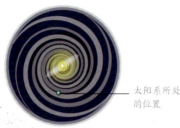

—— 太阳系所处的位置

我们在银河系中的位置
太阳系处于银河系的内臂部分，太阳只是银河系里1000亿～4000亿颗恒星之一。

土星的密度非常低，如果把它放入水中，它能浮在水面上。

木星
木星是太阳系中最大的行星，它有一个巨大的红色斑点，是一个刮了约300年的"风暴"。

直径为142984千米
距太阳7.79亿千米

木星的卫星
木星共有79颗卫星，其中最大的一颗是木卫三，它甚至比水星还要大。人们认为在冰冷的木卫二表面下存在液态水。

距太阳的平均距离为2.28亿千米

直径为6792千米

火星
在这颗红色冷冻星球上，重力是地球上的1/3。

直径为12756千米
距太阳1.5亿千米

地球
地球是太阳系中密度最高的行星，70%的表面都被水覆盖。

直径为12104千米
距太阳1.08亿千米

金星
太阳系中温度最高的行星，自转速度非常慢，自转周期甚至比公转周期还要长。

直径为4879千米

距太阳的平均距离为5800万千米

水星
水星是太阳系中最小的行星，其运行的轨道速度约为47千米每秒。

小行星带
小行星带位于火星和木星轨道之间，是矮行星——谷神星的家园。

太阳

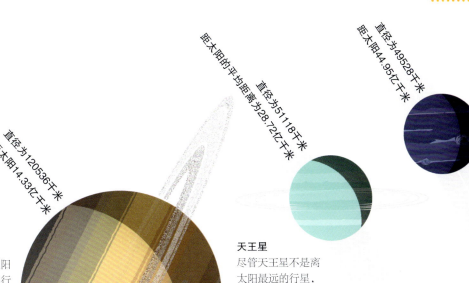

直径为120536千米
距太阳14.33亿千米

距太阳的平均距离为28.72亿千米
直径为51118千米

直径为49528千米
距太阳44.95亿千米

海王星
海王星拥有太阳系中最强烈的风，风速高达2000千米每小时。

土星
土星拥有太阳系中最宽的行星环。

天王星
尽管天王星不是离太阳最远的行星，却是太阳系里温度最低的行星。

土星环
土星环主要由高反射率的冰构成，其中还含有岩石物质的痕迹，它们被认为是与小行星或彗星相撞的一个或多个卫星遗骸。

行星轨道

　　离太阳越近的行星越容易受太阳引力的影响，其轨道运转速度也越快。水星离太阳最近，轨道运转速度最快；海王星离太阳最远，轨道运转速度最慢。每个行星的运转路径都是一个椭圆形，并受到其他行星吸引而稍加改变。

矮行星

　　矮行星（如冥王星）拥有足够的重力和质量形成一个球体，并且直接绕太阳运转。与其他行星不同的是，它们没有自己清晰的轨道，而与其他小行星和彗星共享轨道。

冥王星

木星（轨道）上的1年相当于12个地球年

土星绕太阳运转一周的时间约为29.5个地球年

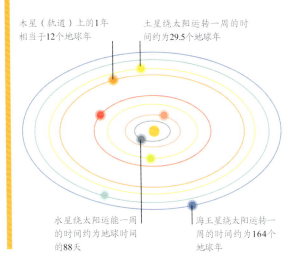

水星绕太阳运能一周的时间约为地球时间的88天

海王星绕太阳运转一周的时间约为164个地球年

宇宙漂浮物

伴随太阳系的形成，宇宙中形成了不同尺寸的岩石和冰块，其中那些较大的形成了行星，其他的形成了流星体、小行星和彗星，它们有时会坠落到地球上。

流星体

流星体是从小行星或彗星中脱离出来的碎片颗粒，小至沙粒，大至巨砾，有的横截面直径甚至超过1米。当流星体穿过行星的大气层时，下落过程会发光发热，它们被称为流星，而其中那些到达地面的碎块则被称为陨石。约90%~95%的流星都会在穿越地球大气层的过程中燃烧殆尽。

国际空间站有时会改变航向以躲避空间碎片。如果碰撞概率大于等于0.001%，则被认为有潜在的碰撞危险

我们能否阻止致命一击？

用粉笔灰或木炭涂抹彗星或小行星，可以改变它们被太阳加热的方式，从而使其偏离运转轨道。在一个天体附近引爆炸药则可更快地改变其运转轨道。

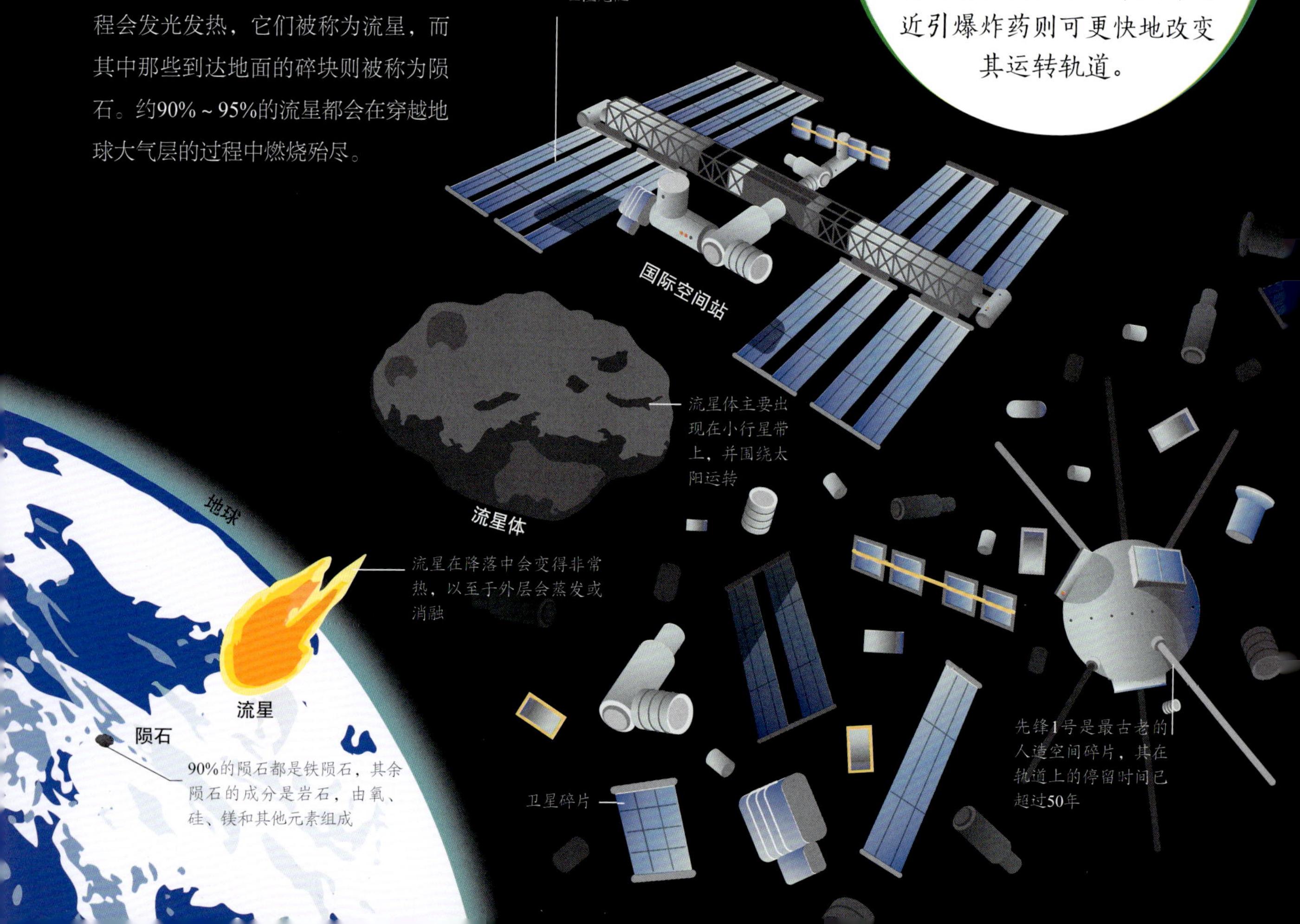

国际空间站

流星体主要出现在小行星带上，并围绕太阳运转

流星体

地球

流星在降落中会变得非常热，以至于外层会蒸发或消融

陨石

流星

90%的陨石都是铁陨石，其余陨石的成分是岩石，由氧、硅、镁和其他元素组成

卫星碎片

先锋1号是最古老的人造空间碎片，其在轨道上的停留时间已超过50年

小行星

小行星是环绕太阳运动的岩石或金属物体，主要分布于火星和木星轨道间，即小行星带。它们大多直径为1千米左右，但也有一些比较大的，如矮行星——谷神星，其直径超过100千米，具有巨大的万有引力。来自木星的引力阻止了小行星带内的小行星结合为行星。

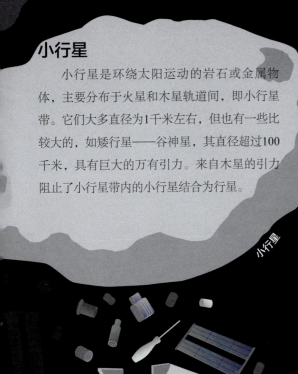

小行星

一个在国际空间站太空行走期间掉落的工具箱，至今仍能被追踪到

美国宇航员爱德华·怀特第一次太空行走时掉落的手套

2007年，中国用导弹摧毁了一颗旧气象卫星，在轨道上产生了约3000块空间碎片

太空垃圾

太阳系里漂浮着数以百万计的人造物体，从小油漆片到卡车般大小的金属块，绝大多数围绕地球轨道运行。这些太空垃圾能够高速移动，数量也在快速增加，对国际空间站这类载人航天器构成越来越大的威胁。此外，在金星、火星和月球表面也有废弃的航天器。

柯伊伯带和奥尔特云

柯伊伯带是海王星轨道以外的盘状物体带，其中的冰体会被行星拉向内部，变成彗星。奥尔特云是太阳系外一个巨大的球状冰屑云，它会受到经过的恒星的引力影响。

彗星轨道
根据绕太阳运行的时间可对彗星进行分类。短周期彗星不到200年，起源于柯伊伯带。长周期彗星需要200多年，来自奥尔特云。

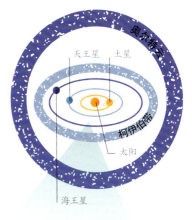

奥尔特云
天王星　土星
太阳
柯伊伯带
海王星

彗尾
彗星有两条尾巴（一条尘埃尾巴和一条等离子体尾巴），它们总是指向远离太阳的方向，长度可达1.6亿千米。

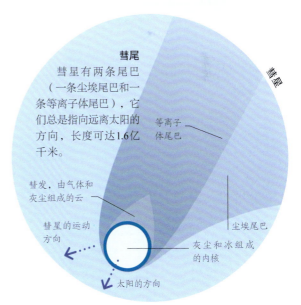

等离子体尾巴

彗发，由气体和灰尘组成的云

彗星的运动方向

尘埃尾巴

灰尘和冰组成的内核

太阳的方向

彗星

一个10厘米长的物体以36000千米每小时的速度运动，其碰撞的威力相当于25支炸药棒爆炸。

黑　　洞

黑洞是宇宙的一个空间区域。该空间区域内的所有物质都被压缩到一个密度无限大的点上。它如此致密，以至于引力大到任何进入黑洞的物质都无法逃脱，包括光。因此，黑洞不可见，唯一可以用来探测黑洞的方法是观察其对周围空间的影响。

距离我们最近的疑似黑洞大约在3000光年之外。

完全坍塌

绝大多数黑洞都是由一些质量比太阳还要大的恒星死亡后形成的。当物质被黑洞引力拉向黑洞时，经常会呈现为一个旋转的圆盘，该过程中会发射X射线和其他类型的辐射，可被天文学家观测到。

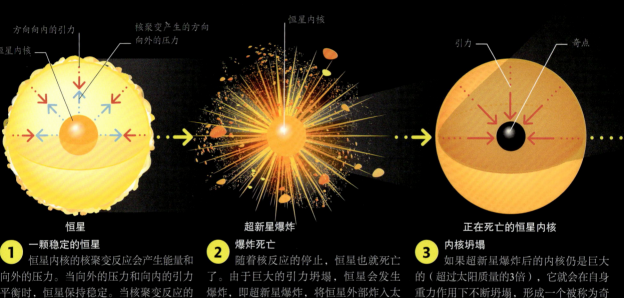

方向向内的引力　　核聚变产生的方向向外的压力　　恒星内核　　引力　　奇点

恒星内核

恒星

超新星爆炸

正在死亡的恒星内核

1　一颗稳定的恒星
恒星内核的核聚变反应会产生能量和向外的压力。当向外的压力和向内的引力平衡时，恒星保持稳定。当核聚变反应的燃料耗尽时，引力会使恒星坍塌。

2　爆炸死亡
随着核反应的停止，恒星也就死亡了。由于巨大的引力坍塌，恒星会发生爆炸，即超新星爆炸，将恒星外部炸入太空。

3　内核坍塌
如果超新星爆炸后的内核仍是巨大的（超过太阳质量的3倍），它就会在自身重力作用下不断坍塌，形成一个被称为奇点的密度无限大的点。

黑洞类型

黑洞主要有两种类型：恒星黑洞和超大质量黑洞。当一颗巨大的恒星在其生命的最后变成超新星时，就会形成一个恒星黑洞。超大质量黑洞比恒星黑洞更大，通常位于星系中心，被一些炽热的、发光的物质包围。此外，还有一种黑洞被称为原始黑洞，可能在宇宙大爆炸中形成。

我们的太阳系

超大质量黑洞
视界线直径：太阳系大小
质量：数十亿个太阳

普通的恒星黑洞
视界线直径：30~300千米
质量：5~50个太阳的质量

原始黑洞
视界线直径：约一个原子核的宽度
质量：超过一座大山的质量

物质进入吸积盘

吸积盘

黑洞

气体、尘埃和恒星碎片在黑洞的吸积盘上旋转

物质在内部呈螺旋式运动

→ 视界线是黑洞的边界，在此边界以内的任何物质和光都无法逃离

黑洞形成一个强引力区，像旋涡一样将物质向内拉

视界线

重力井

引力增强

4　黑洞诞生

奇点的密度如此之大，扭曲了周围的时空，就连光都无法逃脱。一个黑洞可以被描绘成一个二维的、被称为重力井的无限深洞。

藏在黑洞中心的是一个无限小且密度非常大的奇点，在该点物质被极度压缩

黑洞会毁灭地球吗？

黑洞不会在太空中移动而吞噬行星。即使太阳变成一个黑洞，地球也不会坠落其中，因为地球距离太阳足够远，并且这个黑洞会有和太阳同样大小的引力。

"意大利面条化"

当物体跨越视界时，引力会剧烈增加，落向黑洞的物体会被拉伸成长长的意大利面条状。假设一个宇航员跨越了视界，他就会被这个"意大利面条化"过程撕裂，首先是双腿。

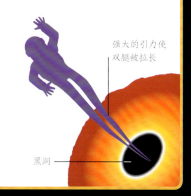

强大的引力使双腿被拉长

黑洞

星 系

星系是指由数百万到数十亿颗恒星、大量气体和尘埃组成的星云及包含未知数量暗物质的巨大系统。这些物质被引力连接在一起。人类所在的星系是银河系。

银河系

银河系是一个巨大的旋涡星系，包括大约1000亿～4000亿颗恒星，围绕一个超大质量黑洞旋转。从侧面看，银河系是包含类扁平状的。中心是一个明亮的凸起。外围是包含星团的晕轮。太阳系位于银河系的猎户座悬臂上。

星系种类

在可观测的宇宙中，大约有两万亿个星系，还可能有更多的星系未被发现。星系大致可分为旋涡星系、椭圆星系和不规则星系。有些星系则是这三种类型的组合，如透镜状星系，一部分是椭圆状，一部分是涡旋状，整体呈扁平状，没有清晰的螺旋臂。

旋涡星系

旋涡星系是具有旋臂结构的扁平的星系，由隆起的核心和星系晕组成，旋臂从中心区域而非核心向外延伸。

椭圆星系

椭圆星系的形状从近球形到椭球形不一，并可根据扁扁平程度进行再次分类。椭圆星系没有旋臂。

不规则星系

不规则星系没有对称结构，且几乎没有核心。部分不规则星系包含有大量新的、炽热的恒星，部分含有大量尘埃，使单个恒星很难被发现。

银河系有多大？

银河系的直径约为10万光年，圆盘厚度约为1000光年。太阳系绕银河系中心公转一周大约需要2.3亿年。

银晕区，包含众多球状星团

薄银盘区

隆起的中央银核

银河系侧视图

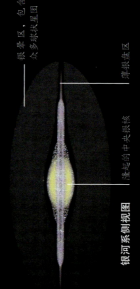

外旋流臂

英仙臂

沿臂绕银河系中心流转

太阳系的位置

猎户臂

人马座A*，银河系中心的黑洞

矩尺-天鹅座旋臂

盾牌-南十字旋臂

矩尺-人马臂

银晕

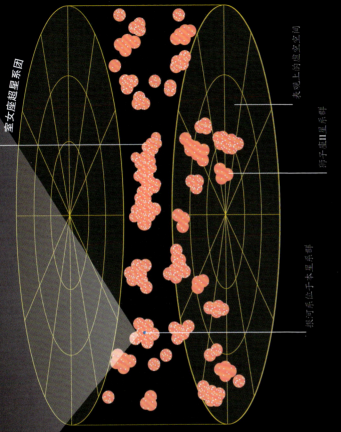

室女座星团

室女座超星系团

表观上的虚空空间

狮子座 II 星系群

银河系位于本星系群

室女座超星系团

银河系是一个叫作本星系群的一部分，而本星系群又是室女座超星系团的一部分。这个超星系团包含多达2000多个星系。

星系团和超星系团

宇宙中约有四分之三的星系都不是随机分布的，而是聚集在一起。它们由一个由普通物质和暗物质组成的丝状宇宙网连接起来。这些丝状网络的交叉点就形成了星系团。星系团相互碰撞形成超星系团。宇宙中约有1000万个超星系团，其中最大的是斯隆长城，长度达14亿光年。

星系碰撞

星系间的碰撞很常见。银河系目前就正在和一个人马座矮星系发生碰撞。这种碰撞通常不会发生在恒星间，因为恒星间的距离非常远。星系碰撞会扭曲星系各自的形状，并在相互作用下压缩各自星系中的气体云，形成新恒星。

银河系毁灭

两个旋涡星系碰撞，吸引着彼此的主旋臂。数十亿万年后，它们最终可能会聚在一起，形成一个椭圆星系。

我们的银河系

活动星系

不同于普通星系，由于每个星系中心的超大质量黑洞对物质的吸积作用，活动星系产生的能量比它们的恒星所能产生的能量要多得多。一些活动星系还能喷射出高能粒子。

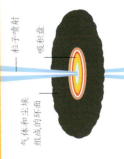

粒子喷射

吸积盘

气体和尘埃组成的环面

星系核和环面

宇宙大爆炸理论

大多数天文学家都认为宇宙有一个明确的开端，即宇宙始于138亿年前的一次大爆炸。宇宙大爆炸始于一个无限小的、致密而炽热的奇点，并形成了所有的物质、能量、空间和时间。宇宙大爆炸后，宇宙变得越来越大，越来越冷。

宇宙大爆炸之前发生了什么？

如果时间从宇宙大爆炸开始，那么之前什么都没有。又或者我们的宇宙来自更古老宇宙的物质。

一些星系开始形成旋涡结构

第一颗恒星形成

宇宙是黑暗的，直到第一颗恒星形成并开始发光

现在

大爆炸后20亿~30亿年

大爆炸后5亿~6亿年

大爆炸后38万~2亿年

氦-3原子

氢原子

亮粒子

空间膨胀

科学家们观察到的宇宙正在膨胀，这表明它曾经很小。在大爆炸起始的瞬间，部分宇宙的增长速度甚至比光速还快，这一过程称为膨胀。膨胀的速度很快就减慢了，但是宇宙一直在变大。在更大的尺度上，所有物体都在彼此远离，且距离越远，彼此间的分离速度就越快，这一现象可以通过红移效应来观测。

红移

当物体高速远离观察者时，光波会被拉伸，在物体的光谱线上表现为向红光方向移动。物体到地球的距离可以通过红移的大小来计算。

星系远离观察者

星系相对于观察者变得更红

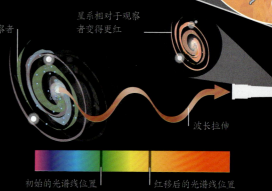

波长拉伸

初始的光谱线位置

红移后的光谱线位置

宇宙形成之初

最初宇宙只是纯粹的能量。当它逐渐冷却后，能量和物质处于一种被称为质量–能量态的可互换状态。膨胀结束后，第一个亚原子粒子开始出现。宇宙演化至今，很多原始物质已经不存在了，但残余物质构成了当今宇宙中的所有物质。大爆炸后约40万年，形成了第一批原子。

大爆炸的证据

提出宇宙大爆炸理论的科学家预言，大爆炸会在宇宙中留下来自各个方向的微弱热辐射，这种辐射被称为宇宙微波背景辐射。1964年，两位美国天文学家在美国新泽西州通过一个巨大的喇叭形无线电天线发现了这种辐射。

物理定律

支配粒子间相互作用的四种基本力最初并不存在，但在宇宙诞生之后很快就被建立起来了。在大爆炸之后不久，也就是众所周知的普朗克时代，物质和能量还没有完全分离，只有一种统一的力或超力存在。在大爆炸发生后的万亿分之一秒后，这种力就分化出了电磁力、强核力、弱核力和引力。

强核力
弱核力
电磁力
引力
电弱力
大统一力
超力

电子和原子核结合形成最初的原子

质子和中子相互碰撞形成最初的原子核

最初的质子、中子、反质子和反中子形成

基本力开始区分开来，其遵循的物理定律和现今一样

膨胀结束，形成了粒子和反粒子的海洋

大爆炸后38万年
氦–4原子核
氢原子核
反中子
中子
大爆炸后1~3分钟
氢原子核
质子
反质子
电子
正电子
夸克
反夸克
光子
胶子
大爆炸后百亿分之一秒
大爆炸后万亿分之一秒
大爆炸后10⁻³²秒

大爆炸后10⁻³⁶秒
大爆炸后10⁻⁴³秒

膨胀开始，宇宙以惊人的速度膨胀

引力是最先出现的基本力

大爆炸

大爆炸
在大爆炸后的1秒内，基本力和亚原子粒子就形成了。原子的出现需要几十万年的时间，恒星和星系的发展则需要数百万年的时间。

在大爆炸后的1秒内，宇宙从零膨胀到数十亿公里。

光年是什么？

光年是一个长度单位（而非时间），1光年是指光在1年的时间里传播的距离。光速为3×10^8米/秒，1光年约为9.5万亿千米。

宇宙有多大？

空间是无限的吗？宇宙是什么形状的？尽管天文学家还不能准确地回答这些问题，但是他们可以估计出所能见到的部分宇宙的尺寸。通过研究质量和能量密度，他们还能描绘出空间的几何形状。

可观测宇宙之外的物体所发出的光目前还没有抵达地球，但未来终有一天会被观测到

当前从地球到宇宙中最远可观测物体的距离

可观测宇宙的外缘被称为宇宙光学视界

地球

138亿光年

460亿光年

从最遥远可观测物体发出的光所走过的距离

空间在各个方向的膨胀都是相同的，我们似乎处于宇宙的中心，宇宙中的一切物体都在远离我们。从宇宙中任何一点进行观测，现象都是一样的

可观测宇宙的边缘

可观测宇宙

我们可以看到和研究的部分空间被称为可观测宇宙，它是一个以地球为中心的球形区域，也是大爆炸以来我们能够观测到的来自最遥远的光所通过的空间体积。当一个物体远离我们时，它发出的光穿越空间抵达我们，光谱会向红光方向移动。目前可检测到的红移量最多的光来自138亿光年之外，说明宇宙的年龄大约有138亿岁。

最遥远的星系比肉眼可见的最暗的物体还要暗100亿倍。

膨胀宇宙中的距离测量

宇宙一直在膨胀，宇宙中物体间的真实距离也被称为共动距离（大于物体发出的光通过的距离，即回溯距离）。考虑到宇宙膨胀，可观测宇宙的边缘大约距离我们465亿光年。

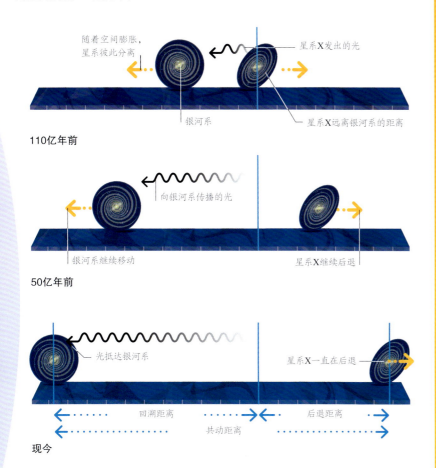

随着空间膨胀，星系彼此分离

星系X发出的光

银河系

星系X远离银河系的距离

110亿年前

向银河系传播的光

银河系继续移动

星系X继续后退

50亿年前

光抵达银河系

星系X一直在后退

回溯距离

后退距离

共动距离

现今

宇宙膨胀有多快？

在相对较小的尺度上，例如在星系内部，空间中的物体通过引力彼此保持固定的距离。但是在更大的尺度上，空间的膨胀意味着物体彼此远离。两个物体相距越远，它们分开的速度就越快。最新的测量结果表明，两个相距约300万光年的物体会以74千米每秒的速度彼此远离。

宇宙形状

宇宙有三种可能的几何结构，每种都有不同的时空曲率。这不是我们惯用的曲率，但它可以用二维形状表示。我们的宇宙被认为是平的或接近平的。关于宇宙命运的一些理论都是基于这些几何结构的。

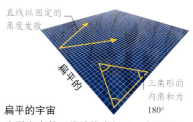

直线以固定的角度发散

扁平的

三角形的内角和为180°

扁平的宇宙
扁平宇宙的二维结构类似于一个平面，我们所熟知的几何规则在这里都适用，例如平行线永不相交。

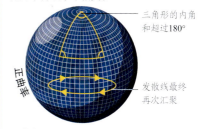

三角形的内角和超过180°

正曲率

发散线最终再次汇聚

正曲率宇宙
时空正曲率的宇宙是"封闭的"，其质量和范围也是有限的。在这个二维近似模型中，平行线汇聚在一个球面上。

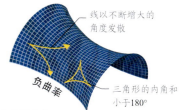

线以不断增大的角度发散

负曲率

三角形的内角和小于180°

负曲率宇宙
在这种情形下，宇宙是"开放"且无限的。其二维模型近似一个马鞍形空间，且在这个空间中，发散线的夹角会越来越大。

暗物质和暗能量

绝大部分宇宙都是由天文学家所称的暗物质和暗能量组成的。这些形式的物质和能量不能被直接探测到，但是因为它们可以和普通物质及光发生相互作用，所以我们知道它们的存在。

缺失的物质和能量

当天文学家试图追踪宇宙中的质量和能量时，他们发现大部分都不可见。他们确信宇宙中的质量远比被探测到的多，否则星系团就会飞散。同样，能量也远比被探测到的多，因为正是某些反引力能量导致了宇宙的加速膨胀。

世界上最灵敏的暗物质探测器位于地下1.5千米处。

缺失了多少？
由原子组成的普通可见物质只占宇宙质量和能量的一小部分，其余大部分都是暗物质和暗能量。

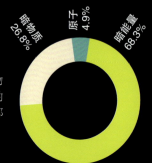

暗物质 26.8%　　原子 4.9%　　暗能量 68.3%

暗物质

暗物质可以在普通物质周围形成晕物质，或以"重子"暗物质形式存在。它与其他物质基本没有相互作用，既不反射也不吸收光线，也不能被电磁辐射探测到。然而，它对星系和恒星的引力效应，以及它对光线的弯曲效应都可以被观察到。暗物质的性质是未知的，但天文学家认为它主要有两种可能的存在形式：MACHOs（晕族大质量致密天体）和WIMPs（弱相互作用重粒子）。

引力透镜
质量巨大的物体就像一个透镜，可以扭曲引力场，从而改变光波的传播路径并改变星系的外观。弱透镜效应会使星系看起来很细长，而强透镜效应则会改变它们的表观位置，甚至复制它们。

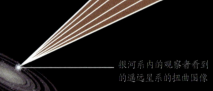

星系团的引力透镜作用使向银河系传播的光线发生弯曲

银河系内的观察者看到的遥远星系的扭曲图像

银河系

MACHOs	WIMPs	
一些暗物质可能由黑洞和褐矮星等致密物体组成，这些致密物体被统称为MACHOs，它们发出的光太少，只能通过引力透镜探测到。	另一种预言的暗物质是WIMPs，是宇宙早期创造的奇异粒子，通过弱力和引力相互作用。	
	热暗物质	**冷暗物质**
	这种暗物质的理论形态是由接近光速移动的粒子组成的。	绝大部分暗物质都被认为是冷的，如WIMPs，组成它们的物质移动非常缓慢。

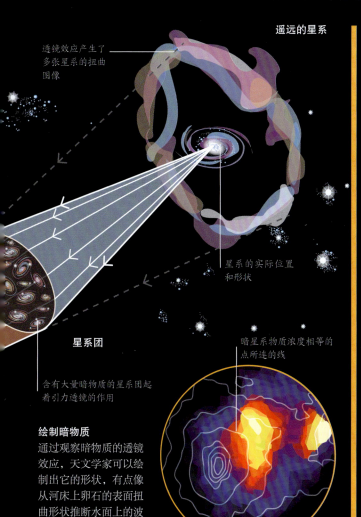

透镜效应产生了多张星系的扭曲图像

遥远的星系

星系的实际位置和形状

星系团

含有大量暗物质的星系团起着引力透镜的作用

绘制暗物质
通过观察暗物质的透镜效应，天文学家可以绘制出它的形状，有点像从河床上卵石的表面扭曲形状推断水面上的波纹形状。

暗星系物质浓度相等的点所连的线

暗能量

对遥远超新星距离的测量表明，宇宙正在加速膨胀。这一发现促进了暗能量理论的诞生。暗能量是一种反引力作用的能量，可用于解释为何宇宙是扁平的且正在加速膨胀。早期的宇宙由暗物质占主导，如今暗能量已经超过了暗物质，且它的影响正随着宇宙的膨胀而增加。

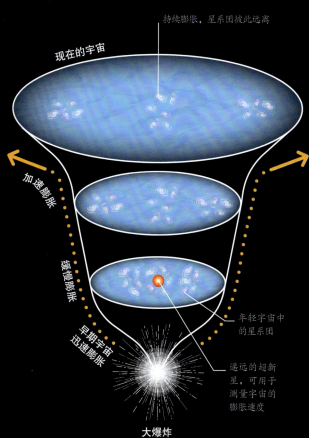

持续膨胀，星系团彼此远离

现在的宇宙

加速膨胀

缓慢膨胀

早期宇宙迅速膨胀

年轻宇宙中的星系团

遥远的超新星，可用于测量宇宙的膨胀速度

大爆炸

加速膨胀
大爆炸后，宇宙经过了初期的快速膨胀过程后开始减速。但是从75亿年前开始，由于暗能量的作用，物体以更快的速度分离。

地球上是否有暗物质？

可能有。据估计，每秒钟有数以十亿计的暗物质粒子通过我们的身体。

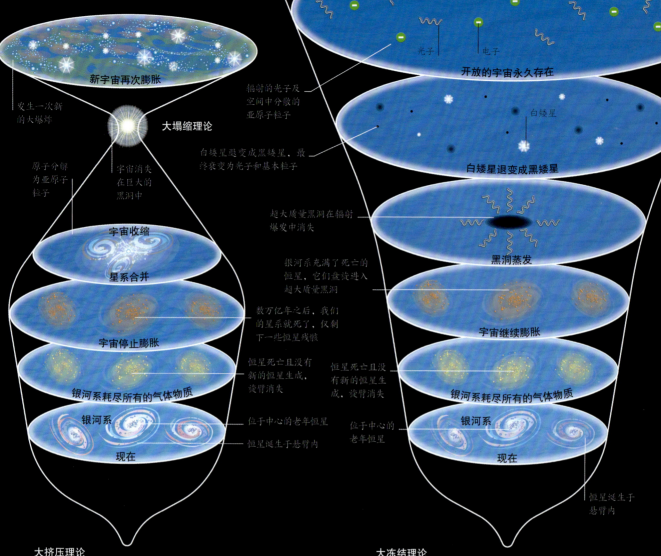

大挤压理论

一些宇宙学家认为暗能量会随着时间的推移而减弱，最终引力将会赢得这场战斗，致使宇宙停止膨胀而收缩。数万亿年之后，星系会发生碰撞，宇宙的温度也会上升，甚至恒星会自焚毁灭。原子会碎裂，巨大的黑洞会吞噬一切，包括它自己。部分理论学家认为，当粒子相互碰撞时，将引发第二次大爆炸，即大反弹。

大冻结理论

大冻结理论认为宇宙将继续膨胀，直至能量和物质均匀分布在整个宇宙中，而宇宙中将没有足够集中的能量来创造新的恒星，温度会下降到绝对零度，恒星会死去，宇宙也会变暗。

宇宙的最终命运

宇宙的最终命运仍不确定。它是否会随着另一次大爆炸而崩溃和终结，或迎来一个寒冷和寂静的结束，或遭遇一个暴力而永久的结束，又或许无止境地膨胀下去，宇宙的命运仍然是科学猜想的主题。

宇宙什么时候终结？

在大多数关于宇宙终结的推论中，今后数十亿年里宇宙不会终结。然而，大变化在理论上随时会发生。

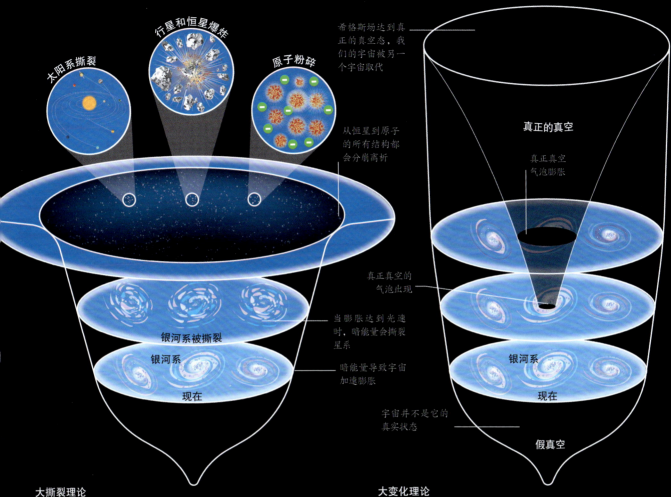

太阳系撕裂

行星和恒星爆炸

原子粉碎

希格斯场达到真正的真空态，我们的宇宙被另一个宇宙取代

真正的真空

真正真空气泡膨胀

从恒星到原子的所有结构都会分崩离析

真正真空的气泡出现

当膨胀达到光速时，暗能量会撕裂星系

暗能量导致宇宙加速膨胀

银河系被撕裂

银河系

现在

银河系

现在

宇宙并不是它的真实状态

假真空

大撕裂理论

在大撕裂理论中，宇宙最终会自我撕裂。如果星系之间的空间充满了能抵消引力影响的暗能量，宇宙的膨胀速度将越来越快，最终达到光速。由于无法再被引力控制，宇宙中的所有物质，包括星系和黑洞，甚至时空本身，都会被撕裂。

大变化理论

大变化理论涉及希格斯玻色子和希格斯场的理论，有点像无所不在的电磁场。人们普遍认为宇宙还没有达到最低能量或"真空"状态。如果它达到真正的真空状态，希格斯场将从根本上改变物质、能量和时空，创造出另一个宇宙，并像气泡一样以光速向外扩散，而现在宇宙中的一切都将结束。

我们现今的宇宙

宇宙自140亿年前形成以来就一直在持续膨胀，星系持续地彼此远离。对遥远超新星的观测结果也表明宇宙正在加速膨胀，这意味着存在一种可以对抗引力的负压力，即暗能量。如果这种能量在宇宙中起着主要作用，无限膨胀将是我们的宇宙最可能的命运。

希格斯玻色子的质量约为质子质量的130倍，这使它们很不稳定。

观测宇宙

天文学家从最早的时候就开始研究太空了，最初靠肉眼观测，近代以后才开始用复杂的高精密仪器探测来自遥远太空的光波。

旋涡星系

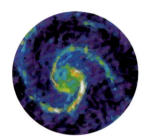

无线电波

无线电波是波长最长的光波，许多天体都可以发射无线电波，如太阳、行星，以及许多星系和星云。它们大多数都能穿透地球的大气层到达地表。

红外线

红外线含有热能，我们能接收到来自太阳的红外线，从而感受到太阳的温暖。宇宙中的一切物体都可以红外线的形式辐射出一些能量。入射到地球的红外线绝大部分被大气层所吸收。

可见光

天文学家可以在地球上用望远镜看到发射可见光的物体，在没有光污染和大气干扰的情况下可以看得更清晰。

紫外线

太阳和恒星辐射到地球的紫外线（UV）绝大部分被臭氧层挡了。通过对紫外线的研究，我们可以获知星系结构和演化信息。

覆盖整个光谱

一个复杂的物体，如旋涡星系，辐射谱线横跨整个光谱。为了尽可能多地了解它们，天文学家会用一系列仪器研究它们。

威尔金森微波各向异性探测器（WMAP）用于探测宇宙微波背景辐射，揭示了早期宇宙的组成

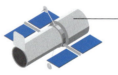

通过捕捉红外线、可见光和紫外线，哈勃望远镜已经拍摄了很多关于遥远星云和星系的著名图像

600千米

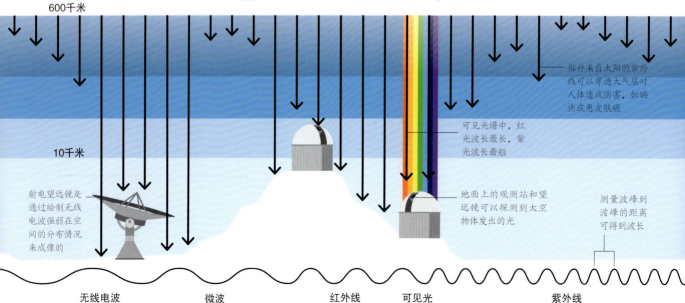

部分来自太阳的紫外线可以穿透大气层对人体造成伤害，如晒伤或患皮肤癌

10千米

射电望远镜是通过绘制无线电波强弱在空间的分布情况来成像的

可见光谱中，红光波长最长，紫光波长最短

地面上的观测站和望远镜可以探测到太空物体发出的光

测量波峰到波峰的距离可得到波长

无线电波　　　　微波　　　　　红外线　　可见光　　　　紫外线

可见光

宇宙射线是全波谱电磁波，即具有不同辐射类型的连续分布，包括各种波长的辐射。根据波长的不同，可见光又可被描述为不同类型的光。可见光只是其中可被人眼感知的部分，其颜色取决于波长大小。还有很多人眼不能直接感知到的部分，如无线电波和X射线。所有的电磁波都以光速在太空中传播。

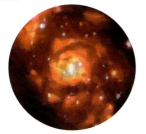

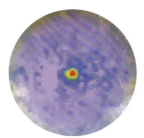

X射线

X射线可由黑洞、中子星、双星系统、超新星残骸、太阳和其他恒星，以及某些彗星发出。绝大部分X射线都被地球大气层所阻挡了。

伽马射线

波长最短、能量最高的伽马射线主要来自中子星、脉冲星、超新星爆发和黑洞周围的区域。

钱德拉X射线天文台通过8面镜子将入射的X射线聚焦到接收设备上，从而捕捉高清的宇宙图像

费米太空望远镜上装配有金属和硅片塔，可探测伽马射线

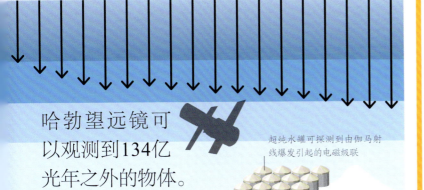

哈勃望远镜可以观测到134亿光年之外的物体。

超纯水罐可探测到由伽马射线爆发引起的电磁级联

X射线　　　　　　　　　　伽马射线

光谱学

元素的原子在受热时会发出特定波长的光。利用光谱学技术，将物体发出的光经棱镜分光并研究这些光的波长就可以知道物体所包含的原子的种类。科学家正是借助这一方法来辨识遥远物体的组成的。

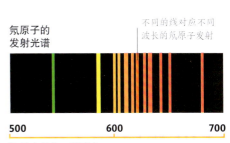

氖原子的发射光谱

不同的线对应不同波长的氖原子发射

500　　　　　　600　　　　　　700

波长（单位：纳米）

假彩色成像

肉眼只能探测到光谱中很窄范围内的光线。为了给人眼接收范围以外的辐射制作图像，天文学家使用我们能看到的颜色来表示不同的辐射强度，即假彩色成像。

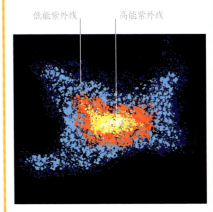

低能紫外线　　　　高能紫外线

星云的紫外线影像

我们孤独吗?

我们已经发现了数以千计的系外行星,而我们预测银河系内适合生命生存的行星可能多达数百亿颗。我们能在其他星球上找到生命吗?

寻找另一个地球

天文学家探测系外行星的方法之一是研究它们对自己恒星的微小影响。如果发现一颗到自己恒星的距离及自身尺寸都和地球类似的行星时,天文学家将进一步分析其大气层成分,判断它们是否含有生命所必需的元素。然而,很多系外行星都与地球不同。

宇宙中的"金发姑娘"地带

在天文学里,"金发姑娘"地带指一个星球周围的宜居地带,这源自一个童话。在该童话里,金发姑娘选择了一碗不冷不热的粥,一切"恰到好处"。"金发姑娘"地带需要适宜的温度来维持液态地表水,而对于生命的诞生和演化而言,还需满足更多的条件。然而,现在人们认为在这些区域之外也可能存在大量的液态地表水。

宜居地带
恒星附近的宜居地带是指一个距离恒星不远不近,适合潜在生命生存的理想地带。通过定位确定适当的恒星和合适的范围,天文学家就可以开始寻找类地行星了。

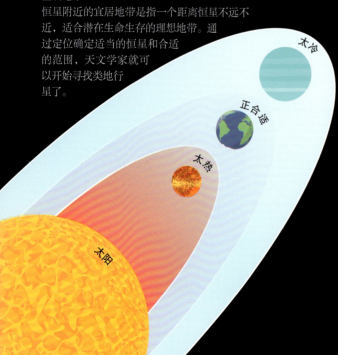

热气体巨行星

某些系外行星是热气体巨行星,其轨道非常靠近它们的恒星,以至于其大气层中的气候非常恶劣。

熔岩行星

某些系外行星的表面可能有熔岩,它们是很热的新行星,非常靠近它们的恒星或经历过严重的碰撞。

冰冻行星

这些行星是太阳系冰冻卫星的更大版本,这些奇怪的星球表面被水、氨和甲烷构成的冰层所覆盖。

什么样的星球才是宜居的?

可从以下几方面判断一个星球是否适合生命生存。其中,温度和水是关键。

 适宜的温度
适宜的表面温度是必要的。离恒星太近,星球会沸腾;离恒星太远,星球会冻结。

 表面水
星球必须有液态地表水(也可以是其他类似功能的液体)或足够的湿度。

 可靠的太阳
最近的恒星必须足够稳定,且能为岩石星球进化生命提供充足的光照时长。

 元素
需要有组成生命的必需元素,如碳、氮、氧、氢和硫等。

 旋转和倾斜
围绕一个倾斜的轴旋转,星球就有了昼夜和季节交转,可以防止区域性极端气温的形成。

 大气层
浓密的大气层可以防止辐射,阻止气体逃逸并保持温暖。

 熔融核
一颗具有熔融核的行星可以产生一个磁场来抵御太空辐射,以保护潜在的生命。

足够大的质量
星球的质量要足够大,才可以形成足够强的引力来维持大气层稳定。

寻找智慧生命

　　探寻智慧生命的方法之一是探测声音。SETI就是一个通过无线电或光学信号来搜寻可能的高度进化的外星生命的组织。射电望远镜可以寻找可能由外星生命产生的窄带宽无线电信号。科学家们也在试图寻找那些只能持续几纳秒的闪光信号。然而到目前为止，还没有探测到确实可信的外星生命信号。

SETI

SETI位于美国加利福尼亚州的艾伦望远镜阵列基于开普勒空间望远镜收集到的数据，对太空特定区域进行扫描，以探测系外行星。

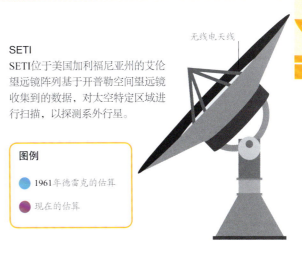

无线电天线

图例

● 1961年德雷克的估算

● 现在的估算

德雷克公式

1961年，天文学家弗兰克·德雷克（Frank Drake）提出了德雷克公式，用于估算银河系中能与我们交流的外星文明数量。

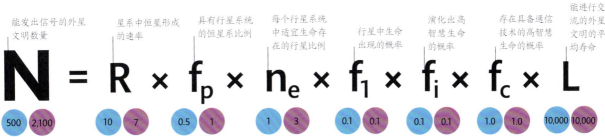

能发出信号的外星文明数量	星系中恒星形成的速率	具有行星系统的恒星系比例	每个行星系统中适宜生命存在的行星比例	行星中生命出现的概率	演化出高智慧生命的概率	存在具备通信技术的高智慧生命的概率	能进行交流的外星文明的平均寿命

$$N = R \times f_p \times n_e \times f_1 \times f_i \times f_c \times L$$

500	2,100	10	7	0.5	1	1	3	0.1	0.1	0.1	0.1	1.0	1.0	10,000	10,000

外星人都在哪儿呢？

　　据推测，银河系中有数十亿颗行星都可能存在生命，且自银河系形成以来有足够长的时间让一个先进的文明占领这些星球。那么，为什么我们到现在还没能与他们取得联系呢？事实上，生命如此罕见，我们很可能是真的"孤独者"。

费米悖论
物理学家恩里科·费米（Enrico Fermi）提出，外星文明存在的高可能性与我们缺乏找到他们的技术似乎存在着矛盾。

可能我们倾听的方式不正确或时间不够长。宇宙一直在膨胀，可能在时间和空间上我们与外星生命离得太远。

彼此之间离得太远，外星人可能以我们无法想象的方式进行沟通。

我们没有在倾听。

高智慧生命可能在达到某一点之前就自我毁灭，或摧毁其他智慧生命。

其他智慧生命可能进行了自我隐藏，或觉得接近我们的先进技术不怀好处。

我们可能被忽略了，外星人可能故意选择不接近我们，因为他们觉得与我们通信的方式都没好处。

我们即便看到了智慧生命也无法辨识，我们即便看到了他们也无法辨识。

外星生命与我们有着显著的不同。

已证实的系外行星
约有3500多颗。

航 天 器

所有的航天器都由燃料燃烧后喷出的气体作为动力，被推到运行轨道上。之后，它们处于自由落体状态，并受大型天体引力的支配。它们的航向可以通过小型转向火箭进行微小的调整。

在太空中自由下落

从地球发射出去后，宇宙飞船并没有真正地在飞行，而是在坠落。太空中的宇航员仍然会受到地球或太阳的引力影响，且他们会经历失重状态。但是，宇宙飞船并不会与地球发生碰撞，因为当它们下落到地球周围时，会进入绕地运行轨道。此时，除了受到引力，飞行器还有向前的速度，其运行路径或轨迹会随地球曲率发生弯曲。

前往火星

与直觉相反，当火星离地球最远或火星和地球位于与太阳"对立"的位置时，前往火星更有效率。这是因为前往火星的最简单方式是沿着一个椭圆形曲线轨道从地球到达火星。

- 航天器抵达火星时地球的位置
- 航天器发射时地球的位置
- 航天器抵达时火星的位置
- 太阳
- 地球轨道
- 航天器前往火星的运动轨迹
- 火星轨道
- 航天器发射时火星的位置

旅行者2号利用海王星的重力减速来捕捉其卫星海卫一的图像。

逃逸速度

以足够大的速度发射的物体可以逃逸地球引力，并沿着开放的曲线进入太空，围绕另一个天体运行，但这一切取决于航天器的初始发射轨道和速度。例如，如果以过大的速度向月球发射宇宙飞船，它可能到达月球时无法及时减速，且月球微弱的引力不能阻止它飞向远方。

离开地球轨道

失败轨迹

① 离开地球失败
如果航天器发射时的初始速度不足以使它进入运行轨道，那么它会在地球引力的作用下最终落回地球。

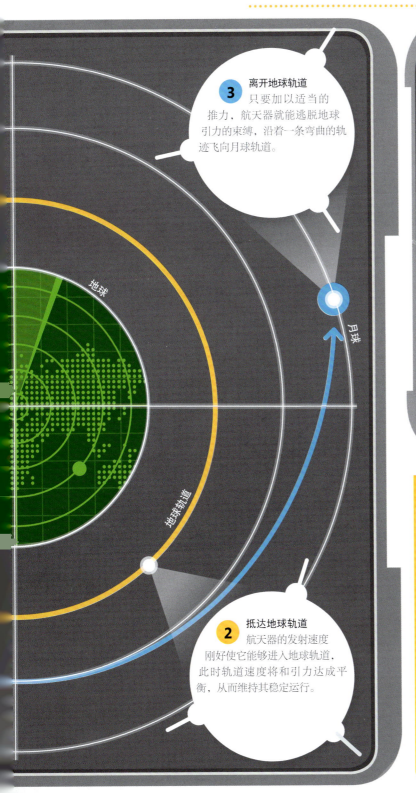

3 离开地球轨道
只要加以适当的推力，航天器就能逃脱地球引力的束缚，沿着一条弯曲的轨迹飞向月球轨道。

地球

月球

地球轨道

2 抵达地球轨道
航天器的发射速度刚好使它能够进入地球轨道，此时轨道速度将和引力达成平衡，从而维持其稳定运行。

引力弹弓效应

航天器穿越太空时，利用行星轨道来改变转向、加速和减速等，可以节省时间和燃料。行星的引力场会对航天器产生拉力，越接近行星表面，其获得的速度就越大。这种操控被称作引力弹弓或行星引力辅助变轨。

旅行者2号

海王星

天王星

土星

多次辅助

行星际探测器旅行者2号就是利用木星、土星、天王星和海王星的引力弹弓进行多次辅助变轨，使其最终到达外太阳系的。

发射

木星

停在太空中

拉格朗日点是指处于这个点的物体会受到两大天体引力的共同作用而保持相对稳定的位置。由两大天体构成的系统中有5个拉格朗日点（如下图的L1～L5所示）。例如，处于L1位置的物体因受到太阳和地球的引力相等而可以相互抵消，这样的位置可能是在太空中"停放"卫星的最佳位置。

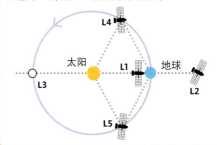

L4

太阳　L1　地球

L3　　　　　　　　　　　L2

L5

太空生活

太空是一个既危险又陌生的环境。太空中没有大气阻挡辐射，宇航员不仅需要在真空中旅行，还需要克服失重带来的不利影响。即便一些平常不变的物理量，如时间，也会与地球上有所不同。

失重的世界

无论处于地球轨道上，还是处于太阳轨道上，宇航员和宇宙飞船中的一切物体都处于失重状态。虽然处于失重状态，人体依然承受着巨大的压力。有些物质的特性也会与地球上有所不同，例如水不再流动了，热空气也不会上升了。因此，宇航员需考虑如何适应航天器中的特殊环境并做精心准备，以确保自己在宇宙飞船中的安全和健康。

火
太空中的热空气不上升，燃烧的火焰呈球状。一旦起火，宇航员必须迅速调整和通风，并使用灭火器灭火。

微重力
宇航员可以通过轻推宇宙飞船表面而移动。国际空间站还装配了立足点和跳跃点。

配有固定头颈部位置的装置的睡袋

微重力

扶手

睡觉

太空生活
在宇宙飞船中，简单的日常活动也将变得非常复杂，宇航员的目标是保持与地球上同样的生活，并保持身心健康。

太空厕所
太空厕所使用吸盘回收尿液，并循环制成饮用水。粪便则被存储起来而非倒掉，以免成为太空抛射物。

睡觉
没有重力就没有躺下的感觉。宇航员在睡袋中睡觉时需要把手臂固定住，头部也可以用带子绑住，以减轻颈部压力。

双生子佯谬

在这个思想实验中，双胞胎中的一人离开地球，在接近光速运动或靠近强引力场后回到地球，他的衰老速度比双胞胎中的另一人要慢。狭义相对论解释了太空旅行者经历的时间是如何变慢的。

太空旅行前　　　　太空旅行后

热空气

球形
火焰

圆形水滴

水注入食物

水袋

存储水

脱水食物

饮用水

食物

静止的空气
如果没有通风，空气就
不会循环，呼出的二氧
化碳会聚集在头部周
围，身体周围的热空气
也不能扩散出去，汗液
更不会蒸发。

水
由于表面张力，水不流动而是
聚成圆形。宇航员通常都干洗
或用毛巾擦脸，喝酒也必须
使用吸管或特制的杯子。

我们能在太空生活多久？
目前我们仍在寻找太空生存
的极限。俄罗斯宇航员瓦莱
里·波利亚科夫是太空生存
纪录的保持者，他于1994—
1995年间在和平号空间站停
留了437天。

食物
宇航员在脱水食品中加入水，以便于
食用。托盘和餐具要加以固定，但
食物可以依靠表面张力粘在盘子
上，而不会飘到周围。

宇航员在太空中生活
时，会大约长高3%。

太空辐射

太空辐射来源于带电粒子和电磁
波。在地球上，由于有大气层的保
护，绝大部分辐射都被大气层阻挡，
但宇航员在近地轨道以外的太空旅行
时，太空辐射会给他们带来严重危
害。辐射可以是电离的或非电离的，
其中电离辐射会使原子失去电子，从
而导致生命体的细胞死亡，或者丧失
繁殖能力，还可能诱发基因突变。

地球辐射带
地球辐射带的形成是由于地磁
场俘获了大量的带电粒子。处
于地球近层宇宙空间的高能粒
子辐射被称为范艾伦辐射带。

太阳粒子辐射
太阳表面释放出的高能粒子也可
能导致电离辐射。这种类型的辐
射可以通过宇航员防护服或为设
备加装屏蔽材料来规避。

紫外线辐射
紫外线辐射是非电离的。它虽然
能将能量传递给原子，却不会剥
离电子。紫外线辐射可以很容易
地通过宇宙飞船外部加装反射
罩或不透明防护罩来规避。

宇宙射线辐射
宇宙射线辐射是一些来自超新星
的高能带电粒子和高能电磁辐
射，如来自中子星等物体的X射
线辐射。防止这类辐射需要很厚
的屏蔽罩。

太空旅行

太空旅行对人的身体和精神都会产生重大影响，宇航员们经历着各种身体上的不适，并承担着潜在的健康风险。那些试图前往其他星球旅行的人们，出发前需要做好充分的准备并采取积极的防护措施，将风险降至最低。

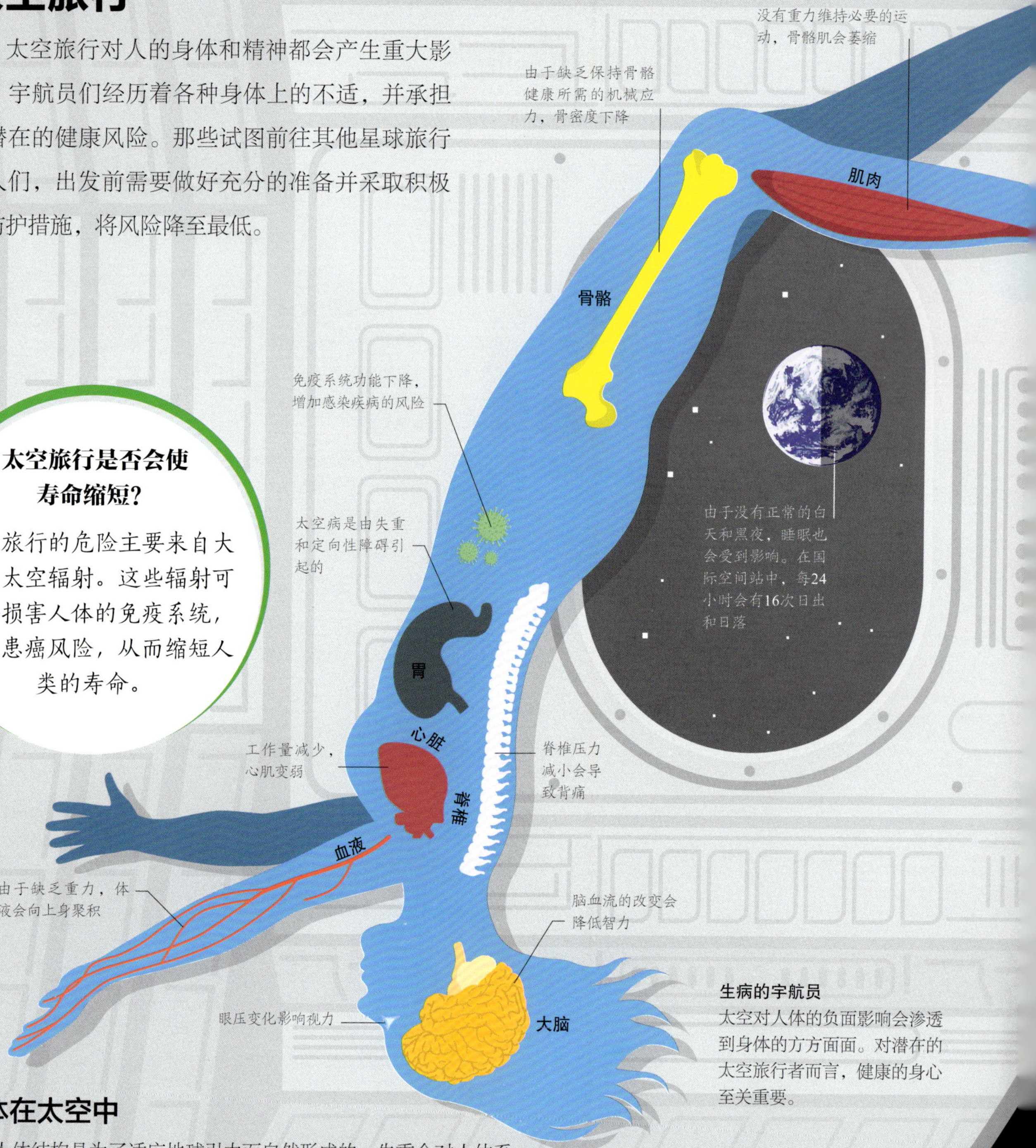

太空旅行是否会使寿命缩短？

太空旅行的危险主要来自大量的太空辐射。这些辐射可能会损害人体的免疫系统，增加患癌风险，从而缩短人类的寿命。

没有重力维持必要的运动，骨骼肌会萎缩

由于缺乏保持骨骼健康所需的机械应力，骨密度下降

肌肉

骨骼

免疫系统功能下降，增加感染疾病的风险

太空病是由失重和定向性障碍引起的

由于没有正常的白天和黑夜，睡眠也会受到影响。在国际空间站中，每24小时会有16次日出和日落

胃

心脏

工作量减少，心肌变弱

脊椎压力减小会导致肯痛

脊椎

血液

由于缺乏重力，体液会向上身聚积

脑血流的改变会降低智力

眼压变化影响视力

大脑

生病的宇航员

太空对人体的负面影响会渗透到身体的方方面面。对潜存的太空旅行者而言，健康的身心至关重要。

人体在太空中

人体结构是为了适应地球引力而自然形成的，失重会对人体系统的功能产生负面影响。由于身体缺乏压力和运动，骨骼和肌肉质量会快速下降，心血管功能也会随之下降。如果没有重力，体液会重新分配，大量的体液会流入上半身，导致血压升高，眼睛充血。

最小化负面影响

　　运动对维持骨骼密度和肌肉质量至关重要，太空中的宇航员每天都需要锻炼两个小时。他们会使用拉力器进行阻力训练，也会将自己固定在自行车和跑步机上锻炼心血管功能。宇航员主要锻炼下半身，因为在微重力作用下，下半身受到的影响更大。

运动可以刺激心脏并锻炼下半身的肌肉

开采水资源
火星上有丰富的水资源，但大多冻结成冰且埋在土壤中。加热土壤可以提取火星水，还可以寻找地下的盐水或经地热加热的液态水。

前期准备
可以先派无人驾驶宇宙飞船前往火星部署一个核反应堆，使火星空气中的二氧化碳和来自地球的氢气反应，生成甲烷燃料，副产物水可以存储起来，或进一步分解成氢气和氧气。

种植植物
火星的土壤很肥沃。植物可以提供水、二氧化碳和氧气，而不可食用的植物可以用作肥料。

人类能否移民火星？
　　火星是人类最容易抵达的星球。我们可以利用登月技术，乘坐相对较小的航天器登陆火星。虽然人类在火星上自给自足地生活在短期内实现不了，但早期的登陆者可以依靠地球补给来发展火星建设，并与地球进行货物贸易。

抵达火星
通往火星的最短路线需要飞行180天，抵达火星需尽量在有水的地方降落。在返回地球的发射窗口打开前，人类可以在火星上停留一年半。

制作砖块
火星上的第一个房子很可能会使用金属和塑料制成，并且材料通过宇宙飞船传送到火星上。之后的建筑物则可以用砖块来制造，因为火星的土壤是制造砖块和灰浆的理想材料。

改造火星
火星气候寒冷干燥，但有维持生命所需的各种元素。可以通过提高火星大气中二氧化碳的含量来产生温室效应，从而提高火星的大气温度。

将火星大气改造成适于人类呼吸的大气需要约900年的时间。

地　　球

地球的内部结构

地球是四颗靠近太阳的小型岩质行星之一。由于重力的作用，它逐渐发展成一个动态的多层世界：灼热的内部、凉爽的岩石外壳、广阔的液态水海洋和通风良好的大气。

炽热的岩石如何固化？

地球内部的熔岩比火山熔岩热得多。但由于承受着巨大的压力，它们大部分保持固体形态。如果压力减小，它们就会熔化。

地球是如何形成的？

46亿年前太阳形成时，它被一个由岩石和冰屑组成的圆盘所环绕。这些碎片由于引力作用而逐渐聚集在一起，形成质量更大的物体，这一过程被称为吸积。这些大质量物体最终形成了地球和太阳系的其他行星。这一过程会产生大量的热，从而促进地球层状结构的形成。

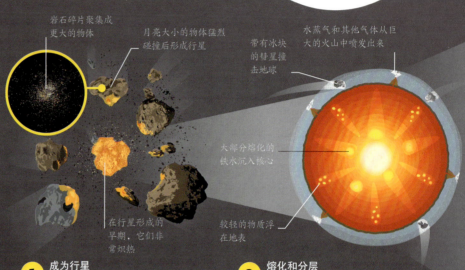

岩石碎片聚集成更大的物体

月亮大小的物体猛烈碰撞后形成行星

带有冰块的彗星撞击地球

水蒸气和其他气体从巨大的火山中喷发出来

大部分熔化的铁水沉入核心

较轻的物质浮在地表

在行星形成的早期，它们非常炽热

1 成为行星
每个物体都会对另一个物体产生引力作用。像地球这样的大质量物体就是在这种引力作用下形成的。聚集时相互冲击的能量转化为热量，使它们部分熔化并熔接在一起。

2 熔化和分层
地球因吸积而增长，碰撞产生的热量足以熔化整个星球。最重的物质下沉到中心，形成一个金属核心，外面被较轻的岩石包裹。

海洋和陆地

海洋下的地壳（海洋地壳）主要由玄武岩和辉长岩组成，它们相当致密，且富含铁，类似于下地幔中密度更大的岩石。随着时间的推移，在火山等地质作用下逐渐形成了厚厚的富含二氧化硅的岩石层，如花岗岩，它们又进一步形成了陆地。陆地地壳的密度远低于地幔岩石，它们就像极地海洋上的冰山一样漂浮在上面，这就是为什么陆地会从海底升起的原因。

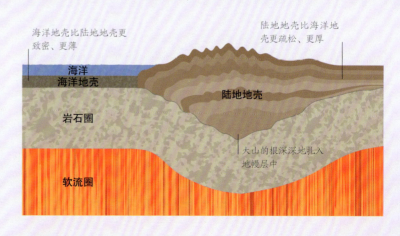

海洋地壳比陆地地壳更致密、更薄

陆地地壳比海洋地壳更疏松、更厚

海洋
海洋地壳

陆地地壳

岩石圈

大山的根深深地扎入地幔层中

软流圈

3 现今的地球

在经历早期的熔融状态后，这颗分层行星表面逐渐冷却，并能承载大量液态水。绝大部分岩石固化了，但外核部分仍然保持熔融状态。

由致密的、富含铁的岩石构成的较薄的海洋地壳位于海底之下

厚厚的陆地地壳由相对较轻、富含硅的岩石组成

冷地壳和最上面的地幔层共同构成了岩石圈

氧气等气体物质构成了大气层

大气层

软流圈

岩石圈之下是炽热的、部分熔融的软流圈

下地幔

被称为地幔热柱的热流从地核和地幔边界升起

外核

深处的下地幔由炽热的、可移动的、但依然保持固态的岩盾物质组成

内核

致密的金属内核主要由固态铁和镍构成

液态的外核由熔融的铁、镍和硫组成

从海底喷出的岩石形成了陆地

整个地球表面曾经可能都被水漫盖着

地球内核的温度高达5500℃，和太阳表面温度相当。

磁极移动

地球中的流体和金属外核在热流和地球自转的作用下运动。运动过程中会产生电，进而在地球周围产生磁场。磁场大致与地球的轴线重合，磁北极接近正北，但它的位置一直在移动，大约每年移动50千米。

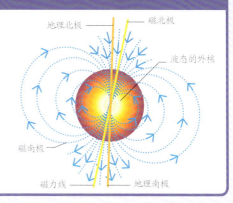

地理北极　磁北极

液态的外核

磁南极

磁力线　地理南极

板块构造

　　地球的岩石圈（包括易碎的地壳和上地幔顶部）被分割为几个板块。从地核上升的热量驱动这些板块不断移动，或使它们彼此分离，或将它们推到一起，从而形成新的大陆或新的山脉，并为壮观的火山爆发提供燃料。

海沟、裂谷和山脉

　　在地球深处，放射性元素会产生热量，并与从地核逸出的热量汇聚在一起，使地幔以非常慢的对流进行循环。这一循环在某些地方会将板块拉开，形成裂谷，而在其他地方，会把板块推到一起，形成俯冲带，使某个板块的边缘下沉到地幔中。大部分的裂谷和俯冲带都形成在海底。板块运动能使海洋扩张或缩小，甚至能使陆地板块碰撞。

板块移动得有多快？

平均而言，板块的移动速度几乎和指甲生长速度差不多。扩张速度最快的裂谷是东太平洋海隆，其扩张速度约为16厘米每年。

大西洋中脊长度达16000千米。

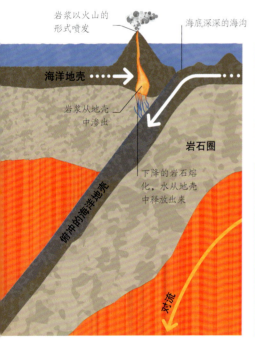

大洋俯冲带

当承载着海洋地壳的板块被推到一起时，较重的板块会移动到另一块下方，并在地幔中熔化。这个过程使海底形成一条很深的海沟，如太平洋的马里亚纳海沟。

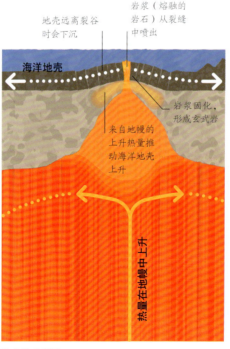

海中的山脊带

海洋中长长的裂缝是由板块被拉开而形成的。这减轻了下方岩石的压力，使其熔化、喷发，并形成新的海洋地壳，如大西洋中脊。

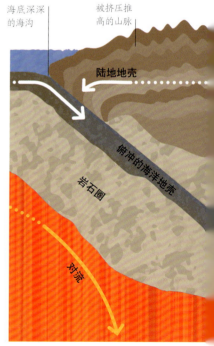

洋陆俯冲

在海洋地壳和陆地地壳共同移动的地方，海洋地壳被向下拉，陆地地壳被压缩，形成像安第斯山一样的山脉。

板块漂移

大陆植根于移动的板块上，板块运动的同时会带着大陆四处移动。大陆会被不断分裂，又可以以不同方式重新聚到一起。在某个时刻，地球可能存在着一个连成一体的超级大陆，被称为泛大陆。它可能大约在3亿年前形成，并大约在1.3亿年后解体。如今，大陆仍在继续移动并重新组合着。

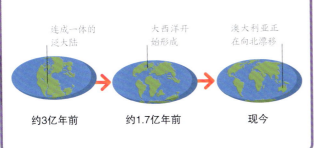

连成一体的泛大陆	大西洋开始形成	澳大利亚正在向北漂移
约3亿年前	约1.7亿年前	现今

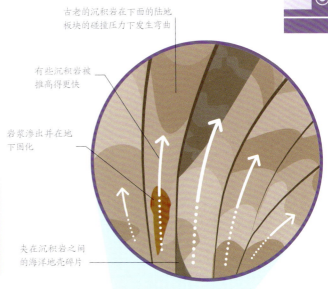

古老的沉积岩在下面的陆地板块的碰撞压力下发生弯曲

有些沉积岩被推高得更快

岩浆渗出并在地下固化

夹在沉积岩之间的海洋地壳碎片

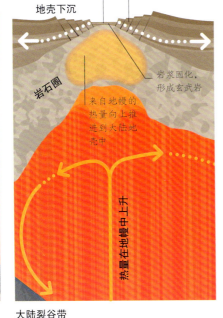

火山喷发

岩浆在地壳中上升

地壳下沉，形成裂谷

大块体向下滑动，形成一系列悬崖

地壳下沉

岩浆固化，形成玄武岩

岩石圈

来自地幔的热量向上推进到大陆地壳中

热量在地幔中上升

俯冲板块熔化

大陆裂谷带

大陆裂谷形成的地质过程和海洋山脊相同。地壳随着板块下沉，形成了裂谷和陡峭的悬崖（如东非大裂谷）。

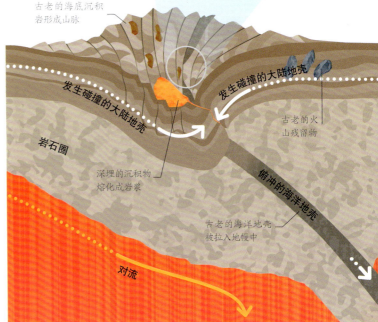

古老的海底沉积岩形成山脉

发生碰撞的大陆地壳

发生碰撞的大陆地壳

古老的火山残留物

岩石圈

深埋的沉积物熔化成岩浆

俯冲的海洋地壳

古老的海洋地壳被拉入地幔中

对流

碰撞带

在那些洋陆俯冲带，两个大陆地壳会碰撞在一起，古老的海洋和火山可能被挤掉，海底在这个过程中被挤压推高，形成褶皱山脉。喜马拉雅山脉就坐落在这类碰撞带的边界上。

什么是地震？

当板块相互挤压或错位时，板块边界的断层处会产生应变，使每个板块边缘变形，直至岩石反弹回来，产生地震。如果这种情况经常发生，反弹幅度则相对较小，只会引起轻微的地震，但如果断层锁定了一个世纪或更长时间，岩石可能在几秒钟内移动几米，就会引发灾难性的地震。

断层在地貌上形成了一道长长的伤疤　　**板块移动**　　**沿断层生长的植被**

① 断层线
转换断层标志着两个板块的边界正在相互滑动。每个板块的移动速度仅为2.5厘米每年。

板块一直缓慢移动　　**植被的形态反映了板块的形变**

板块变形

② 应变下的岩石
几十年后，这些板块仍然在相互移动，但断层一直处于锁定状态。因此，这些板块发生了扭曲，张力增加。

地　震

构造板块不断移动，板块粗糙的边缘有时会锁在一起，直至有足够的应力将它们撕裂，并产生地震冲击波。

有记录以来的最强地震是多少级？

1960年5月22日发生在智利的大地震是迄今为止最强的地震，其里氏震级为9.5级，诱发的海啸波及夏威夷、日本和菲律宾。

诱发海啸

当海底的一个板块滑动到另一个板块下时，覆盖在上面的板块会发生扭曲，边缘被向下拖曳。当下面的板块退回时，扭曲的板块会突然伸直，掀起一股汹涌的巨浪，迅速横扫海洋。海浪在广阔的海面上又低又长，当它进入浅水区时，就会形成具有毁灭性的海啸。

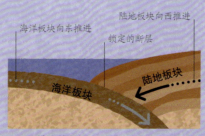

海洋板块向东推进　　**陆地板块向西推进**　　**锁定的断层**　　**陆地板块**　　**海洋板块**

① 锁定的断层
陆地附近的深海沟标志着这是一个俯冲带，在这里，海洋板块滑到陆地板块下，但是两个板块之间的断层已经被锁定了。

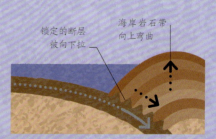

锁定的断层被向下拉　　**海岸岩石带向上弯曲**

② 扭曲的板块
由于两个板块相互锁定，陆地板块的边缘被向下拖曳，使板块变形，沿海区域向上凸起。

3 **断裂和弹回**

一个世纪之后，这些断层可能会在应力作用下失控，两个板块会在几分钟内错开2.5厘米，同时产生从地下（震源）和地表（震中）辐射出的冲击波。

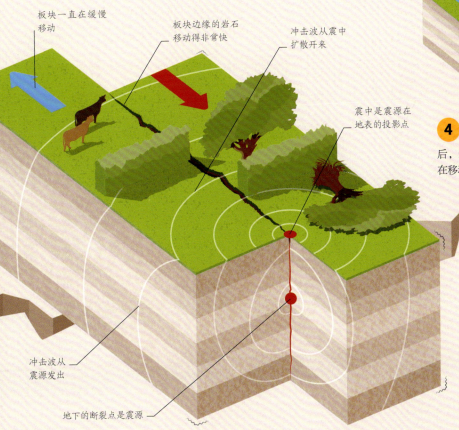

植被在断层线上发生偏移

每个板块都和之前一样继续移动

板块一直在缓慢移动

板块边缘的岩石移动得非常快

冲击波从震中扩散开来

震中是震源在地表的投影点

4 **地震之后**

当主震和余震结束，灰尘落定之后，岩石就不再受到压力，但是板块仍然在移动，新的周期又再次开始了。

冲击波从震源发出

地下的断裂点是震源

估计每年会发生50万次地震，但会造成损害的地震不到100次。

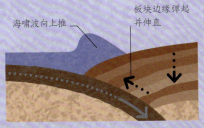

海啸波向上推

板块边缘弹起并伸直

3 **释放和巨浪**

断层断裂时，陆地板块的边缘会突然弹起，引发海啸。由于板块伸直，海岸线降低，这股冲击波会越过海岸线上岸。

地震测量

破坏性地震通常用矩震级来衡量。矩震级已经基本取代了先前的里氏震级分级表，因为这一方法计算的结果可以使科学家更准确地了解地震所释放的能量。通过地震仪收集数据后，就可以得到能够显示板块移动程度的地震图了。

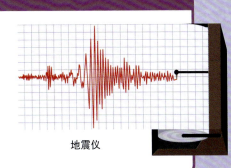

地震仪

火　　山

熔岩和气体从地球表面的裂缝（即火山口）喷出，通常这些裂缝都是碗状且封闭的。它们绝大部分位于板块边界地带，是由那些撕裂或推动板块的力量创造的。

由微小的玻璃状岩石颗粒组成的巨大云团向空中翻滚

火山灰从云端落下，最重的颗粒坠落在火山口附近

熔岩经常从火山侧面的喷发口喷出

火山成因

火山主要有三种类型：第一种分散于陆地板块和海洋板块间的裂谷带；第二种位于一个板块俯冲到另一个板块之下的俯冲带；第三种是由地幔中的热点引起的，这些热点使地壳下方的岩石局部熔化，进而形成火山，并且通常远离板块边界。

什么样的火山最危险？

最危险的火山是那些很少爆发的，而非那些最活跃的，因为它们内部累积的巨大压力会导致灾难性的爆炸。

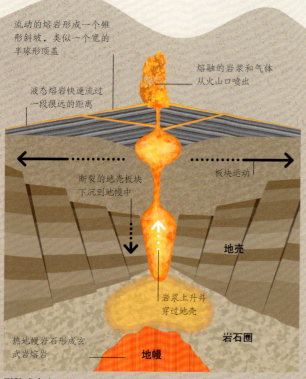

流动的熔岩形成一个锥形斜坡，类似一个宽的半球形顶盖

熔融的岩浆和气体从火山口喷出

液态熔岩快速流过一段很远的距离

断裂的地壳板块下沉到地幔中

板块运动

地壳

岩浆上升并穿过地壳

岩石圈

热地幔岩石形成玄武岩熔岩

地幔

裂隙式火山
板块分开会减轻下面地幔的压力，使一些岩石熔化，并以玄武岩熔岩的形式喷发出来。玄武岩熔岩向外扩散，形成宽盾状的裂隙式火山。

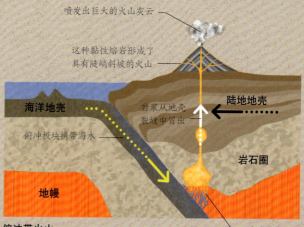

喷发出巨大的火山灰云

这种黏性熔岩形成了具有陡峭斜坡的火山

海洋地壳

陆地地壳

岩浆从地壳裂缝中冒出

俯冲板块携带海水

岩石圈

地幔

沸腾的水上升，进入上方岩石，使其熔化

俯冲带火山
海洋地壳向下俯冲，其携带的水改变了岩石的性质，使它们熔化。从这类火山中喷发出的熔融岩浆是黏稠的。

火山的组成

俯冲带火山通常呈一个陡峭的锥形，由熔岩和火山灰堆叠而成，因此被称为成层火山。其成因是爆发出的黏性熔岩经常阻塞火山口，导致爆炸性喷发，而喷发出的岩石和火山灰会落在火山的斜坡上。

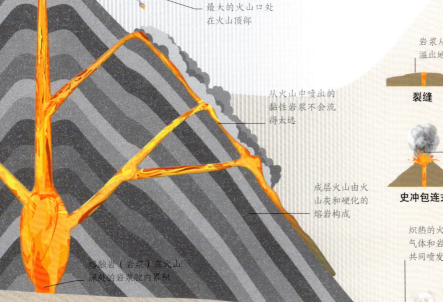

火山口喷出的块状熔岩被称为熔岩炸弹

最大的火山口处在火山顶部

从火山中喷出的黏性岩浆不会流得太远

成层火山由火山灰和硬化的熔岩构成

熔融岩（岩浆）在火山深处的岩浆腔内累积

火山喷发类型

熔岩的性质不同，火山的喷发方式也不同。裂隙式火山和热点火山的流体熔岩喷发相对平静，被称为夏威夷型火山喷发。黏性较大的岩浆则更具爆炸性，通常会导致史冲包连式、伏尔坎宁式、培雷式或普林尼式的火山爆发。岩浆的黏性越大，火山喷发的爆炸性就越大。

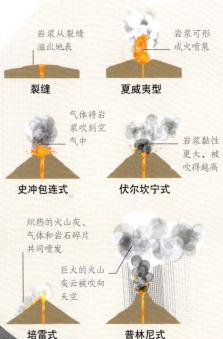

岩浆从裂缝溢出地表

裂缝

岩浆可形成火喷泉

夏威夷型

气体将岩浆吹到空气中

史冲包连式

岩浆黏性更大，被吹得越高

伏尔坎宁式

炽热的火山灰、气体和岩石碎片共同喷发

培雷式

巨大的火山灰云被吹向天空

普林尼式

随着地壳变冷，死火山沉入水底

年代久的火山远离热点，变成死火山

岩浆从火山喷出

海洋地壳

板块在热点上方移动

岩石圈

地幔羽

地幔

热点火山

热点火山是由地壳下被称为地幔柱的孤立热流推动形成的。板块在热点上方移动会形成火山链，如夏威夷群岛火山和加拉帕戈斯群岛火山。

从海底上升的热量

90%的火山活动都发生在水下。

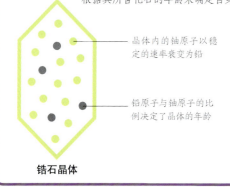
岩石循环

岩石由混合的矿物质组成，如石英、方解石等。有些岩石很硬，有些则很软，但随着时间的推移，它们都被侵蚀并重新加工成不同类型的岩石，这一过程被称为岩石循环。

不断转变

熔岩冷却时，它所含的矿物质会结晶，形成各种类型坚硬的固体，即火成岩。随着时间的推移，风化作用将这些岩石分解成软沉积物，从而形成层状沉积岩。它们可能会在热和压力的作用下转变为较坚硬的变质岩。如果它们深藏地下，则最终可能会熔化，并再次冷却成火成岩。这样的循环不断地在岩石圈中发生着。

形成小晶体

喷出的火成岩

火山喷发出的岩浆叫熔岩。熔岩迅速冷却后，会形成固态的小矿物晶体。俯冲带火山喷出的熔岩通常会形成流纹岩，主要由石英和长石晶体组成。流纹岩和其他具有小晶体的火成岩（如安山岩和玄武岩）一样，非常坚硬。

流纹岩

快速冷却

形成大晶体

缓慢冷却

地底深处的热岩石通常保持固体形态，但化学变化或压力减小会使其熔化，形成热的液体岩石，即岩浆。由于岩浆的密度低于固体岩石，因此它会向地表渗透。当岩浆冷却时，晶体开始形成。

结晶化

矿物结构弯曲变形

熔化

什么是地球上最古老的岩石？

地球上最古老的岩石是发现于西澳大利亚杰克希尔斯地区的锆石晶体，它已被确定存在了44亿年，接近地球的年龄（45亿年）。

板块构造的力量可以形成山脉，使岩石断裂并向上折叠，这会使岩石暴露在空气中，更容易被风化（分解成更小的颗粒）和侵蚀（被河流、冰川或风移走）。

仰冲断层

雪

雨

冰川

风

河流

如果岩石裂缝中的水结冰，那么它的体积会膨胀，使岩石开裂。雨水会溶解空气中的二氧化碳，形成碳酸，而碳酸会腐蚀很多矿物质。软岩石会被风冲刷，较小的岩石碎片可能会被河流或冰川带走。

风化和侵蚀

沉积物

压紧

河流、冰川或风携带的沉积物（风化产生的岩石颗粒）被掩埋。岩石颗粒被上面更多的沉积物压实，形成层状结构。溶解在水中的矿物质会结晶，使它们再次黏结在一起，这个过程被称为岩化。

岩化作用

黏结

压力

侵入火成岩

没喷发出地表的岩浆会在地下缓慢冷却，形成巨大的矿物晶体，这个过程可能需要数百万年的时间。大质量的侵入火成岩，如花岗岩，就是通过这种方式形成的。花岗岩具有和流纹岩相同的矿物成分，但它形成的晶体更大。

压力

层状岩石颗粒

花岗岩

变质岩

砂岩可以转化为非常坚硬的石英岩，这是一种变质岩。层状沉积岩也可以被压缩成板岩、片岩或片麻岩，使矿物结构弯曲变形。这些岩石中还会含有由溶液再结晶形成的新矿物质。

压力

热量

当岩石被深埋地下并受到压力和热量的共同作用时，它的特性就会改变，这一过程被称为变质作用，通常发生在板块运动将陆地板块边缘挤压扭曲而形成山脉的过程中。

变质作用

石英岩

沉积岩

岩石碎片黏结在一起形成沉积岩，如砂岩，它是由层状沙粒黏结而成的。还有一些沉积岩是由较小的泥浆或泥沙颗粒，甚至海洋浮游生物的微型残骸构成的。岩石年代越久远，压缩程度越大，质地越坚硬。

砂岩

海　洋

地球是一个蓝色星球，其表面大部分都被海洋覆盖着。

太平洋马里亚纳海沟足以容下珠穆朗玛峰，甚至还多出2000米。

海水为什么是咸的？

数百万年来，雨水将含盐矿物带入海洋，赋予海水以咸味。

大洋

海洋是什么？

海洋是由板块运动的力量创造的巨大水坑，通常形成于地壳板块分离并形成新地壳的地方。海洋地壳比陆地地壳低得多，形成了海底。当两个板块在水下相遇时，一个板块俯冲到另一个板块之下，就形成了深深的海沟。陆地板块边缘处于水下，持续受到海水的侵蚀。陆架海位于大陆架上，比真正的海洋要浅得多。

真正的海底，即深海平原，位于海面下3000～6000米

大陆上的岩石碎片和颗粒在大陆地壳和深海平原上沉积

深海平原

海水运动

风驱动着强大的洋流在海洋里旋转，把冷水带到热带，把温水带到两极。海水循环还与深海洋流有关，它是由向海底下沉的冰冷咸水驱动的。这些洋流通过大洋传送带把海水带到世界各地。

被置换的深层冷水被迫浮出水面，加入温暖的表面洋流中

水变得更冷、更咸，下沉并推动深海洋流

洋流

为何有潮起潮落？

潮汐主要受月球引力的影响。月球引力将海水拖成椭圆形，在地球两侧分别形成两个突起。地球自转时，海岸进出这些突起，就形成了每日的涨潮和退潮。满月和新月时，月球与太阳处于同一直线，此时它们对地球的引力合在一起，会引起更大的潮汐。而半月时，月球对地球的引力与太阳对地球的引力形成直角，潮汐就会减弱。

月球引力拉动地球

太阳引力同时拉动月球和地球

太阳

月球

远离突起，退潮

月球引力拉动海水，涨潮

地球

陆架海　　　海岸线

海床向海底下沉，延伸至陆架坡折处开始变得陡峭

陆架海床通常低于海平面

大陆架

大陆边缘形成大陆坡，下坠深度至少为2500米

大陆坡

波浪是如何形成的

风吹过海洋时会在海面上掀起波浪。风越强，吹的时间越长，波浪就越大，且波浪随着传播距离越远而越大。波浪中的水分子做圆周运动，这就是为什么我们会被波浪向前推起，然后又随着波浪的下落而后退。

大陆抬升

沉积物

海洋地壳

陆地地壳

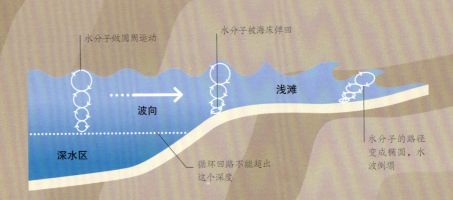

水分子做圆周运动

水分子被海床弹回

浅滩

波向

深水区

循环回路不能超出这个深度

水分子的路径变成椭圆，水波倒塌

1 开阔水域
在海水中，波浪会使水翻滚前进，然后又回落后退。水分子做圆周运动。

2 波浪变高
水分子被海床反弹回来，使波浪在接近海岸时变得更短、更陡。

3 波浪破碎
随着海床变浅，水分子的路径变得越来越椭圆，导致波峰长高，以至于波浪最终倾倒并破碎。

地球大气层

　　地球周围环绕着气体。这些气体可以保护地表免受太阳辐射的破坏，还可以在夜间保温，使生命成为可能。低层大气层中的空气循环引起了我们所熟悉的天气现象。

什么是大气？

　　大气由气体组成，其主要成分是氮气、氧气、氩气和二氧化碳。随温度不同，它具有分层结构。一些层随海拔升高而变暖，大部分空气都集中在升高变冷，一些层随海拔升高变暖。大部分空气都集中在对流层的最下层，其密度随海拔升高而减小。这意味着，当海拔升高到10千米时，就没有足够的空气来维持人类的生存了。

温度

散逸层的温度变化非常剧烈，夜晚非常冷，白天非常热

散逸层

　　大气层的最外层逐渐消失于大空中，没有清晰的外层边界。这里为散逸层。散逸层空气极其稀薄，空气粒子间几乎没有相互作用。

很多人造卫星在散逸层环绕地球运行

600～10000米

热成层

　　热成层位于中间层之上，散逸层之下，其跨度范围较大（80～600千米）。温度随海拔升高而上升，最高可达2000℃。这是因为该层中的气体可以吸收来自太阳的X射线和紫外线。

分子吸收X射线和紫外线，辐射热能

由太阳辐射激发的氢原子和氦原子发出极光

热成层的温度可高达2000℃。

80～600米

大气的分层

大气层是围绕在地球周围的浅浅的一层气体

地球大气层

为何大气不飘向太空？

　　由于重力作用，气体粒子被保持在地球表面附近。质量更小的月球，其引力也小，无法形成大气层。

中间层

中间层的底层温度是稳定的，温度会随海拔增加而降低。最低温度可能会低于-100℃。中间层的气体足够浓密，足以让流星减速并燃烧。

50 ~ 80千米

穿过中间层的太空岩石碎片燃烧，变成流星。

束髎光

从臭氧层中辐射出来的热量形成了一个温暖的口袋。

臭氧层能吸收来自太阳的平流层的紫外线。

臭氧层

平流层

平流层的空气稀薄而干燥，温度稳定区域高达约20千米，然后随海拔升高而变暖，因为空气分子升高会吸收太阳能。臭氧层位于平流层中。

16 ~ 50千米

气象气球作业时就处于较低的平流层中，高于飞机和鸟类飞行的区域。

温度随海拔高度升高而降低

飞机通常在对流层内飞行，但有时也会进入平流层，以躲避湍急气流

云形成于对流层内

对流层

对流层是大气层的底层，并且所有气象现象都发生在这一层。对流层随海拔升高而降低，密度都随海拔升高而降低。

0 ~ 16千米

自转和偏离

在对流层中，暖空气上升，向一侧流动，冷却后又会下沉。这些循环使热量在全球范围内重新分配。地球自转会使大气循环偏离其原本的路径：赤道以北，气流向右偏转；赤道以南，气流向左偏转。这一现象被称为科里奥利效应，它会使大气以螺旋循环的方式绕全球运动。

北

地球绕自转轴自转

地球自转形成极地东风带

风吹过北温带的大西洋

赤道

南半球信风从东南方向收来

北半球信风从东北方向收来

在热带地区，北半球信风从东北方向收来

南极带温带海洋上空的风，从西北方向收来

南

全球性螺旋

盛行风由螺旋式的空气环流单元所驱动，吹向地球表面。盛行风持续地吹过海面，形成风海流。

天气成因

天气指特定时间和地点的大气状态。太阳将水蒸发到空气中形成云，进而不断变化，这一过程由低压系统或气旋所驱动，会带来风雨。与此相对应的反气旋则可以带来晴朗的好天气。

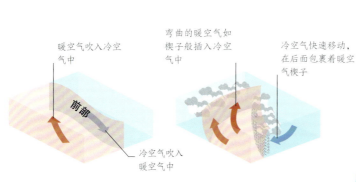

暖空气吹入冷空气中

弯曲的暖空气如楔子般插入冷空气中

冷空气快速移动，在后面包裹着暖空气楔子

前部

冷空气吹入暖空气中

1 冷热相遇
气旋通常形成于温带海洋上，在这里，温暖、潮湿的热带气团进入寒冷的极地气团，而锋面是两个气团相遇的地方。

2 开始旋转
当它们移动时，冷热气团都由于地球自转而使路径弯曲，该现象被称为科里奥利效应。弯曲的路径变成一种旋转模式，气团开始螺旋运动。

气旋的诞生

温暖潮湿的空气上升时会产生一个低压区，将周围的空气吸入一个螺旋流，它被称为气旋。温暖潮湿的空气被迫向上运动，进入更冷、密度更大的空气中，随后水分凝结成云和雨。当携带巨大能量的暖空气快速升起时，空气流动最强烈，风也是最强的。

雪

如果云里的水滴升得足够高，就会形成微小的六边形冰晶。水分子在冰晶上冷却结晶，就会形成六角形雪花。它们会进一步聚集成更大的蓬松团块，以雪的形式落下。

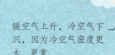

肯尼亚地区的冰雹是如何形成的？

热带地区的云层很高，水分到达寒冷的高层大气层会冻结，最终形成冰雹落下。

暖前锋附近低密的云会导致持续降雨

暖前锋

暖空气上升，冷空气下沉，因为冷空气密度更大、更重

热带地区以外的大部分降雨源于降雪，但在降落过程中雪融化成雨水。

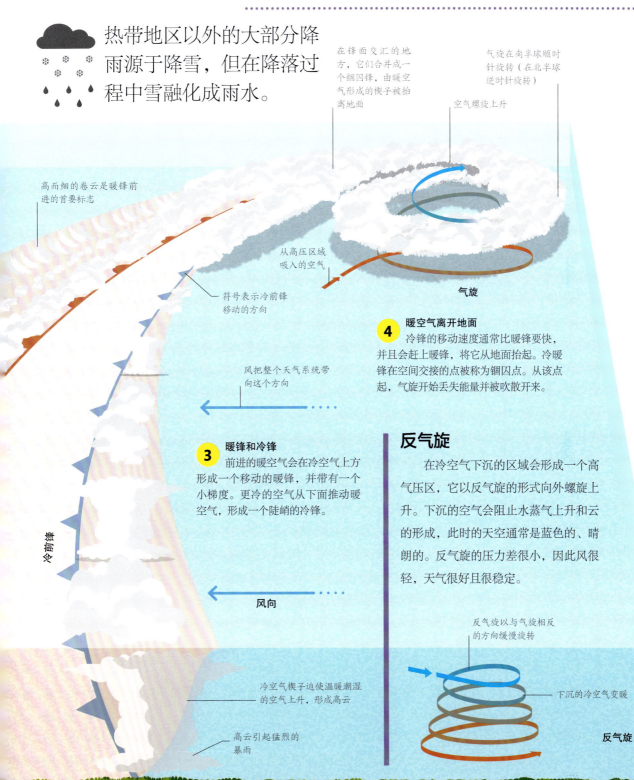

在锋面交汇的地方，它们合并成一个锢囚锋，由暖空气形成的楔子被抬离地面

气旋在南半球顺时针旋转（在北半球逆时针旋转）

空气螺旋上升

高而细的卷云是暖锋前进的首要标志

符号表示冷前锋移动的方向

从高压区域吸入的空气

气旋

4 暖空气离开地面
冷锋的移动速度通常比暖锋要快，并且会赶上暖锋，将它从地面抬起。冷暖锋在空间交接的点被称为锢囚点。从该点起，气旋开始丢失能量并被吹散开来。

风把整个天气系统带向这个方向

3 暖锋和冷锋
前进的暖空气会在冷空气上方形成一个移动的暖锋，并带有一个小梯度。更冷的空气从下面推动暖空气，形成一个陡峭的冷锋。

冷前锋

风向

反气旋

在冷空气下沉的区域会形成一个高气压区，它以反气旋的形式向外螺旋上升。下沉的空气会阻止水蒸气上升和云的形成，此时的天空通常是蓝色的、晴朗的。反气旋的压力差很小，因此风很轻，天气很好且很稳定。

反气旋以与气旋相反的方向缓慢旋转

冷空气楔子迫使温暖潮湿的空气上升，形成高云

下沉的冷空气变暖

高云引起猛烈的暴雨

反气旋

极端天气

绝大多数极端天气都由空气中的水分在积雨云中大量累积所致。这些云层中强大的气流会引发闪电、冰雹，甚至龙卷风。

积雨云

积雨云比其他云大得多，它从地面附近可以一直升到对流层顶部。积雨云是由来自地面或海洋表面的水分到强烈蒸发所形成的。随着水分蒸气上升并冷却，会凝结成水滴，形成巨大的云，同时以热能的形式释放能量。热量使周围空气变暖并进一步上升，携带更多的水蒸气，而水蒸气会凝结并释放更多热量。如此循环，最终这些云的高度可能会超过10千米。

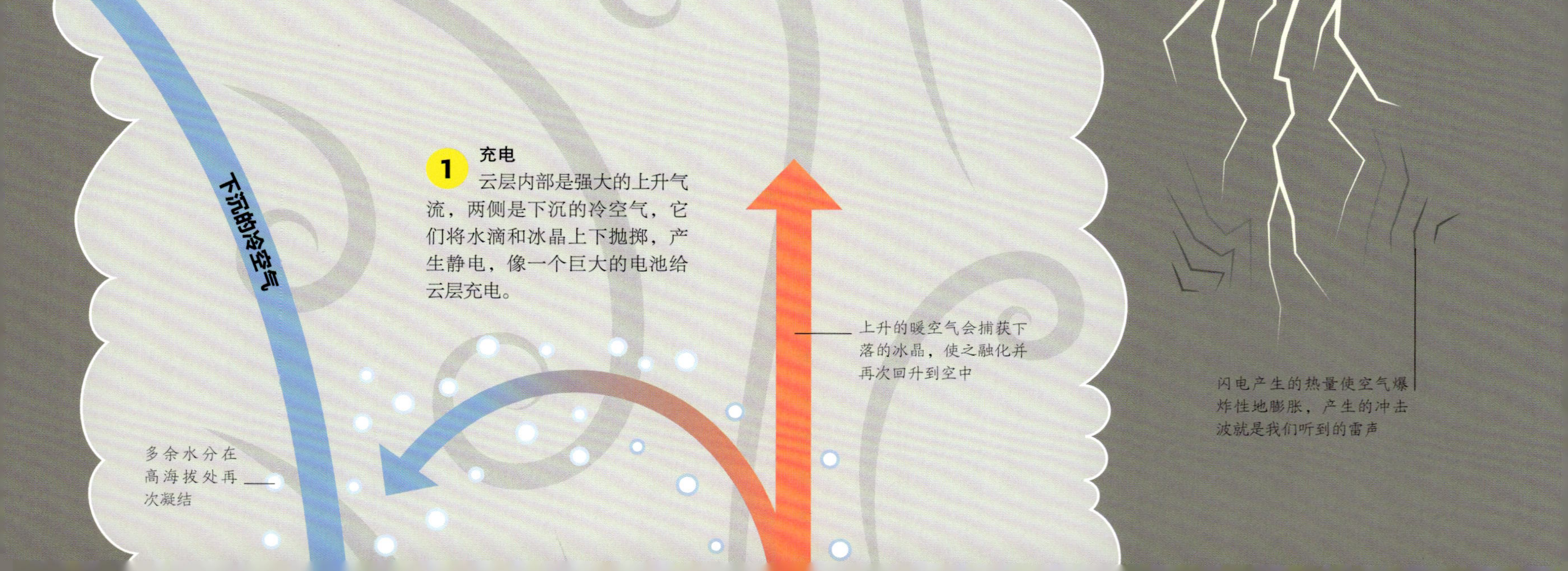

云层放电，电弧以闪电的形式穿过空气

闪电产生的热量使空气爆炸性地膨胀，产生的冲击波就是我们所听到的雷声

上升的暖空气会捕获下落的冰晶，使之融化并再次回升到空中

在风的作用下，大部分云会停止上升，并横向扩散

强烈的上升气流可以使云的核心部分上升到平流层

1 充电

云层内部是强大的上升气流，两侧是下沉的冷空气，它们将水滴和冰晶上下抛掷，产生静电，像一个巨大的电池给云层充电。

下沉的冷空气

多余水分在高海拔处再次凝结

什么是飓风？

热带海洋的强烈蒸发会在强低压区域周围形成巨大的云系统。空气高速旋转进入这些区域，形成旋转飓风。

龙卷风

在地球的某些地方，旋转的冷暖气团汇聚，会形成巨大的、旋转的积雨云，即超级单体。这种旋转的、快速上升的气流可以汇集成一个紧密的旋涡，即龙卷风。它蕴含的强大能量足以摧毁房屋。

—— 被上升的暖气捕获的冰雹会获得更多水分

上升的暖空气

2 冰雹是如何形成的

下落的冰晶被强大的上升气流带回空中时，它们会获得更多的水分，并在更高的海拔处再次冻结。如此反复几次，就形成了被层层冰壳包裹起来的冰雹。

3 冰雹降落

最终，这些冰雹变得又大又重，不能被上升气流再次捕获，它们随之降落到地面。

—— 下沉的冷空气允许许较重的冰雹降落

巨型冰雹可达拳头般大小。

气候和季节

阳光和热量集中在热带地区，并传播到两极。热量驱动大气中的气流，形成了世界各地不同的气候。

环流圈

在热带地区，酷热使海水大量蒸发。温暖而潮湿的空气上升会形成低气压带，即热带辐合带（ITCZ）。上升的空气逐渐冷却，水蒸气会凝结成巨大的云，产生暴雨。当干燥凉爽的空气流向亚热带地区并下沉时，会产生高压区域，从而抑制降雨，这就是哈德来环流圈。另外两个环流圈是费雷尔环流圈和极地环流圈，它们在较冷的区域也有类似的作用。

探测器

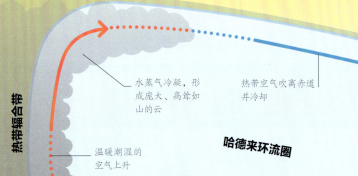

对流层顶部

水蒸气冷凝，形成庞大、高耸如山的云

热带空气吹离赤道并冷却

哈德来环流圈

热带辐合带

温暖潮湿的空气上升

低气压

冷且干燥的空气下沉变暖

亚热带

干燥的荒原空气流向赤道

干燥的冷空气下沉变暖

地面附近的空气从赤道流出

赤道　　热带

亚热带　　高气压

温带

热带辐合带常有暴雨

由于常年雨水充沛，树木生长旺盛

由于雨水缺乏，形成了荒芜的岩石景观

亚热带地区常常艳阳高照

仙人掌非常适应这种干燥的气候

热带
赤道附近上升的湿润空气形成巨大的雷暴云，带来频繁的暴雨。充沛的雨水滋养着热带雨林的成长。这些热带雨林又加剧了水分的蒸发，可以说是它们自己造就了自己的气候。

亚热带
当赤道上方的空气上升到对流层顶部，就会水平流动，直到冷却下沉到亚热带地区。冷空气下沉阻止了云的继续形成，因此亚热带地区少雨，易于形成沙漠，如撒哈拉沙漠。

卫星测得伊朗境内的卢特沙漠温度高达70.7℃，这是目前记录的最高地球表面温度。

季节更替

地球绕太阳公转时，它倾斜的自转轴总是指向北极星，地球的极地和温带总是做着先靠近太阳再远离太阳的重复运动，形成四季更替。极地附近的季节最为极端。热带辐合带向南北移动，使热带形成旱季和雨季。季风是由风向的改变引起的，它带来了海洋潮湿的空气和随之而来的暴雨。

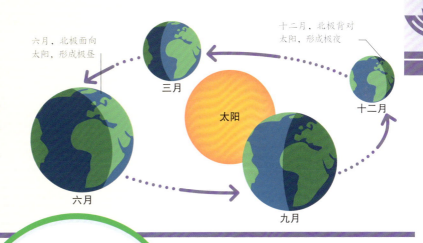

六月，北极面向太阳，形成极昼

三月

十二月，北极背对太阳，形成极夜

十二月

太阳

六月

九月

地球上最干燥的地区是哪里？

南极洲的麦克默多干谷已经200多万年没有雨雪了。那里的陆地主要是裸露的岩石和碎石。

极地
在极地地区，寒冷而干燥的空气下沉，形成寒冷的荒原。冷空气从低空流出两极，逐渐升温并聚集水分。在温带地区，它会受到上升的亚热带空气的牵引，在高空向两极回流。

极地附近的地区经常是多云的

干燥的冷空气流向赤道

费雷尔环流圈

温暖潮湿的空气上升

极锋

温暖湿润的空气上升

低气压

极地环流圈

冷空气下沉，流出极地

高气压

极圈

温带地区
在温带地区，温暖的空气从低纬度的亚热带地区吹来，并和从极地来的冷空气相遇。这使暖空气上升，形成云和雨，特别是在海洋及附近区域。因此，适量的雨水造就了大面积的森林和草原。

日降雨量最大的地区是留尼汪岛，其最高纪录是1952年的1870毫米。

水循环

水是地球生命之源。水在所有生物化学过程中必不可少，它造就了生物的繁殖和繁荣，生命不能没有水。如果没有水循环为陆地供水，大陆将是死寂的沙漠。水也通过侵蚀地表来塑造地球。

地球水循环系统

太阳加热海洋，使水不断从海洋表面蒸发，驱动着水循环。水进入空中形成云，被风带往陆地，形成降雨落到地面。部分水被植物吸收，通过植物的蒸腾作用重新回到空中形成云，其余大部分则以河流的形式从陆地流向海洋，并如此循环。

凝结

温度

水蒸气

蒸发的水在空气中会变为一种看不见的气体，即水蒸气。温暖的空气可以容纳大量水蒸气，这就是我们平时所体验到的湿度。空气越冷，所能容纳的水蒸气就越少。

蒸发

呼吸作用

蒸腾作用

蒸发

植物

动物

水通过蒸腾作用从植物叶子中蒸发。这个过程会从植物根部抽取水分，而根部又从土壤中吸收更多的水分。动物和植物在将食物转化成能量的过程（呼吸作用）中，也会释放水分。

地下生物

海洋

太阳

来自太阳的热量

太阳加热海洋表面

咸水

海水中含有丰富的溶解性矿物盐，它们主要来自河流从陆地带走的沉积物。阳光使水从温暖的海洋表面蒸发，经过自然蒸馏过程得到净化，却留下了高盐分的海水。

流回海洋

渗入海洋

地球拥有14亿立方千米的水。

云

上升的暖空气携带水蒸气，在高海拔地区降温，使水蒸气凝结成微小的水滴和冰晶。这些水滴和冰晶形成了云，可以被风带到很远的地方。

部分南极冰盖已有超过250万年的历史。

海拔

风

河流

湖泊

雪

如果云变冷，其内的水滴和冰晶就会生长并结合，最终形成更大的雨滴或雪花，直至它们变得足够重，从云端降落。雪花通常聚集在一起，形成更大的蓬松团块。

冰

雪在寒冷的气候中不会融化，它们被上面越来越重的雪挤压，变成了冰。在山坡上，冰块受重力作用缓慢滑落，最终融化。但是，极地冰盖可能永远也不会融化。在数千年的时间里，冰川雕刻出深深的山谷。

降雨/降雪

雨

地表径流

融化

冰川

淡水

陆地上的淡水主要来自大气降水。落下的雨水和融化的雪水形成地表径流，汇聚成河流和湖泊，最终流入海洋。雨水与空气中的二氧化碳气体反应，形成碳酸，能侵蚀岩石并分解水中的矿物质。

地表径流

渗入地下

水都在哪儿？

约三分之二地球表面被海洋覆盖，海洋占世界水资源的97.5%，而淡水仅占2.5%。大部分淡水以冰的形式存在于极地地区和高山中，或藏于地下深处，只有小部分形成了河流和湖泊。

洞穴

部分雨水和雪水渗入地表，成为地下水。在地势较低处，岩层充分吸水，形成被称为地下水库的含水层。石灰石可以被水溶解成洞穴。地下水最终会渗入海洋。

地下水

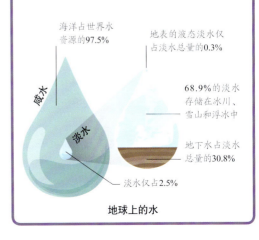

海洋占世界水资源的97.5%

地表的液态淡水仅占淡水总量的0.3%

68.9%的淡水存储在冰川、雪山和浮冰中

地下水占淡水总量的30.8%

咸水

淡水

淡水仅占2.5%

地球上的水

温室效应

温室效应保障了地球生命所需的温度。大气中的某些气体，特别是二氧化碳和甲烷，吸收了地表发出的部分红外辐射，就像温室的玻璃一样，阻止地球热量散失。

1 入射辐射
来自太阳的辐射能以光、紫外线、红外线和其他电磁波的形式到达地球。

地球能量"预算"

从历史上看，温室效应是件好事。如果没有大气层的覆盖，地球的平均温度会在-18℃左右。尽管有必要将逃逸的一部分热能截留下来，但如果入射辐射远远超出射出辐射，全球气温将会升高。

2 反射辐射
部分太阳能，特别是某些波长的太阳能会被反射回太空中。大部分反射来自云层，但是大气和地球表面也会反射一些辐射。

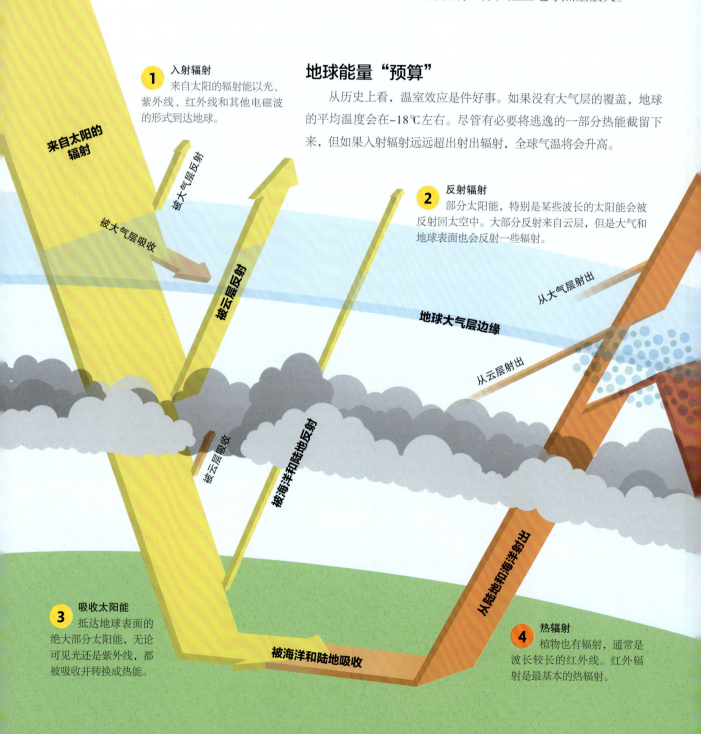

来自太阳的辐射

被大气层反射

被大气层吸收

被云层反射

从大气层射出

地球大气层边缘

从云层射出

被云层吸收

被海洋和陆地反射

从陆地和海洋射出

被海洋和陆地吸收

3 吸收太阳能
抵达地球表面的绝大部分太阳能，无论可见光还是紫外线，都被吸收并转换成热能。

4 热辐射
植物也有辐射，通常是波长较长的红外线。红外辐射是最基本的热辐射。

其他星球上的温室效应

金星上的温室效应比地球上还要强烈。厚厚的二氧化碳大气层几乎保留了所有到达金星表面的太阳能，使其温度可以熔化铅。与之相反，土星最大的卫星土卫六则具有反温室效应，其上厚厚的橙色雾霾阻挡了约90%的阳光。在地球上，火山喷发产生的气体和尘埃也会产生类似的反温室效应，但效果要弱得多。

金星

⑤ 逃逸辐射
地球大气、云层和地表吸收并重新射出的大部分辐射会逃逸到太空中。

发射到太空的辐射

地球曾经比现在暖和吗？

中生代末期，地球非常温暖，那时两极的夏季没有冰，海平面比现在高约170米。

温室气体

⑥ 向下二次发射
地球发射的部分红外能量被大气中的温室气体捕获，这些气体变暖并将热量重新辐射回地球表面，使地球气温升高。

来自温室气体的辐射

2013年大气中温室气体浓度（以十亿分比浓度PPB计算）

谁才是温室效应的罪魁祸首？

地球大气中主要的温室气体是由水蒸气、二氧化碳、甲烷、一氧化氮和臭氧构成的。这些气体会吸收红外线辐射的能量并加热自身，然后重新发射辐射。某些气体分子可以和热辐射相互作用，比其他气体更易吸收热量。尽管它们在大气中的含量很少，产生的温室效应却很强。

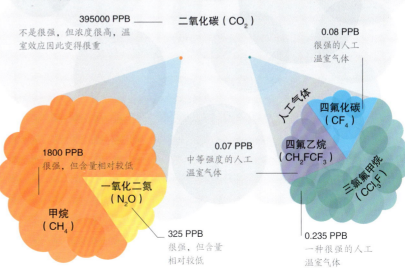

395000 PPB —— 二氧化碳（CO_2）
不是很强，但浓度很高，温室效应因此变得很重

0.08 PPB
很强的人工温室气体

人工气体

四氟化碳（CF_4）

0.07 PPB
中等强度的人工温室气体

四氟乙烷（CH_2FCF_3）

三氯氟甲烷（CCl_3F）

1800 PPB
很强，但含量相对较低

一氧化二氮（N_2O）

甲烷（CH_4）

325 PPB
很强，但含量相对较低

0.235 PPB
一种很强的人工温室气体

气候变化

气候总因自然原因而变化。这些变化发生缓慢，会持续几千年或几百万年。现在我们正处在一个气候迅速变化的时期，这是由大气污染和温室效应增强所导致的。

海平面会上升多少？

如果极地冰盖开始崩塌融化，海平面可能会上升25米并淹没一些地势较低的沿海城市。

发生了什么？

世界正在变暖，自1910年以来，全球气温一直在上升。有记录以来的17个最热年份中，有16个出现在2001年之后。同时，1958年以来的大气成分分析表明，二氧化碳浓度持续上升，成为最主要的温室气体。如今人们高耗能的生活方式导致了二氧化碳的超额排放。

超额的温室气体

超额的二氧化碳气体主要来自化石燃料的燃烧，如煤和石油等的燃烧。其他温室气体主要包括农业生产中释放出来的甲烷和一氧化二氮，以及喷雾罐和制冷系统中的含氟气体。

71%
燃烧化石燃料产生的二氧化碳气体

2%
由于森林砍伐和森林退化导致的二氧化碳气体含量增加

1% ——— 含氟气体

21%
甲烷

5%

一氧化二氮 ———

处于上升阶段

全球平均气温自19世纪末以来就有记录。气温有所起伏，但总体趋势是上升的。这与大气中二氧化碳含量的增加密切相关。

大气中的二氧化碳浓度（PPM）

图例

平均气温自1880年起开始记录。二氧化碳的历史水平通过分析树木年轮和冰芯测得。

● 全球平均地表温度

● 大气中的二氧化碳浓度

∴ 预期数据

19世纪末，气温有所下降

从1880年起，工业燃煤使二氧化碳浓度开始增加

年

400

380

360

340

320

300

280

1880　　　　1900　　　　1920　　　　1940

恶性循环

如果温度持续上升，可能会触发反馈效应，导致恶性循环，使问题变得更糟。例如，大量砍伐热带雨林会降低全球树木移除大气中二氧化碳的能力，加剧全球变暖，导致长期干旱和更多的热带雨林枯死。其他反馈效应包括海底甲烷释放和北极海冰融化等。

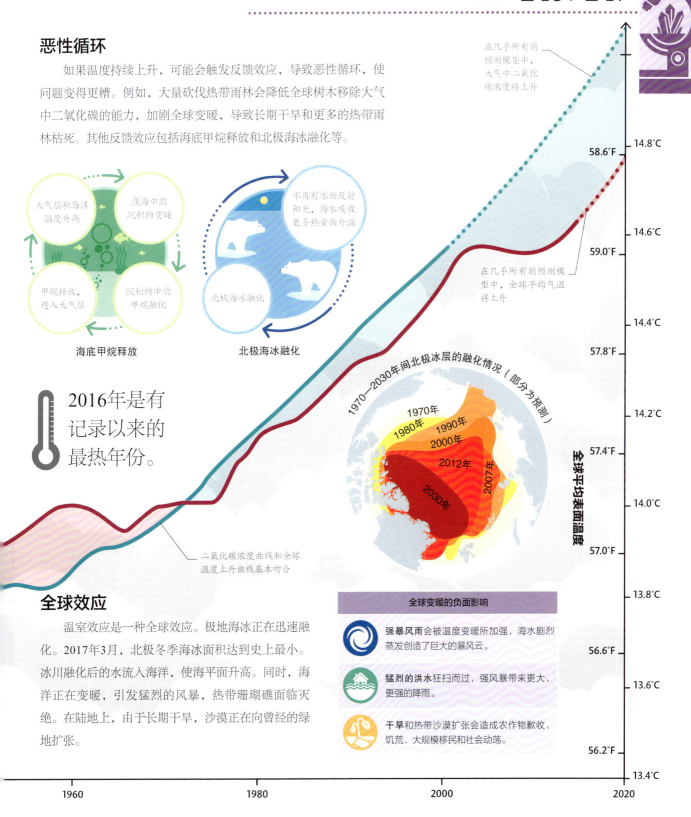

大气层和海洋温度升高

浅海中的沉积物变暖

甲烷释放，进入大气层

沉积物中的甲烷融化

海底甲烷释放

不再有冰面反射阳光，海水吸收更多热量而升温

北极海冰融化

北极海冰融化

🌡️ **2016年是有记录以来的最热年份。**

1970—2030年间北极冰层的融化情况（部分为预测）

1970年
1980年
1990年
2000年
2012年
2007年
2030年

全球效应

温室效应是一种全球效应。极地海冰正在迅速融化。2017年3月，北极冬季海冰面积达到史上最小。冰川融化后的水流入海洋，使海平面升高。同时，海洋正在变暖，引发猛烈的风暴，热带珊瑚礁面临灭绝。在陆地上，由于长期干旱，沙漠正在向曾经的绿地扩张。

二氧化碳浓度曲线和全球温度上升曲线基本吻合

在几乎所有的预测模型中，大气中二氧化碳浓度将上升

在几乎所有的预测模型中，全球平均气温将上升

全球平均表面温度

14.8°C — 58.6°F
14.6°C — 59.0°F
14.4°C — 57.8°F
14.2°C
14.0°C — 57.4°F
13.8°C — 57.0°F
— 56.6°F
13.6°C
— 56.2°F
13.4°C

1960　1980　2000　2020

全球变暖的负面影响

🌀 强暴风雨会被温度变暖所加强，海水剧烈蒸发创造了巨大的暴风云。

🏠 猛烈的洪水狂扫而过，强风暴带来更大、更强的降雨。

🌵 干旱和热带沙漠扩张会造成农作物歉收、饥荒、大规模移民和社会动荡。

致谢

　　诚挚地感谢以下人员在本书出版过程中给予的帮助：Michael Parkin, Suhel Ahmed, David Summers, Briony Corbett , Helen Peters, Katie John。